编委会

全国高等院校旅游管理专业类"十三五"规划精品教材
教育部旅游管理专业本科综合改革试点项目配套规划教材

总主编

马 勇　教育部高等学校旅游管理类专业教学指导委员会副主任
　　　　中国旅游协会教育分会副会长
　　　　中组部国家"万人计划"教学名师
　　　　湖北大学旅游发展研究院院长，教授、博士生导师

编 委（排名不分先后）

田 里　教育部高等学校旅游管理类专业教学指导委员会主任
　　　　云南大学工商管理与旅游管理学院院长，教授、博士生导师
高 峻　教育部高等学校旅游管理类专业教学指导委员会副主任
　　　　上海师范大学旅游学院副院长，教授、博士生导师
韩玉灵　教育部全国旅游职业教育教学指导委员会秘书长
　　　　北京第二外国语学院旅游管理学院教授
罗兹柏　中国旅游未来研究会副会长，重庆旅游发展研究中心主任，教授
郑耀星　中国旅游协会理事，福建师范大学旅游学院教授、博士生导师
董观志　暨南大学旅游规划设计研究院副院长，教授、博士生导师
王 琳　海南大学旅游学院院长，教授
梁文慧　澳门城市大学副校长，澳门城市大学国际旅游与管理学院院长，教授、博士生导师
薛兵旺　武汉商学院旅游与酒店管理学院院长，教授
舒伯阳　中南财经政法大学工商管理学院教授、博士生导师
朱运海　湖北文理学院管理学院副教授
罗伊玲　昆明学院旅游管理专业副教授
杨振之　四川大学中国休闲与旅游研究中心主任，四川大学旅游学院教授、博士生导师
黄安民　华侨大学城市建设与经济发展研究院常务副院长，教授
张胜男　首都师范大学资源环境与旅游学院副教授
毕斗斗　华南理工大学经济与贸易学院副教授
史万震　常熟理工学院经济与管理学院酒店管理系副教授
黄光文　南昌大学经济与管理学院旅游管理系教研室主任，副教授
窦志萍　昆明学院旅游学院院长，教授
李 玺　澳门城市大学国际旅游与管理学院副院长，教授、博士生导师
王春雷　上海对外经贸大学中德合作会展专业副教授
朱 伟　河南师范大学旅游学院教授
邓爱民　中南财经政法大学旅游管理系主任，教授、博士生导师
程丛喜　武汉轻工大学旅游管理系主任，教授
周 霄　武汉轻工大学经济与管理学院旅游研究中心主任，副教授
黄其新　江汉大学商学院副院长，副教授
何 彪　海南大学旅游学院会展系系主任，副教授

全国高等院校旅游管理专业类"十三五"规划精品教材
教育部旅游管理专业本科综合改革试点项目配套规划教材

总主编 ◎ 马 勇

旅游生态经济学
Tourism Ecological Economics

主编 ◎ 马 勇

华中科技大学出版社
http://www.hustp.com
中国·武汉

图书在版编目(CIP)数据

旅游生态经济学/马勇主编. —武汉：华中科技大学出版社，2015.7
全国高等院校旅游管理专业类"十三五"规划精品教材
ISBN 978-7-5680-1116-7

Ⅰ.①旅… Ⅱ.①马… Ⅲ.①旅游经济学-高等学校-教材 Ⅳ.①F590

中国版本图书馆 CIP 数据核字(2015)第 179489 号

旅游生态经济学
Lüyou Shengtai Jingjixue

马 勇 主编

策划编辑：李 欢 周清涛	
责任编辑：李 欢 章 红	
封面设计：原色设计	
责任校对：张 琳	
责任监印：周治超	
出版发行：华中科技大学出版社(中国·武汉)	
武昌喻家山　邮编：430074　电话：(027)81321913	
录　　排：华中科技大学惠友文印中心	
印　　刷：湖北新华印务有限公司	
开　　本：787mm×1092mm　1/16	
印　　张：15.75　插页：2	
字　　数：380千字	
版　　次：2016年1月第1版第1次印刷	
定　　价：45.00元	

本书若有印装质量问题，请向出版社营销中心调换
全国免费服务热线：400-6679-118　竭诚为您服务
版权所有　侵权必究

Abstract

本书是全国高等院校旅游管理专业类"十三五"规划精品教材和教育部旅游管理专业本科综合改革试点项目配套规划教材。全书共分为十章,第一章旅游生态经济学的基本问题,第二章旅游生态经济学的基本理论,第三章旅游生态经济研究评述,第四章旅游生态经济系统,第五章旅游经济增长与生态环境,第六章旅游生态效率,第七章旅游生态经济核算体系,第八章旅游生态补偿,第九章低碳旅游,第十章旅游产业生态圈。

本书在编写的过程中融入了生态学、经济学和旅游学等多学科的理论、方法与原理,并结合了国内外前沿动态和案例研究。为了方便大家理解,本书在各章正文部分都穿插有知识活页和知识关联,起到拓展阅读、扩大视野、对学生进行全方位学习引导的作用。此外,本书在每章的末尾都配有相关案例,以启发学生深入思考,理论联系实际,活学活用。

本书不仅可以作为高等院校旅游、生态及经济相关专业的本科生及研究生学习用书,还可作为旅游生态经济研究者们的参考用书,更可以作为旅游经营从业人员的业务读本。

Tourism Ecological Economics is the coordinated teaching material package of comprehensive reform project of ministry of education tourism management and the 13th national five-year plan textbook of country university tourism management major. The book contains ten chapters. Chapter 1 states the basic questions of tourism ecological economics. Chapter 2 explains the basic theory of tourism ecological economics. Chapter 3 is the research review of tourism ecological economics. Chapter 4 states the tourism ecological economy system. Chapter 5 is tourism economic growth and ecosystem. Chapter 6 explains tourism ecological efficiency. Chapter 7 is accounting system of tourism ecological economy. Chapter 8 is tourism ecological compensation. Chapter 9 is low carbon tourism. Chapter 10 is tourism industrial ecosphere.

For the convenience of the reader to understand, the book incorporated the theories and methods of Ecology, Ecological Economics and Tourism and it combined the frontier trends home and abroad and case study. In order to extend reading and expand horizon, the book alternated leaflet and knowledge linkage to comprehensive instruct readers. Besides, the book equipped related cases to promote readers critical thinking and the ability of linking theory with practice.

The book can be used not only for students of tourism, ecology, economy and related specialties, but also for tourism ecological economics researchers and tourism management professionals.

总 序

旅游业在现代服务业大发展的机遇背景下,对全球经济贡献巨大,成为世界经济发展的亮点。国务院已明确提出,将旅游产业确立为国民经济战略性的支柱产业和人民群众满意的现代服务业。由此可见,旅游产业已发展成为拉动经济发展的重要引擎。中国的旅游产业未来的发展受到国家高度重视,旅游产业强劲的发展势头、巨大的产业带动性必将会对中国经济的转型升级和可持续发展产生良好的推动作用。伴随着中国旅游产业发展规模的不断扩大,未来旅游产业发展对各类中高级旅游人才的需求将十分旺盛,这也将有力地推动中国高等旅游教育的发展步入快车道,以更好地适应旅游产业快速发展对人才需求的大趋势。

教育部2012年颁布的《普通高等学校本科专业目录(2012年)》中,将旅游管理专业上升为与工商管理学科平行的一级大类专业,同时下辖旅游管理、酒店管理和会展经济与管理三个二级专业。这意味着,新的专业目录调整为全国高校旅游管理学科与专业的发展提供了良好的发展平台与契机,更为培养21世纪旅游行业优秀旅游人才奠定了良好的发展基础。正是在这种旅游经济繁荣发展和对旅游人才需求急剧增长的背景下,积极把握改革转型发展机遇,整合旅游教育资源,为我国旅游业的发展提供强有力的人才保证和智力支持,让旅游教育发展进入更加系统、全方位发展阶段,出版高品质和高水准的"全国高等院校旅游管理类专业'十三五'规划精品教材"则成为旅游教育发展的迫切需要。

基于此,在教育部高等学校旅游管理类专业教学指导委员会的大力支持和指导下,华中科技大学出版社汇聚了国内一大批高水平的旅游院校国家教学名师、资深教授及中青年旅游学科带头人,面向"十三五"规划教材做出积极探索,率先组织编撰出版"全国高等院校旅游管理专业类'十三五'规划精品教材"。该套教材着重于优化专业设置和课程体系,致力于提升旅游人才的培养规格和育人质量,并纳入教育部旅游管理本科综合改革项目配套规划教材的编写和出版,以更好地适应教育部新一轮学科专业目录调整后旅游管理大类高等教育发展和学科专业建设的需要。该套教材特邀教育部高等学校旅游管理类专业教学指导委员会副主任、中国旅游协会教育分会副会长、中组部国家"万人计划"教学名师、湖北大学旅游发展研究院院长马勇教授担任总主编。同时邀请了全国近百所开设旅游管理本科专业的高等学校知名教授、学科带头人和一线骨干专业教师,以及旅游行业专家、海外专业师资等加盟编撰。

该套教材从选题策划到成稿出版,从编写团队到出版团队,从内容组建到内容创新,均展现出极大的创新和突破。选题方面,首批主要编写旅游管理专业类核心课程教材、旅游管理专业类特色课程教材,产品设计形式灵活,融合互联网高新技术,以多元化、更具趣味性的形式引导学生学习,同时辅以形式多样、内容丰富且极具特色的图片案例、视频案例,为配套数字出版提供技术

支持。编写团队均是旅游学界具有代表性的权威学者,出版团队为华中科技大学出版社专门建立的旅游项目精英团队。在编写内容上,结合大数据时代背景,不断更新旅游理论知识,以知识导读、知识链接和知识活页等板块为读者提供全新的阅读体验。

在旅游教育发展改革发展的新形势、新背景下,旅游本科教材需要匹配旅游本科教育需求。因此,编写一套高质量的旅游教材是一项重要的工程,更是承担着一项重要的责任。我们需要旅游专家学者、旅游企业领袖和出版社的共同支持与合作。在本套教材的组织策划及编写出版过程中,得到了旅游业内专家学者和业界精英的大力支持,在此一并致谢!希望这套教材能够为旅游学界、业界和各位对旅游知识充满渴望的学子们带来真正的养分,为中国旅游教育教材建设贡献力量。

丛书编委会

2015 年 7 月

前言

十八大以来,国家高度重视生态文明建设,十八届三中全会更是强调,要紧紧围绕建设美丽中国、深化生态文明体制改革,加快建立生态文明制度,健全国土空间开发、资源节约利用、生态环境保护的体制机制,推动形成人与自然和谐发展现代化建设新格局。而2015年召开的全国"两会",从国家领导人的表态到政府工作报告,从代表委员的议案提案到专家学者的意见建议,生态文明建设、环境保护皆是重要内容。可见,面对资源约束趋紧、环境污染严重、生态系统退化的严峻形势,必须树立尊重自然、顺应自然、保护自然的生态文明理念,走可持续发展道路。

生态经济的出现正是新形势、新背景和新常态下,适应国家经济转型、结构调整的迫切需要。生态经济一改我们以经济效益为首要发展目标的增长模式,它要求遵循生态学规律,运用经济学的原理,合理利用自然资源,充分考虑环境的承载能力,在物质能量不断循环利用的基础上发展经济,将经济系统纳入生态系统的物质循环过程中,实现经济活动的生态化和可持续化。

旅游产业作为社会经济活动的重要内容,其战略性支柱产业地位不断得到凸显。2014年中国旅游业全年总收入3.38万亿元,较上年增长14.7%,其中国际旅游收入569亿美元,较上年增长10.16%,旅游产业的关联带动作用不断增强,产业功能持续释放。旅游产业发展的良好势头及其在经济活动中的重要战略作用推动旅游生态经济研究成为研究热点。同时,随着生态旅游学、生态经济学等学科的不断发展,旅游生态经济学这门年轻的学科应运而生。近年来,各种有关旅游生态经济研究的成果不断涌现,但由于旅游生态经济研究涉及众多的学科领域,各个研究者多从各自的学科角度出发开展相关研究,从而造成旅游生态经济研究虽遍地开花、成果众多,但大多不成体系的局面。因此,笔者在自己30余年从事旅游生态和经济研究的基础上,并结合当前的实际情况,从旅游生态经济学这门学科的角度切入,系统地编写了本书。

本书是国内关于旅游生态经济学的第一本教材,全书共分为十章,第一章旅游生态经济学的基本问题,第二章旅游生态经济学的基本理论,第三章旅游生态经济研究评述,第四章旅游生态经济系统,第五章旅游经济增长与生态环境,第六章旅游生态效率,第七章旅游生态经济核算体系,第八章旅游生态补偿,第九章低碳旅游,第十章旅游产业生态圈。全书在编写的过程中力求精心编排,将生态学、生态经济学和旅游学等多学科的理论、方法与原理融入其中,并结合国内外前沿动态和案例研究成果,通过博采众家之长以求论证之充分和表

述之严谨。同时,为了方便大家的理解,本书在各章正文部分都穿插有知识活页和知识关联,以起到拓展阅读、扩大视野、对学生进行全方位学习引导的作用。此外,本书在每章的末尾都配有相关的案例,以启发学生深入思考,理论联系实际,活学活用。本书汇聚了主编30多年来从事旅游生态和经济研究的经验,以及各位参编者的心血。正是在这个意义上,我们认为本书有较广阔的适用面,本书不仅可以作为高等院校旅游及相关专业的本科生及研究生学习用书,还可作为旅游生态经济研究者们的参考用书,更可以作为旅游经营从业者们的业务读本。

全书在内容写作分工上具体安排如下:全书由教育部高等院校旅游管理专业教学指导委员会副主任、中组部国家"万人计划"教学名师、湖北大学旅游发展研究院院长马勇担任主编并主持全书统稿,第一章、第二章由马勇和王佩佩编写,第三章和第十章由马勇和周婵编写,第四章、第五章和第七章由海南大学旅游学院何彪编写并协助统稿工作,第六章由刘军编写,第八章由马勇和李家乐编写,第九章由马勇和陈小连共同编写。

由于旅游生态经济学相比其他传统学科而言还处于起步阶段,其学科体系和研究范畴等方面都还需要不断深入研究和探讨完善,在本书即将付梓之际,我们非常感谢参与书稿评审的各位专家为本书的修改和完善所提出的宝贵意见和建议。鉴于编者水平有限,加之时间仓促,书中错漏偏颇之处在所难免,恳请广大专家、读者批评指正!

编 者
2015 年 5 月于湖北大学

目 录
Contents

第一章　旅游生态经济学的基本问题
Chapter 1　Basic Questions of Tourism Ecological Economics

第一节　旅游生态经济学的缘起与概念　/2
❶ Origination and Conception of Tourism Ecological Economics

第二节　旅游生态经济学的研究目的、对象与内容　/7
❷ Research Purpose, Object and Content of Tourism Ecological Economics

第三节　旅游生态经济学的学科特点与研究方法　/12
❸ Subject Characteristic, Research Methodology of Tourism Ecological Economics

第四节　旅游生态经济学发展趋势展望　/16
❹ Development Tendency and Prospect of Tourism Ecological Economics

第二章　旅游生态经济学的基本理论
Chapter 2　Basic Theory of Tourism Ecological Economics

第一节　增长极限理论　/22
❶ Limits-to-growth Proposition

第二节　可持续发展理论　/25
❷ Sustainable Development Theory

第三节　生态位理论　/31
❸ Ecological Niche Theory

第四节　外部性理论　/33
❹ Externality Theory

第三章　旅游生态经济研究评述
Chapter 3　Research Review of Tourism Ecological Economics

第一节　文献年份统计分析　/42
❶ Document Statistical Analysis

　　第二节　国外旅游生态经济研究视角与进展　　/44
　　❷　Perspective, Progress of Overseas Tourism Ecological Economy Research

　　第三节　国内旅游生态经济研究视角与进展　　/48
　　❸　Perspective, Progress of Domestic Tourism Ecological Economy Research

　　第四节　研究述评与研究热点　　/53
　　❹　Research Review and Research Hotspot

第四章　旅游生态经济系统
Chapter 4　Tourism Ecological Economy System

　　第一节　生态系统　　/60
　　❶　Ecosystem

　　第二节　旅游经济系统　　/66
　　❷　Tourism Economic System

　　第三节　旅游生态经济系统　　/73
　　❸　Tourism Ecological Economy System

第五章　旅游经济增长与生态环境
Chapter 5　Tourism Economic Growth and Ecosystem

　　第一节　经济增长与环境影响测度　　/82
　　❶　Economic Growth and Environment Impact Measurement

　　第二节　环境资源价值　　/85
　　❷　Environmental Valuation

　　第三节　经济增长与环境的EKC假说　　/91
　　❸　Economic Growth and Environmental EKC Hypothesis

　　第四节　旅游经济发展的外部性与环境问题　　/95
　　❹　Externalities of Tourism Economy Development and Environmental issue

　　第五节　旅游经济的可持续发展　　/99
　　❺　Sustainable Development of Tourism Economy

第六章　旅游生态效率
Chapter 6　Tourism Ecological Efficiency

　　第一节　生态效率内涵及概念　　/106
　　❶　Connotation and Conception of Ecological Efficiency

第二节　生态效率评价方法　　　　　　　　　　　　　　　　　　　　/111
❷　Evaluation Methodology of Ecological Efficiency

第三节　旅游生态效率　　　　　　　　　　　　　　　　　　　　　　/121
❸　Tourism Ecological Efficiency

第四节　旅游产业效率　　　　　　　　　　　　　　　　　　　　　　/126
❹　Tourism Industrial Efficiency

133 第七章　旅游生态经济核算体系
Chapter 7　Accounting System of Tourism Ecological Economy

第一节　生态经济成本效益分析　　　　　　　　　　　　　　　　　　/134
❶　Cost-benefit Analysis of Ecological Economy

第二节　绿色国民经济核算体系　　　　　　　　　　　　　　　　　　/137
❷　Green-national-economic Accounting System

第三节　生态足迹核算理论　　　　　　　　　　　　　　　　　　　　/145
❸　Ecological Footprint Accounting Theory

第四节　旅游生态足迹理论与方法　　　　　　　　　　　　　　　　　/149
❹　Theory and Method of Tourism Ecological Footprint

159 第八章　旅游生态补偿
Chapter 8　Tourism Ecological Compensation

第一节　旅游生态补偿的类型　　　　　　　　　　　　　　　　　　　/160
❶　Types of Tourism Ecological Compensation

第二节　旅游生态补偿的主体　　　　　　　　　　　　　　　　　　　/164
❷　Subject of Tourism Ecological Compensation

第三节　旅游生态补偿的标准　　　　　　　　　　　　　　　　　　　/167
❸　Standard of Tourism Ecological Compensation

第四节　旅游生态补偿的方式　　　　　　　　　　　　　　　　　　　/171
❹　Methods of Tourism Ecological Compensation

第五节　旅游生态补偿的机制与政策体系　　　　　　　　　　　　　　/175
❺　Mechanism and Policy System of Tourism Ecological Compensation

181 第九章　低碳旅游
Chapter 9　Low Carbon Tourism

第一节　低碳旅游的概念体系　/182
① Concept System of Low Carbon Tourism

第二节　低碳旅游的发展模式　/189
② Development Mode of Low Carbon Tourism

第三节　低碳旅游的发展路径与价值提升策略　/197
③ Development Path and Value Promotion Strategy of Low Carbon Tourism

207　第十章　旅游产业生态圈
Chapter 10　Tourism Industrial Ecosphere

第一节　旅游产业生态圈的发展源起　/208
① Origination and Development of Tourism Industrial Ecosphere

第二节　旅游产业生态圈的体系构建　/216
② System Construction of Tourism Industrial Ecosphere

第三节　旅游产业生态圈的动力机制　/221
③ Dynamic Mechanism of Tourism Industrial Ecosphere

229　本课程阅读推荐
Reading Recommendation

231　参考文献
References

第一章

旅游生态经济学的基本问题

学习引导

旅游生态经济学是一门融合了旅游学、生态学与经济学等多种学科的新兴边缘性学科,同其他一些历史悠久、根基深厚的传统学科相比,旅游生态经济学起步较晚。经过了几十年的发展与演进,旅游生态经济学作为一门年轻的学科正在逐步完善,其研究触角在相关学科中不断穿梭,深度与广度不断延伸,但仍有许多问题有待进一步探讨。本章主要介绍旅游生态经济学的缘起与概念,探讨旅游生态经济学的研究目的、研究对象与研究内容,分析旅游生态经济学的学科特点与研究方法,并对该学科未来的发展趋势进行展望。

学习目标

- 旅游生态经济学的缘起与概念;
- 旅游生态经济学的研究目的、对象与内容;
- 旅游生态经济学的学科特点与研究方法;
- 旅游生态经济学发展趋势展望。

第一节 旅游生态经济学的缘起与概念

一、旅游生态经济学的由来

旅游生态经济学是在生态经济学、生态旅游学、旅游经济学等学科的不断发展完善中积累演进并最终形成的一门学科。随着生态旅游的不断发展,旅游经济学和生态经济学这两门学科结合得更加紧密,旅游生态经济学这门新兴学科也日益完善。关于旅游生态经济学的由来,还必须从生态经济学等相关学科的发展说起。

(一)生态经济学的兴起和发展

生态经济问题是伴随着人类社会发展而产生的。远古时期,我们的生产力水平极低,人们茹毛饮血、搂树而居,这一阶段是纯天然的活动方式,对生态系统不产生影响。随着社会的不断发展,生产力不断提高,原始生态系统开始向半人工生态系统转变。在这个过程中,人类社会不断地改变着自然生态系统,也从中得到了历史教训,《史记·大宛列传》中记载的楼兰古国就是人类与生态环境博弈的牺牲品。到了20世纪中叶,三次技术革命彻底改变了人们的生产生活方式,世界人口的迅速膨胀、城市的不断进化、现代工业的迅速发展等都使我们的生态环境变得十分恶劣,出现土壤退化、沙漠化严重、动植物濒危或灭绝、森林不断退化等,全球生态系统遭到破坏,生态危机开始逐渐受到人们的重视。

生态经济学萌芽于17世纪,真正兴起是在20世纪中期,并伴随着人们对经典的经济模式的反思与演进。早在17世纪末18世纪初,古典经济学家就提出了经济增长与资源承载力和环境容量间的朴素观点;1798年,马尔萨斯提出了"资源绝对稀缺论";1817年,李嘉图提出了不同于马尔萨斯的"资源相对稀缺论";1871年,约翰·穆勒提出了"静态经济"的观点,1876年,恩格斯在其著作《自然辩证法》中指出,"人类不要过分陶醉于我们对自然界的胜利"[1]。20世纪中期,生态经济学开始兴起并不断发展,1962年美国生物学家蕾切尔·卡逊(Rachel Carson)发表了著名的科普读物《寂静的春天》,首次向人们揭示了工业对自然生态系统的破坏以及其带来的严重的环境污染问题;1968年,美国经济学家Kenneth Boulding发表论文《一门新兴科学——生态经济学》,首次提出了生态经济学的概念;同年4月,以研究人口、资源、环境为主要内容的"罗马俱乐部"成立,1972年,该俱乐部发表了《增长的极限》报告,呼吁人类社会转变经济增长方式;1974年,美国著名生态经济学家莱斯特·R.布朗出版了一系列的"环境警示丛书",在全球范围内掀起了环境运动的高潮,一大批相关论著相继出现,如爱德华·戈尔德·史密斯所著的《生存的蓝图》、巴巴拉·沃德等的《只有一个地球》、卡恩的《下一个200年》、朱利安·西蒙的《最后的资源》等;1976年,日本坂本藤良出版了第一本以"生态经济学"命名的专著——《生态经济学》;1984年,美国学者爱迪·布朗·韦丝发表《行星托管:自然保护与代际公平》,首次提出了"代际公平"理论和"行星托管"的理论

---

[1] 李怀政.生态经济学变迁及其理论演进述评[J].江汉论坛,2007(2).

主张①;1986年,生态承载力问题受到人们的关注②;1987年,《我们共同的未来》报告发表;1988年,50多位科学家组织在一起成立了国际生态经济学会(ISEE),并在1989年编辑出版《Ecological Economics》杂志,该杂志的出版成为生态经济学正式创立的标志③。随后,生态经济便进入了蓬勃发展阶段,各种成果不断涌现,并不断派生出许多新的分支学科,旅游生态经济学就是其中的一大分支。

(二)生态旅游的发展

旅游自古便有,但生态旅游是在传统大众旅游活动的基础上产生的。随着大众旅游对环境破坏程度的日益明显,关于旅游对环境影响的研究逐渐发展起来。加拿大学者Moulin C于1980年首次提出"生态性旅游"(ecological tourism)的概念,1983年国际自然保护联盟特别顾问谢贝洛斯·拉斯喀瑞(Ceballos-Lascurain)第一次在文献中使用"生态旅游"(ecotourism)一词④,1986年在墨西哥召开的一次国际环境会议上专门讨论了生态旅游发展的问题被提出并进行了专门的讨论,世界自然基金会(WWF)于1990年出版《生态旅游:潜能与陷阱》⑤的研究报告。此后,随着旅游业的飞速发展,环境问题日益严重,生态旅游逐渐受到许多国家的政府、组织和学术界的推崇和重视,各类研究成果不断涌现。我国生态旅游也是在这个阶段发展起来的。1982年第一个国家森林公园诞生,标志着我国开始关注生态旅游;1994年年底,我国成立了"中国生态旅游协会"(CETA);1995年1月召开了第一届生态旅游研讨会;1996年,武汉国际生态旅游学术研讨会召开;1999年,国家旅游局将该年定为"生态环境旅游年",云南大学在同年主办了全国生态旅游学术研讨会。进入21世纪以来,世界层面上生态旅游受到了更为广泛的关注,2002年被联合国确认为国际生态旅游年,并且提出了《莫霍克协定》,对生态旅游给予了官方的鉴别标准。

生态旅游发展至今,研究成果众多,研究内容也非常广泛,而有关生态旅游经济方面的研究一直是其中不可忽视的重要领域。笔者以"生态旅游经济"为主题词在中国知网进行检索,截至2015年4月,共搜索到9240篇与生态旅游经济有关的文献。早期的文献有1988年马传栋的《论城市风景旅游区生态经济系统》、艾云航的《林业对改善生态环境发展社会经济的作用及其发展对策》、王修勇的《滇池渔业生态经济效益浅析》,1989年刘振礼的《旅游环境的概念及其他——试论旅游与环境的辩证关系》等。20世纪90年代以后,有关生态旅游经济方面的研究受到旅游学术界的广泛重视,学术成果非常丰硕。事实上,回顾生态旅游经济研究的历程,我们可以看到,早在生态旅游发展之初,人们就已开始关注生态旅游中经济效益与环境影响这两大对立面的研究,并一直在探索生态旅游开发管理与环境保护相协调的可持续发展途径,这些都为后来的旅游生态经济学的诞生奠定了一定的基础。

---

① 李怀政.生态经济学变迁及其理论演进述评[J].江汉论坛,2007(2):34-35.
② Vitousek P,Ehrlich P,Enrich A,et al. Human appropriation of the products of photosynthesis [J]. Bioscience,1986:368-373.
③ Turner K,et al. Ecological economics: paradigm or perspective[M]// van den Bergh J, van der Straaten J, eds. Economy and Ecosystems in Change: Analytical and Historical Approaches. Heltenham: Edward Elgar,1997: 25-49.
④ 王家骏.关于"生态旅游"概念的探讨[J].地理学与国土研究,2002(1):103-106.
⑤ Boo E. Ecotourism. The Potentials and Pitfalls [R]. WWF,1990.

（三）旅游经济学的发展

旅游经济学的萌芽始于19世纪末至20世纪20年代后期，彼时正是现代旅游史上的"大众旅游"时代。欧洲各国之间旅游日益频繁的往来带来了学术界对旅游经济现象的广泛关注和研究。具有代表性的成果有：罗马大学的马利奥德1927年出版的《旅游经济讲义》一书，该书认为旅游活动的本质是一种经济现象；德国柏林商业大学旅游研究所所长格里克恩斯在1935年发表的《一般经济论》，论及了旅游的经济和社会作用；瑞士学者亨泽克和克拉甫在1942年发表的专著《旅游概要总论》，指出了旅游活动的形态结构和非经济属性。此后，西方国家兴起了针对旅游活动的经济和非经济两个方面影响的研究。到20世纪60年代，西方一些旅游学术著作和刊物中开始出现"旅游经济学"一词；70年代，旅游经济学的研究规模开始逐渐扩大，其研究内容不断增多，学科体系也不断完善。我国旅游经济学研究起步较晚，从改革开放至今，其研究大致可分为四个阶段[①]：1980—1990年，旅游经济学的认知性研究阶段；1991—1998年，旅游经济学的全面探索阶段；1999—2004年，旅游经济学的深入发展阶段；2005年至今，旅游经济学的改革飞跃阶段。

针对旅游活动的经济研究催生了旅游经济学这门学科的诞生。20世纪60—80年代，其研究主题主要是旅游经济影响研究（economics impact study of tourism），内容包括旅游需求、旅游预测、旅游者开支、旅游乘数效应等多个方面，其中也涵盖了能源危机对旅游的影响；而旅游活动的非经济研究则包括社会、文化、生态环境等多方面。70—80年代是旅游的非经济影响研究取得大发展的时期，结合60年代末由社会学家、生态学家、人类学家等开始的旅游社会影响研究，就有了后来的旅游社会学、旅游环境学、旅游人类学等分支学科，这些都为后来旅游生态经济学的诞生打下了基础。

（四）旅游生态经济学的产生

随着生态旅游学、旅游经济学以及生态经济学的研究不断深入和融合，在我国，一些旅游生态经济方面的研究成果也开始不断出现。早期的相关成果有：1992年黄晓霞在《用生态经济观点论旅游区的开发和建设》一文中较早地运用生态经济学的观点分析了开发和建设旅游区过程中产生的环境容量、产业结构等方面的问题；1995年朱铁臻在《加强旅游生态经济研究促进城市旅游与生态协调发展》一文中首次将"旅游生态经济"作为一门学科，并指出"旅游生态经济"是生态经济的分支学科，是旅游经济系统与景观生态系统的有机统一，发展旅游产业必须运用旅游生态经济理论加以指导[②]；1996年申葆嘉在《国外旅游研究进展》一文中分四部分对国外近几十年的旅游研究情况进行了综评，其中第三部分就谈到了国外旅游经济学、社会学和环境与生态科学等方面的学术动态；1997年王化新在《关于丽江地区旅游生态经济建设的初步探析》一文中从生态经济学的基本观点出发，对丽江玉龙雪山风景名胜区的生态建设提出了基本构想和对策措施。"旅游生态经济学"一词最早出现于1998年郑泽厚《论旅游生态经济学的理论体系》一文中。该文对旅游生态经济学的概念、研究对象、研究任务和内容以及旅游生态经济系统的结构和功能等进行了较为系统而全面的论述，

---

① 陈肖静.我国旅游经济学研究的回顾和思考[J].生产力研究，2006(4)：27-29.
② 朱铁臻.加强旅游生态经济研究促进城市旅游与生态协调发展[J].生态经济，1995(3)：1-6.

这可以说是旅游生态经济学这一学科产生的标志。此后,旅游生态经济学正式进入我们的视野,与之相关的理论研究、实证研究和应用研究等也纷纷展开,研究视角和研究内容都相当广泛。

旅游生态经济学是多学科融合产生的(见图1-1),尽管到目前为止,与之相关的研究成果众多,但都是从不同的学科角度和研究领域切入。旅游生态经济学作为一门学科而言其发展是比较缓慢的,也远未成熟,其学科属性、研究对象和任务、研究内容和方法等都还在不断研讨完善之中,相应的著作成果也不多见。但是,与旅游生态经济学相关的多学科研究成果为该学科体系的确立和完善打下了很好的理论基础,是旅游生态经济学得以不断发展的支撑力量和创新源泉。

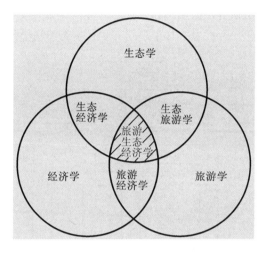

图1-1　旅游生态经济学的产生

二、旅游生态经济学的学科属性与概念界定

(一)旅游生态经济学的学科属性

近半个世纪以来,尽管有关旅游生态经济学学科体系的研究并不多,但从现有的文献资料看来,旅游生态经济学被认为是生态经济学的一个分支几乎已成共识。1995年,朱铁臻在《加强旅游生态经济研究促进城市旅游与生态协调发展》一文就首次指出"旅游生态经济是生态经济的分支学科";1998年,郑泽厚在《论旅游生态经济学的理论体系》中也明确指出"旅游生态经济学是生态经济学的重要分支"。不仅如此,在生态经济学领域,许多学者在研究生态经济学分支时,对旅游生态经济多多少少都有所涉及,只是各派学者对于旅游生态经济学在生态经济学中的站队立场不一,例如马传栋在《城市生态经济学》一书中将城市旅游生态经济学列入城市生态经济学的下游分支之中[1],这是把旅游生态经济学列入到区域性生态经济学之中;赵玲在《生态经济学》一书中,将生态旅游业作为生态产业的一部分进行研究[2],由此可见,这是把旅游生态经济学归类到部门性生态经济学中进行研究。

---

[1] 马传栋.城市生态经济学[M].北京:经济日报出版社,1989.
[2] 赵玲.生态经济学[M].北京:中国经济出版社,2013.

本书作者认为,尽管旅游生态经济学缘起于生态学、经济学和旅游学等多学科的融合,且旅游经济学和生态旅游学对旅游生态经济学的学科形成和发展也发挥着一定的作用,但是,旅游生态经济学与这两者之间目前只存在着学科的交叉,还不足以构成学科的归属关系;而且,由于旅游学本身也是一个由多学科融合而构成的边缘性学科,从支撑旅游生态经济学的学科发展而言,无论是旅游经济学还是生态旅游学,都不具备承载该学科的厚重基础。但生态经济学则与之不同,它是由学科基础厚重的生态学与经济学这两大一级学科融合而来,它研究的是人类的社会经济行为与资源和环境变化之间的关系,而旅游活动恰恰又是人类社会经济行为的一部分。因此,结合已有的文献资料,我们认为,旅游生态经济学应是生态经济学下的分支学科,研究旅游生态经济学应把其归类于部门性生态经济学研究之中,因为旅游生态经济学的本质是研究旅游活动过程中生态系统与旅游经济系统之间的相互作用关系与运动规律的科学。图 1-2 所示为旅游生态经济学在生态经济学谱系中的分类。

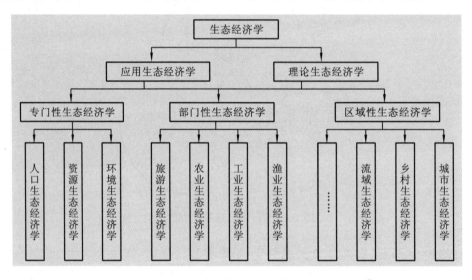

图 1-2　旅游生态经济学在生态经济学谱系中的分类[①]

(二)旅游生态经济学的概念界定

作为一门新兴学科,关于旅游生态经济学的概念与内涵目前尚无定论。现有的少量文献对其定义几乎都是从其研究对象着手进行描述,如郑泽厚认为旅游生态经济学是关于旅游经济活动与景观生态系统相互关系的科学[②];朱铁臻认为旅游生态经济是旅游经济系统与景观生态系统的有机结合[③],两者大同小异。除此以外,几乎没有其他学者对旅游生态经济学的定义进行研究。

本书作者认为,旅游生态经济学融合了生态学、经济学和旅游学等多学科基础,是隶属于生态经济学门类下的一个分支学科,它以旅游可持续发展观为指导思想,以生态经济学理论与其他相关学科理论为基础,以生态系统和旅游经济系统二者交互融合下形成的旅游生态

---

① 马传栋.资源生态经济学[M].济南:山东人民出版社,1995.
② 郑泽厚.论旅游生态经济学的理论体系[J].理论月刊,1998(11).
③ 朱铁臻.加强旅游生态经济研究促进城市旅游与生态协调发展[J].生态经济,1995(3).

经济系统为主要研究对象,通过综合运用多学科的研究方法,围绕人类旅游活动过程中的生产、分配、交换和消费等经济行为与生态环境之间的相互作用展开研究,揭示旅游生态经济系统的结构功能及运作规律,促进旅游生态经济效率的最大化和实现旅游生态经济发展路径的最优化,维护旅游生态经济系统的平衡,最终实现旅游生态经济的可持续发展的目标。

第二节 旅游生态经济学的研究目的、对象与内容

一、旅游生态经济学的研究目的

从本质上来看,旅游生态经济学的研究目的与生态经济学的研究目的有共通之处,它们都是致力于建立一个理想的可持续发展的生态经济系统,只是旅游生态经济学的研究目的相比较而言更为具体,旨在以保证旅游生态经济系统良性循环和可持续发展为前提,促进旅游经济系统产出最大化。结合李鹏、杨桂华在《生态经济学学科基本问题的新思考》一文中所提出的"效率、最优和可持续的路径选择是生态经济学研究的基本目标"[①],本书作者认为,旅游生态经济学的基本目标是旅游生态效率最大化、旅游生态经济发展路径最优化,终极目标是旅游生态经济系统的平衡和旅游生态经济的可持续发展。

(一)基础——旅游生态效率最大化

传统的经济学主要研究稀缺资源的配置问题,力求以最小的投入获得最大的产出,追求的主要是经济的增长。但生态经济学则不同,它改变了传统经济学的研究思路,将经济系统纳入生态系统之内,并明确指出人类所有的经济活动都存在于自然生态系统内部,它从另外一个视角来审视经济活动,在经济发展的同时确保对生态的保护,追求的是可持续发展。为了精确衡量企业在生产产品和服务的整个生命周期过程中对自然资源的消耗和对环境的冲击,生态经济学家们提出了生态效率(eco-efficiency)的概念,即通过对生态效率的计算来测度生态投入和经济产出之间的关系,以不断降低经济发展对地球环境的影响程度。由此可见,实现自然生态资源的配置效率,即追求生态效率的最大化是旅游生态经济可持续发展的基础和保障。

知识关联

旅游生态效率研究的思想最早可追溯到旅游可持续发展,旅游生态效率注重以更小的投入获得更大的产出,描述的是旅游投入与旅游产出的关系。国外对旅游生态效率研究具有代表性的学者是 Stefan Gossling。

(二)过程——旅游生态经济发展路径最优化

要实现旅游生态经济的可持续发展,必须高度重视其发展过程,即要在旅游生态经济发展的各种路径中选择一条最合适的道路,促进其可持续发展目标的实现。由于旅游生态经济学是一门新兴学科,发展历

---

① 李鹏,杨桂华.生态经济学学科基本问题的新思考[J].生态经济,2010(10):34-36.

程也并不长,到目前为止,广大专家学者们还在孜孜不倦地寻找适合其发展的最优路径,相关研究成果也不断出现,如旅游循环经济、低碳旅游经济、旅游生态补偿、绿色旅游经济等都已取得很多阶段性的成果,在理论和实践应用方面也在不断拓展和深入。相信未来随着旅游生态经济学研究的不断发展和成熟,人们一定能不断优化旅游生态经济发展的路径,完善旅游生态经济发展的过程。

(三)目的——旅游生态经济可持续发展

旅游生态经济学和生态经济学一样,都是以可持续发展为终极目标。无论是对旅游生态经济系统的结构与功能的探索研究,还是对旅游生态经济运动规律的研究,其最终都是为构建平衡的旅游生态经济系统,在生态良性循环的基础上发展旅游生态经济,达到旅游生态经济可持续发展的目的。在这个过程中,**旅游生态效率**是可持续发展的基础和保障,选择最优化的路径是可持续发展的过程和手段。旅游生态经济学的研究目的如图1-3所示。

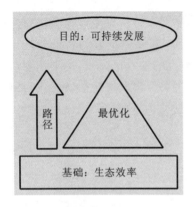

图1-3 旅游生态经济学的研究目的

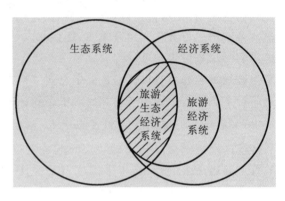

图1-4 旅游生态经济学的研究对象

二、旅游生态经济学的研究对象

旅游生态经济学研究的主要对象是由生态系统和旅游经济系统交叉融合下形成的复合系统——旅游生态经济系统。如图1-4所示。旅游生态经济系统并不是生态系统与旅游经济系统的简单叠加,而是由这两个系统组成的更高层次的、更复杂的矛盾综合体。旅游生态经济学就是以这个复杂系统作为自己的研究对象。自然界中任何一个系统都必然有其独特的运动规律,旅游生态经济系统也不例外。旅游生态经济学主要研究旅游生态经济系统的特殊性、系统内部的矛盾对立统一性及其运动规律。旅游生态经济系统中的诸多要素,如环境因素、技术因素、市场因素、资源因素等在旅游生态产品的生产、分配、交换和消费过程中都有着千丝万缕的联系。例如,生产技术达不到要求时,会对环境产生一定的破坏,环境的破坏会影响资源的质量,而资源的质量又会影响到产品的生产,影响到企业的经济效益。从而无法提供市场需求的产品,

知识关联

旅游经济系统是指由旅游者的旅游活动引起的,旅游者同旅游企业之间以及旅游企业同相关企业之间的经济联系。

达不到预期的经济效益目标。可见,这些要素之间既相互依存,又相互制约,它们之间虽然在不停地发生着物质和能量的交换,但它们同时又都处于一个共同的生态系统之中,遵循着生态运动循环的自然规律。旅游生态经济学希望通过研究系统内部元素的运动规律来实现旅游生态经济系统的平衡。

知识关联

生态系统是指在自然界的一定的空间内,生物与环境构成的统一整体,在这个统一整体中,生物与环境之间相互影响、相互制约,并在一定时期内处于相对稳定的动态平衡状态。

关于旅游生态经济系统的构成问题,目前似乎还存在几种不同的观点:第一种观点认为,它就是生态系统和旅游经济系统所构成的复合系统;第二种观点认为,它是由旅游生态系统和旅游经济系统所构成的复合系统;第三种观点认为,它是由景观生态系统和旅游经济系统所构成的复合系统。本书作者认为,首先,从旅游生态经济学是生态经济学的分支学科来看,旅游生态经济系统应该隶属于生态经济系统,它是生态经济系统内的一个子系统。其次,从生态经济系统的构成来看,生态系统是从古至今就一直存在的复杂系统,它是生命系统和环境系统在特定空间的组合。而经济系统则是随着人类经济活动的产生而产生的,是生产力系统和生产关系系统在一定的地理和社会环境下的组合。关于生态系统和经济系统的关系问题,目前在学术界仍未得到统一,但这并不是本书所讨论的重点,本书关注的焦点是,如何运用经济学的理论、原理和方法来研究旅游生态问题。因此,为了更为透彻地研究旅游生态经济问题,我们要避免从旅游生态系统或景观生态系统等较为狭义的、发展也并未成熟的角度切入研究,而是应该从根本上,即立足生态系统这个大视野来研究人类的旅游生态经济问题。综上所述,我们认为旅游生态经济学的研究对象——旅游生态经济系统应该是由生态系统和旅游经济系统所交叉构成的复合系统。

三、旅游生态经济学的研究内容

旅游生态经济学作为一门新兴学科,在很多方面都尚不成熟,其研究内容也在不断拓展和深化当中。具体而言,目前其主要的研究内容集中在如下几个方面。

(一)旅游生态经济系统运行研究

旅游生态经济系统是旅游生态经济学最主要的研究对象,也是其核心的研究内容之一。认识旅游生态经济系统必须先了解生态系统和旅游经济系统。生态系统是指在自然界的一定空间内生物与环境构成的统一整体,人类的旅游活动离不开生态系统。旅游经济系统概念有狭义和广义之分,狭义上主要指旅游产业结构,即旅游产业内部满足游客不同需要的各行各业之间在运行过程中所形成的内在联系和数量比例关系;广义上指旅游经济系统各组成部分的比例关系及其相互联系、相互作用的形式,其组成部分一般包括旅游市场结构、旅游消费结构、旅游产品结构、旅游产业结构、旅游区域结构、旅游投资结构、旅游组织结构、旅游所有制结构等。旅游生态经济系统则是一个有着自身规律性的具有独立特征、结构与机能的生态经济复合体。旅游生态经济系统由诸多要素组成,各个组成要素并不是毫无关系地偶然堆积在一起,而是相互联系着的统一体,这种相互联系的总和构成了旅游生态经济系统的结构,它表现为系统内部的组织形式、结合方式和秩序,并通过元素与系统之间、元素与元素之间的约束、选择、协同和平衡四大机制保持其特定的组织形式。旅游生态经济系统运行研究主要是揭示该系统的特征、结构和运行机制及运作规律。

今后,随着旅游生态经济学的不断发展完善,人们对旅游生态经济系统的认识和研究必定会不断深化。

(二)旅游生态经济价值研究

旅游生态经济价值研究也是旅游生态经济学研究的重要内容,根据现有的文献资料,旅游生态经济价值的研究主要集中在对旅游生态服务价值的核算和对旅游生态服务经济效益的测度等方面。

生态服务价值是指人类直接或间接从生态系统中得到的利益,如生态系统向经济社会系统输入的有用的物质和能量、接受和转化来自经济社会系统的废弃物等。美国康斯坦扎等人在测算全球生态系统服务价值时,将全球生态系统服务分为17类子生态系统,之后采用一系列不同的方法分别对每一类子生态系统进行测算,最后进行加总求和,计算出全球生态系统每年能够产生的服务价值:每年总价值为16万亿~54万亿美元,平均为33万亿美元(33万亿美元是1997年全球GNP的1.8倍)。另据2005年联合国发布的《千年生态系统评估报告》显示,全球生态系统提供的2/3以上的各类生态服务已呈下降趋势。生态系统服务价值越来越受到人们的重视,并成为国内外学界的研究热点。具体来说,研究重点包括生态服务价值的时空模型开发、时空变化驱动力研究、生态服务价值的评估方法、生态服务价值的市场补偿价值等多方面内容。[①]

旅游生态效率和生态经济效益测度也是当前旅游生态经济价值研究的热点。我国学者对旅游生态效率的研究主要集中在旅游生态效率的评价与测度、旅游生态效率与旅游循环经济、旅游生态效率差异性及影响因素以及旅游生态效率的应用研究等方面,并已经获得一些研究成果。生态经济效率的核算涉及具体的理论和核算方法体系,不同的核算理论有不同的核算方法,目前研究得比较多的主要有绿色国民经济核算体系、旅游生态足迹理论和方法等。

(三)旅游生态经济产业研究

旅游生态经济产业是把旅游产业建立在生态环境可承受的基础之上,在保证自然生态系统正常运行的前提下实现旅游经济产业的扩大再生产,建立旅游经济、社会文化和自然生态环境良性循环的复合旅游生态经济系统,达到旅游经济发展与生态环境保护协调发展的最终目的。

旅游生态经济产业研究的内容十分丰富,按照目前人们对三大产业的划分,旅游生态经济产业可以分为旅游生态农业、旅游生态工业和旅游生态服务业三大类。旅游生态农业是指包含了与旅游业相关联的农、林、牧、副、渔等各业的旅游综合大农业;旅游生态工业则指以低投入、低消耗、低污染或无污染为主要目标,构建起生产、消费和还原于一体的旅游工业生态链;旅游生态服务业是充分体现生态理念的,以无害于生态环境为目标的旅游现代服务业。

---

① 张振明,刘俊国.生态系统服务价值研究进展[J].环境科学学报,2011(9):1835-1842.

当前关于旅游生态经济产业研究较多集中于旅游循环经济和旅游生态产业圈等方面。

（四）旅游生态经济消费研究

旅游生态经济消费研究主要指旅游生态消费、绿色消费等具有生态保护功能的旅游消费方式。生态消费和绿色消费有共同点但也有不同，生态消费指消费品的生产过程、生产工艺、生产的原材料选用和生产消费完成后都不会产生过量的垃圾、废水、废气等对环境造成压力与破坏的消费残留物；绿色消费则更侧重于人与自然的和谐，强调这种消费既满足当代人的需求，同时又不会危害后代人的消费需求，它不仅包含对生态环境的保护，更包含人体自身的健康、人与自然生态的和谐。

低碳旅游是当前一种受到大众广泛关注的旅游生态消费方式，自马勇、陈小连撰写了全国第一本低碳旅游专著《低碳旅游发展模式与实践创新》后，低碳旅游越发受到学界和业界的重视。目前低碳旅游的发展模式主要有政府主导型、社区主导型和市场主导型等几大类型。发展低碳旅游是一项投入较大、涉及面广、技术要求高的系统工程，需要围绕旅游资源低碳化开发、旅游消费低碳化引导、旅游方式低碳化运作、低碳技术科学化应用等多个方面来展开。随着旅游生态经济学的不断发展，未来有关旅游生态经济消费方面研究将会不断深入，研究内容将会不断拓展。

（五）旅游生态经济制度研究

旅游生态经济制度研究既包括官方的旅游生态经济法律、政策等，也包括非官方的旅游生态经济观念、意识、伦理和习俗等社会制度，还包括旅游生态产业领域的市场运行机制建设等。

从政府层面来看，宏观的政策和法律制度为旅游生态经济的顺利运行构建了外部条件。当前我国旅游生态经济领域的制度建设不完善，政策制定不健全。要通过统筹旅游生态环境建设、完善旅游生态经济市场、提供生态保障、健全法律法规等对整个宏观的旅游生态经济活动进行调控。从社会层面来看，一些影响民众意识和行动的非政府组织和社会团体的发展是旅游生态经济制度建设的重要内容。在生态经济发展过程中，有些环境问题仅靠政府和市场是无法解决的，需要依靠公众对环保的热情和力量，因此，强化对公众的生态环保知识教育、宣传公民的环保权益和扶持绿色生态社团建设等是旅游生态经济制度建设的软手段。从市场层面来看，建立健全旅游生态资源价格机制、健全旅游生态产权管理制度、促进旅游生态经济产业转型升级等是健全和完善旅游生态经济市场机制的重要途径。

图 1-5 所示为旅游生态经济学研究内容框架。

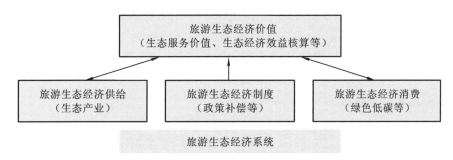

图 1-5 旅游生态经济学研究内容框架

知识活页　　河北出台生态补偿金管理办法

河北省财政厅、省环保厅近日联合印发《河北省生态补偿金管理办法》(以下简称《办法》)。《办法》提出,破坏生态环境必须缴纳生态补偿金,收缴的生态补偿金必须专款专用,全额用于规定项目。

河北的生态补偿金,是指省级财政向未达到跨界断面水质目标考核标准的河流上游地区财政扣缴的资金,该资金用于补偿下游受污染地区水生态环境损失、全省水环境质量改善。生态补偿金每年分两批计算扣缴和分配金额。

《办法》规定,生态补偿金全额用于规定项目。这些项目分别为:因河流污染造成下游沿岸地下水污染,保障群众饮水安全项目;因河流污染造成下游经济损失,经权威部门鉴定,应给予补偿的项目;水污染物减排和水污染综合整治项目;水环境监管执法能力建设项目等。《办法》明确,要严格按规定使用生态补偿金,不得以任何理由、任何形式截留、挤占、挪用资金,不得用于平衡本级预算。对违反使用规定的,将依法追究有关单位和人员的责任。

资料来源:中国生态评估网——政策动态(转引自中国新闻网),2015-02-05

第三节　旅游生态经济学的学科特点与研究方法

一、旅游生态经济学的学科特点

随着现代科学的不断发展,越来越多的自然科学与社会科学相融合一体化发展,旅游生态经济学就是这种趋势下的一种典型产物。旅游生态经济学以生态系统与旅游经济系统交叉融合的复合系统为研究对象,与传统的经济学和生态学均有所不同。因此,旅游生态经济学自诞生以来就吸收了多学科的理论知识与营养。从学科性质上来看,旅游生态经济学它研究的重点是生态经济学中与旅游学相交融的内容。有着生态经济学属性,因此它是生态经济学的一个分支。作为一门新兴边缘学科,旅游生态经济学不仅拥有许多与其他学科共有的性质,而且也具有许多其他学科不具备的特点,具体体现在它的交叉性、边缘性、综合性、整体性、前瞻性、战略性、系统性以及经济性。

(一)交叉性与边缘性

旅游生态经济学是一门跨越自然科学与社会科学的交叉性学科。旅游生态经济学的交叉性体现在它融合几大学科的特点,形成自己独特的风格,集中体现自然科学与人文社会科学的内容。

旅游生态经济学不是生态学与经济学系统的分支,而是二者交叉形成的生态经济学的一个研究领域,它既站在旅游生态学的边缘,也站在旅游经济学的边缘。旅游生态经济学的边缘性强调的是它是自然科学与社会科学等多学科交叉的边缘性学科。

(二)综合性与整体性

旅游生态经济学把旅游生态经济系统作为整体研究对象,综合考虑到生态系统与旅游经济系统两个系统,其研究范围涉及人、社会、景区环境之间的相互联系、相互作用的各个方面,对旅游学、生态学与经济学综合考虑;同时从整个系统内部来看,旅游生态经济系统以生态系统为基础,将旅游景区、山川、河流、森林、草原、沙漠等自然生态景观和人文景观与经济学研究结合于一体,运用生态学与经济学等多领域的理论知识进行研究。[①]

旅游生态经济系统中的各个环节是紧密相联、互相作用的,任何子系统的任何一个环节出现问题都会牵连到其他的环节。因此,旅游生态经济学的研究,不能用孤立的眼光去看待问题,要有全局观和整体观,要充分考虑生态系统分支与经济系统分支的整体可持续发展。由此可见,旅游生态经济学具有典型的综合性和整体性。

(三)前瞻性与战略性

旅游生态经济学作为一门新兴学科必然有着一定的前瞻性,要求对旅游活动的经济政策与行为有一定的预判能力,积极主动地面对问题,充分考虑到生态系统的可持续发展以及旅游经济的持续性增长。可持续发展需要我们从长远的角度来思考问题,用正确的方法来处理近期与远期的利益、整体与局部的发展,因而,旅游生态经济学是一门研究未来发展战略和经济政策的前瞻性学科。

战略性强调的是宏观的角度、长远的眼光。旅游生态经济学是生态经济学的一个分支,继承了生态经济学的战略性,在保证旅游经济基本效益有序发展的前提下,强调生态的循环保护。从长远的角度来研究旅游经济的增长,能够理性地研究近期与远期的发展规律。旅游生态经济学要研究的不仅仅是宏观的问题,也有其他的中观与微观的问题。要使旅游生态经济系统平稳运作,就必须有一个正确而又全面具体的战略。因此,旅游生态经济学是一门高瞻远瞩的具有明确持续发展战略的学科。

(四)系统性与经济性

旅游生态经济学的系统性可以从两方面来看,首先,它系统地研究旅游经济活动与旅游生态活动的主要特征与规律;其次,它系统地研究旅游生态经济的缘起与发展以及其内部运动特征规律。

旅游生态经济学的研究领域是生态系统与旅游经济系统相互联系发展过程中的生态经济现象以及其所表现出来的生态经济问题,目的是消除旅游经济活动对生态系统的负面影响,达到人类的旅游经济活动与自然生态环境和社会经济环境的协调发展。从发现旅游生态经济问题到研究其产生的原因和解决问题的办法,其核心都离不开经济学的思维、理论和方法,这体现了旅游生态经济学的经济学属性。

---

① 陈德昌.生态经济学[M].上海:上海科学技术文献出版社,2008.

二、旅游生态经济学的主要研究方法

旅游生态经济学的交叉性学科的性质决定了其研究方法也融合了各个学科的方法,而不仅仅只是经济学的研究方法、生态学的研究方法,也包含有其他的一些社会学研究方法。

(一)旅游生态经济的经济分析方法

旅游生态经济学的经济分析方法主要是与经济学相关的分析法,主要方法有边际分析法、均衡分析法、静态分析法、比较静态分析法、动态分析法,以及模型分析法等。

1. 边际分析法

边际分析法是一种典型的经济分析方法,旅游生态经济学属于经济学范畴,因此研究旅游生态经济学要充分利用边际分析法。边际分析法是在付出与收入之间进行比较,当前后两者等比交换时,被看作是临界点。运用边际决策可以避免均值决策的缺点,可依据决策行为带来的边际效益来决定是否采纳决策意见。旅游经济活动中,并不是游客数量越多、旅游活动越多,带来的经济效益就越大。旅游生态经济是将旅游活动的生态成本纳入经济分析之中,因此,在研究边际收益时,应充分考虑旅游生态成本,运用边际成本法来估算旅游生态经济效益。

2. 均衡分析法

均衡分析法也是一种常用的经济理论研究方法,它是在假定各项经济变量以及与之相关的关系已知的前提下,考察经济系统内达到均衡状态的条件与状况的分析方法。均衡分析法有两种情况:一种情况是一般均衡与局部均衡,旅游生态经济学需要运用一般均衡的方法来将生态系统与旅游经济系统共同安置到一个需求供给成分分析的框架之中,同时也需要从局部扩展到整体来研究整个系统的经济活动。另外一种情况是目标均衡与非目标均衡,目标均衡要满足系统内的人们前期设置的基本要求;非目标均衡是指不是因追求既定目标而产生的均衡现象,旅游生态经济的发展需要保证经济系统内的平衡稳定。①

3. 静态分析法、比较静态分析法与动态分析法

静态分析法是一种静止孤立地研究经济现象的方法,它分析经济现象的均衡状态以及与经济现象相关的变量达到均衡状态时具备的条件,静态分析在研究问题的过程中将时间与空间的变动剥离开。比较静态分析法分析的是在已知条件变化后经济现象的均衡状态相应的变化,也就是研究经济现象有关经济变量在一次非连续变动前后的变化,它只是关注变化前后的变化,而不考虑变化过程中经济变量自身的变化,所以比较静态分析实际上是对两种已经确定的自变量与它们的因变量的均衡值加以比较。动态分析法是研究经济变动的整个过程,既包括对总量在连续时间段内的变动的研究,也包括对经济总量在变动过程中相互影响与制约的关系的研究,以及对每一个时间点的变动情况的研究,动态分析把经济活动看作是一个连续的过程。旅游生态经济学在研究的过程中要兼顾旅游生态效益与旅游经济效益,要考虑到代内的效率与公平,也要考虑代际的平等,因此,在这一研究过程中要综合运用上述方法,尤其是动态分析法,要研究旅游经济活动过程中的具体变动过程及其带来的其他

---

① 沈满洪.生态经济学[M].北京:中国环境科学出版社,2008:20.

效益与影响。

4. 模型分析法

模型分析法是经济学研究中常用的方法,它通过构建一个理论结构来研究经济现象中各变量之间的相互关系。换言之,那些用函数表述的经济理论就是经济模型。事实上,经济现象的存在是错综复杂且变化多端的,在研究过程中我们很难把所有的变量均考虑在内,这就需要我们在构建模型的时候运用科学的抽象法排除一些影响程度小的因素,简化模型。由于建模过程中变量的选取存在差异,因而模型的建立并不是唯一的,常见的建模类型有四种:文字模型、数理模型、几何模型、计量模型。文字模型是通过文字描述来体现经济变量之间的相互依存的关系;数理模型是指用数学定理来确定其假设前提,用数学方程来表示经济变量之间的联系,从而运用数学公式推导出能够分析结论的结构;几何模型是通过几何图形来描述经济变量之间的关系的理论结构,这种表述方式最为直接,让人对变量相关关系一目了然;计量模型是把经济学、统计学、数学结合在一起研究社会经济活动的变化的一种理论结构,它通常可以给出经济变量在具体数量上的相互关系。模型分析法是经济学常用的方法,旅游生态经济学的研究中也广泛应用了这一方法。

(二) 旅游生态经济的其他研究方法

旅游生态经济学其他的研究方法主要是与学科相关的一些社会学研究方法,主要为唯物辩证法、历史比较法、系统综合法等常见的研究方法。

1. 唯物辩证法

唯物辩证法用普遍联系与发展的观点来指导旅游生态经济学问题的研究,指导我们更好地把握景观生态系统与旅游经济系统之间的发展规律。唯物辩证法最显著的特征是普遍联系的观点和永恒发展的观点,它强调用联系的观点来看待问题,世间万事万物都是有规律的,它们相互影响、相互作用、相互制约,并且不以人的意志为转移。

用联系的观点研究旅游生态经济学的问题,一切事物、现象和过程都不是孤立存在的,它们内部相互影响、相互作用、相互制约;与此同时,每个事物、现象与过程又都是独立存在的,研究旅游生态经济,要用联系的观点来看待旅游生态经济系统内部的问题。联系具有多样性,用联系的观点来看待问题时,要分清旅游生态经济系统内部联系与外部联系、直接联系与间接联系、本质联系与非本质联系、偶然联系与必然联系等。[1]

要用发展的观点来看待旅游生态经济学的问题。事物的变化是一个从量变到质变的发展的过程,旅游生态经济的发展从简单到复杂、从低级到高级的变化过程,其实也是新旧事物更迭的过程,旧事物灭亡了新的事物就会诞生,新的事物之所以能够诞生是因为它更加符合社会发展的客观规律,符合生态可持续发展的要求,因而它有着存在的必然性与可能性;同时,新生事物来源于旧的事物,所以继承了旧事物的优点。新事物之所以能产生还有很重要的一点,那就是它符合大众的利益倾向,能够使经济效益最大化。唯物辩证法认为世界没有永恒,万事万物都在不断地更迭,我们在发展的过程中要勇于接受新事物,与时俱进不断创新。

---

[1] 沈满洪.生态经济学[M].北京:中国环境科学出版社,2008:17.

2. 历史比较法

历史比较法是社会科学研究中较为常用的一种方法,它将有一定关联的历史现象和概念进行比较、对照,通过研究它们的异同点,分析前后变异原因,把握其中的共同规律与特殊规律,认识现象、性质与特点。将历史比较法引入到旅游生态经济之中,要在研究旅游生态经济系统时,将国内与国外、现在与未来、历史与现实进行分析比较,从中汲取经验并将其运用到未来的发展之中。

3. 系统综合法

系统综合法运用系统整体性原理从自然生态环境、旅游经济等多方位考虑,兼顾整体利益,运用系统思维及分析方式面对问题、处理问题并试图去解决问题。它不是简单地将旅游生态经济系统内各个要素拆分再拼接,而是按照系统内各要素之间以及要素与系统之间的关联进行组合,把生态系统与旅游经济系统结合起来,针对该系统内部的各项元素结构、功能条件等进行分析。系统综合法避免了以往传统单一逐步分析的弊端,而是从整体出发综合分析,将旅游生态经济系统整体作为研究对象,强调系统内部的相互结合与相互制约,从整体上对其组成结构、内部规律以及发展趋势进行研究。

第四节 旅游生态经济学发展趋势展望

随着全球旅游经济的飞速发展与人们对生态文明建设的日益关注,旅游生态经济研究进入一个快速发展的新时期。在这种新的大环境背景下,旅游生态经济学迎来了一个学科发展的新纪元。回顾旅游生态经济学学科的产生与发展,展望未来旅游生态经济学的研究,具体有以下四大趋势。

一、旅游生态经济学学科发展多元融合化

旅游生态经济学是生态经济学的分支,生态经济学本身就是一个交叉学科。因此,旅游生态经济学自诞生以来便带着多学科交叉的标签,其研究内容涵盖了生态学与经济学的部分内容,又不仅仅是这两部分内容。旅游生态经济学研究的是生态系统与旅游经济系统相融合形成的新的复合系统,其在内容上就综合了许多的元素,而且在研究方法上,也不是局限于某一类学科的研究方法,而是多门学科跨领域研究。旅游生态经济学的综合交叉化不仅仅只是体现在理论与理论的融合交叉,例如生态学的生态位理论与经济学的外部性理论的融合交叉,也包含有理论与方法的融合交叉,像是旅游生态问题与系统综合法的融合交叉,还有方法与方法之间的融合等,如均衡分析法与系统分析法的交叉等。随着相关研究的逐步深入,旅游生态经济学的多学科背景将日渐融合,并凸显其自身鲜明的学科特点和不断完善的学科体系。

二、旅游生态经济学研究内容多元复杂化

随着人们对生态环境保护的日益关注,旅游经济发展与生态环境的保护成为人们关注的焦点,未来旅游生态经济学的研究内容将更加多元化和复杂化。进入 21 世纪以来,国民收入普遍增加,越来越多的人开始参与到旅游活动之中,外出旅游已经从过去的奢侈消费变成现今的大众消费。然而,旅游人数的暴增在显著增加旅游收益的同时也显著超出了生态

环境的负载,越来越多的各领域的专家开始涉足该学科的研究,旅游生态经济学必将朝着多元复杂化的方向发展。生态系统的广阔与旅游经济系统的增容令旅游生态经济系统内部的矛盾与运动规律更加复杂化,这使得未来旅游生态经济学的研究内容将日渐复杂。在这一趋势下,我们要将经济学与自然社会学科的研究方法广泛地运用到研究之中,这样提供更多的解决问题的途径,可以帮助有效地研究复杂的系统内部矛盾与运动规律。

三、旅游生态经济学研究问题纵深拓展化

旅游生态经济学研究问题将不断地纵向深化和横向拓展化。作为一个年轻的混合型交叉性学科,旅游生态经济学的问题研究需要更多的学者们来进行细致入微的探讨,要基于现有的生态学、旅游学、经济学等基础学科的发展来不断加大对研究领域的关注,在提出相关理论假设后,大胆尝试验证这些假设是否合理。鉴于学科的交叉性与融合性,在进行问题研究时,要能够从一个研究的纵向切口入手,对于每个研究方向进行深入挖掘。

四、旅游生态经济学研究方法计量模型化

旅游生态经济学研究方法计量化与模型化的趋势是其良性发展的必然趋势。作为生态经济学的一个分支,旅游生态经济学的研究综合运用了生态学的定性研究方法与经济学的定量研究方法。旅游生态经济学要研究的是旅游地在生态约束与制度约束条件下的经济效益的最大化,这需要一系列的模型数据来作为理论支撑,一个理论的验证需要一系列成果的支撑,数理工具的引用就是为了解决这一理论支撑的问题。我们要能够有效地研究经济模型的理论与系统结构以及其数据库等,同时积极地引入定量分析的理论、方法与工具,在实践中寻找到使用这些理论方法与工具的有效途径。任何一门学科的发展与成熟都离不开有效的理论研究方法的支撑,旅游生态经济学的研究发展必将朝着计量模型化的趋势迈进。

本章小结

(1)旅游生态经济学是在生态经济学、生态旅游学、旅游经济学等学科的不断发展完善中积累演进并最终形成的一门学科。笔者认为,旅游生态经济学属于生态经济学下的分支学科,研究旅游生态经济学应把其归类于部门性生态经济学研究之中。

(2)旅游生态经济学研究的基本目标是旅游生态效率的最大化、旅游生态经济发展路径最优化;终极目标是旅游生态经济系统的平衡和旅游生态经济的可持续发展。旅游生态经济学研究的主要对象是旅游生态经济系统,由生态系统和旅游经济系统交叉融合下形成。

(3)旅游生态经济学的研究内容主要包括旅游生态经济系统运行、旅游生态经济价值、旅游生态经济产业、旅游生态经济消费、旅游生态经济制度等。

(4)旅游生态经济学的研究方法融合了其他多学科的特点和方法,包括边际分析法、均衡分析法、模型分析法、唯物辩证法、历史比较法、系统综合法等。

 核心关键词

旅游生态经济学	tourism ecological economics
生态系统	ecological system
旅游经济系统	tourism economy system
旅游生态效率	tourism ecological efficiency
生态服务价值	ecological service value

 思考与练习

1. 简述旅游生态经济学的概念与学科属性。
2. 简述旅游生态经济学的研究内容。
3. 简述旅游生态经济学的研究方法。
4. 分析旅游生态经济学的学科发展前景。

 案例分析

马尔代夫旅游开发的成功秘诀

鱼类品种繁多、资源丰富是马尔代夫的最大特色,其周围海域拥有超过700多种的鱼类。渔业的发展带动了海岛旅游业,马尔代夫利用环境宜人和鱼类繁多的两大优势,走出了一条称为"都市渔业"、"休闲渔业"、"旅游渔业"的路子,使马尔代夫群岛成为许多人心目中的世外桃源。海岛的开发与保护的成功秘诀可归纳为:

一、规划超前、突出以人为本,追求人与环境和谐

规划是政府的职能,规划的设计充分考虑单一岛屿的整体性及与其他海岛的关联性,以规划指导开发,总体规划、分步实施,使得一岛一风格,整体如诗如画,被誉为"印度洋上的人间乐园"。何谓规划超前?就是高起点、高水平、高质量的开发,避免低水平的重复。如何突出以人为本,追求人与环境和谐?就是要使人与环境融为一体,临其境有一种"亲和力"或"感染力",给人以世外桃源和回归自然的感觉,这些都是置身于嘈杂的大都市、工作繁忙的人们无比向往的。马尔代夫海岛规划规定,岛上建筑物不得高于两层,同时以别墅式和木质结构为主;建在礁盘水面上的单层别墅则用木桥相连为路。每一个小岛都是一个天然的景色,由政府出租给不同的公司经营,各有不同的风格和特色。一些建筑物依照马尔代夫的传统风格建设而成,一些则具有西方国家的建筑特色,而另一些则与欧亚建筑的古典风格相互补,形成别具一格的亮丽的风景线。岛上的旅店一般以平房形式沿海而建,离开房间两三步便是软绵绵

而洁白的沙滩、大海。由于马尔代夫没有工业污染，海水清澈见底，近岸的浅滩只有三四米深，潜入水中便可一目了然。如何做好规划？一是请专家，二是学习与借鉴世界海岛开发的成功经验。有一种新理念是并非有沙滩才能搞旅游，在岛上建设了许多海水游泳池和淡水游泳池，也别具特色。

二、开发与保护并重，突出生态意义上的开发

生态意义上的开发是开发以保护为前提，未开发先保护，尽量保持原始性。注重以不改变海岛及其周围海域的自然属性为基础，严格控制围填海；对未开发的海岛先保护起来，有的还先种植树木、花草。马尔代夫海岛周围海域渔业资源很丰富，只要一撒网肯定可捞上许多鱼，可是当地政方非常有远见，规定离海岸2公里内不得捕鱼，甚至渔民也只能钓鱼，不能用网捕鱼。因此，小鱼得以成长，而丰富的渔业资源也得到了长期的保护。因此即使是已开发成为旅游的岛屿周围，鱼类也很多。马尔代夫无河流，但地下水丰富。考虑到长期大量取地下水会带来下沉和生态问题，目前用海水淡化，可见是多么有远见。

三、因地制宜发展特色经济

马尔代夫基本上没有什么大的工业，改革开放前一样，海岛经济主要是渔业。鱼产品占出口创汇的90%。70年代末旅游业才逐步发展起来，最先进入马尔代夫开发的是意大利，他们看中了这块迷人的圣境。到现在，旅游业、渔业、航运业是马尔代夫的主要经济来源。2001年，旅游业收入占全国国内生产总值的1/3，旅店有2万多床位（可容纳约占全国人口数量的1/10旅客）。旅游业的发展带动了航运业的发展，一方面，马尔代夫是多海岛国家且岛屿面积较小，岛内交通汽车的作用不大，岛与岛之间主要靠船舶作为交通工具；另一方面，海上观光、潜水、垂钓也要使用船舶，同时需要船舶在邻国运来食品、蔬菜、日用品、工业产品，以及石头、木头、水泥、钢筋等建筑材料及配件。因此，在马尔代夫，汽车很少，但各种游艇、快艇、运输船、渔船及辅助船只却很多。

四、制定优惠政策与措施，提高服务水平

马尔代夫制定了优惠政策与措施鼓励外商投资，如减免税费、对全世界落地免签证30天等。政府制定出海岛规划后，公开招标欢迎世界各地以合资或独资多种形式开发海岛旅游。一般租期为30~50年，税收以旅店床位为依据，每个床位营业时收6~7美元的税收（约占住宿费的5%）。在马尔代夫旅游是很安全的，除了当地民风淳朴、治安状况良好外，政府还规定当地人一般不能陪游客上岛，因此岛上只有来自世界各地的游客和旅店工作人员。在马尔代夫绝对禁止黄赌毒。进入马尔代夫出入境海关与边防联合办公，效率很高，工作人员有时帮助游客填写入境手续。每到一岛，岛上的码头工作人员早已等候在那里，并搬运行李送到住处，旅客要离开时又将行李送到码头，服务非常周到，令人有宾至如归之感。

（资料来源：中国生态旅游网 2011年2月15日）

问题:
1. 分析案例中马尔代夫旅游开发成功的主要因素。
2. 试从旅游生态经济学的角度出发,谈一下我们该如何开发自然旅游资源?

第二章

旅游生态经济学的基本理论

学习引导

作为一门多学科交融的综合性学科,旅游生态经济学的基础理论也呈现出多元化的特点,近年来旅游学和生态经济学的不断发展为旅游生态经济学的发展打下了坚实的理论根基。本章主要针对旅游生态经济学的学科特点,结合该学科的理论体系,探讨旅游生态经济学发展的基础理论,主要包括增长极限理论、可持续发展理论、生态位理论以及外部性理论等内容。

学习目标

- 掌握增长极限理论;
- 掌握可持续发展理论;
- 掌握生态位理论;
- 掌握外部性理论。

第一节 增长极限理论

一、增长极限理论的基本内涵

"增长的极限"最初是由意大利著名实业家、经济学家奥莱里欧·佩切伊博士召集成立的罗马俱乐部在1972年发表的著名研究报告《增长的极限》中提出。这篇报告主要提出了五个基本问题：人口爆炸、粮食生产的限制、不可再生资源的消耗、工业化及环境污染，并认为这些问题都是遵循着指数增长的模式发展的。报告指出，地球已经不堪负重，人类正在面临增长极限的挑战，各种资源短缺和环境污染正威胁着人类的继续生存。该报告主要提出了如下三大观点。

（一）地球的有限性是增长的极限的主要来源

报告认为，增长不能无限制地进行下去，因为地球上的资源存量是有限的。全球系统中的人口、经济、粮食、资源、环境各因子按照不同的方式发展。人口、经济的增长属于无限制的系统，它们按照指数方式发展；粮食、资源和环境的增长属于有限制的系统，它们按照算术方式发展。所以当无限制系统的人口增长爆炸、经济增长失控，就会引发和加剧粮食短缺、资源枯竭和环境污染等问题，而这些问题反过来也会限制人口和经济的发展。报告作者对未来几十年的世界人口、经济增长、生活水平、资源消耗、环境等变量做了"精确"的预测，指出目前人类的许多社会经济活动已经超出了地球的承载能力，已经超越了极限，世界经济的发展已经处于不可持续状态。如若继续任由其自由发展下去，最后必然会导致资源的枯竭和人类经济的崩溃。

（二）反馈环路是全球性环发问题的主要成因

全球系统的五大因子环环相扣互相影响，将全球性环境发展问题连成了一个反馈环路。在这个环路之中，通过刺激和反馈的连锁作用，一个因素的增长过快会带动整个环路连锁反应。无节制地发展会陷入资源环境破坏的恶性循环之中。报告中指出人类的有些破坏是完全不可逆转的，有些破坏即便是可逆转的也需要付出巨大的代价，例如污染的河流虽然可以借助于技术来对水源进行清理，但是必须投入大量的资本，这样耗费了巨大的人力、财力，必定影响经济的增长，造成经济负反馈循环，最后有可能会带来经济的停滞或倒退。

（三）全球均衡状态是解决全球性环发问题的主要对策

通过罗马俱乐部对西方流行的以高消耗、高排放和严重的生态破坏为代价的高增长理论的深刻反思，不难看出当前的这种不可持续的经济增长方式需要我们改变。与此同时要认识到，单纯依靠纯粹技术上的、经济上的或法律上的措施和手段的结合是不可能带来实质性的改善的，最为有效的办法就是需要使社会改变方向，向均衡的目标前进，而不是以往的增长。报告中提出了全球均衡状态是解决全球性环境发展问题的综合对策，在均衡状态中要对技术进行革新与生态化调整，例如研究废料利用的新方法，探寻减少污染、方便有效的循环技术,提高资源的循环利用率,设计出性能更加优良的产品来延长产品的使用周期,降低资源消耗率,开发利用最无污染的太阳能、风能等新能源,寻找控制害虫的生物方法,发展医学来降低人口生育率和死亡率等等。向全球均衡状态的努力需要我们从现在做起,不能一味地把问题留给子孙后代来解决。

二、增长极限理论的发展历程

增长极限理论思想的发展,从1972年的第一份报告《增长的极限》到现在为止,大致上可以分为四个发展阶段:外部增长极限论阶段、内部增长极限论阶段、新人道主义构想阶段和社会聚合极限论阶段。① 对于增长极限论,我们不能仅仅局限于对1972年发表的《增长的极限》这份报告的内容的了解,而是要用发展、联系的眼光去看待它,要关注其他学派的理论观点对罗马俱乐部增长极限论思想发展的影响。从"零增长"到"有机增长",从"增长"到"发展"再到"可持续发展",从单纯的"技术分析"逐步向复杂的"社会问题分析"和"文化问题分析"上的转变,增长极限理论在历史的长河中不断地发展。

(一)外部增长极限论阶段

外部增长极限论的发展起源于罗马俱乐部的成立。1972年,当时的罗马俱乐部成员、美国麻省理工学院教授福雷斯特及其助手丹尼斯·米都斯先后通过建立世界动态模型和计算机模拟,撰写《增长的极限》研究报告,并提交给罗马俱乐部。报告一经发表,便在全球引起了强烈的反响,为全球世界未来发展敲响了警钟。由此,罗马俱乐部便和"增长极限"、"人类困境"紧密地联系到了一起,增长极限理论也正式问世。而1974年俱乐部成员对其第一份研究报告《增长的极限》的一些观点进行了局部的修正和补充,发表了新的报告《人类处于转折点》,该报告区分了无差异增长和有机增长这两类增长。报告指出,现在人类正处在这样一个由无差异增长转变为有机增长的选择点上,零增长和有机增长对探寻和解决"人类困境"有着重要的意义。②

(二)内部增长极限论阶段

内部增长极限论的研究是从俱乐部提交的报告《人类的目标》和《学无止境》为标志开始进行的。罗马俱乐部于1979年提交了《学无止境》的研究报告,报告认为人要保持发展就必须不断学习,不但要进行"维持性学习",更要进行"创新学习",要有预期性和参与性地进行"创新学习",要以解决那些可能出现但尚未出现的问题为目的进行学习,学习过程本身就是在参与解决问题。要通过维持性与创造性的学习来激发自身的潜能,突破外部物理极限和人内部心理极限的双重"人类困境"。

(三)新人道主义构想阶段

新人道主义构想的发展是继《增长的极限》之后俱乐部成员研究极限论的又一成果。新

---

① 李琴.增长极限论中关于人类生存矛盾的启迪[D].大连:大连海事大学,2009.
② 梅萨罗维克,佩斯特尔.人类处于转折点:给罗马俱乐部的第二个报告[M].梅艳,译.北京:生活·读书·新知三联书店,1987.

人道主义强调全球公民意识、社会公平和厌恶暴力。罗马俱乐部的研究涉及相关国际合作及洲际公平问题,1976年,荷兰著名经济学家廷伯根提交了题为《重建国际秩序》的报告,集中论述了工业化国家与贫穷国家间的相互依存性。另外,《关于财富与福利的对话》和《微电子学与社会》等研究报告的发布也反映了俱乐部的新人道主义构想。

(四)社会聚合极限论阶段

《社会聚合的极限——多极社会的冲突与和解》和《私有的局限》是社会聚合极限论的研究的典型代表作,这一时期罗马俱乐部的聚焦点转移到了人的文化制度发展上。报告在文化发展的背景中寻求能够保障社会聚合的途径,指出在我们赖以生存的和平环境中,面临着增长与社会聚合的双重极限。报告提醒大众要形成一个正确的世界观、价值观和社会态度,要谨慎认真地对待我们的社会文化资源。

三、增长极限理论的相关研究

本节主要探讨目前的增长极限理论研究存在的一些局限性,以及人们在理解增长极限理论时可能存在的一些错误的认识。

(一)增长极限论研究的局限

任何一项研究都不可能做到尽善尽美,不管这个研究是否已经成熟,或者即将成熟。本节就增长极限理论在发展过程中可能存在的一些局限性进行研究。增长极限理论的局限主要体现在其模型依据的不完善与目标导向的不明确上。

1. 增长极限理论的依据不完善

不同于自然科学研究中所运用的物质模型,社会研究通常选用观念模型。《人类处于转折点》报告对世界发展问题研究所使用的模型解释为,世界发展的客观方面可以用一个模型来表达,在这个具体问题上就是一种计算机模型。模型指的是说明各种事物之间的相互关系的、协调的、有系统的相关描述。模型代表了我们理解的现实的各个有关方面的图像表达。模型不是数字符号的集合,它能够解释事物之间的相互联系以及前后次序。诸如全球增长现象、世界发展问题这样的"人类发展困境"包含着数以万计的影响因素,我们不可能做到兼顾所有的因素。《增长的极限》的作者认为这个世界上所有的模型都是简化的和不完备的。我们要认识到它们的局限,要通过不断地增长知识来完善这个模型。

2. 增长极限理论的目标不到位

《增长的极限》通过对"世界模型"进行推演,对增长极限理论进行了阐释。报告一经问世,就震惊了世人。罗马俱乐部执行委员会成员评论研究报告说,我们的目的就是要提出警告,要告诉大家如果允许这些倾向继续下去,就有可能带来潜在的世界危机,同时我们也要提供一个机会,来改变我们现有的政治、经济和社会制度,来尽可能地避免危机的发生。在随后的很长一段时间里,对增长极限理论的批判之声此起彼伏,人们认为作者们一味地强调了"增长的极限"的警世作用,而对于全书的核心观点论述不够充分。这使得后来出版的《超越极限》,在保持"警世"作用的同时,注重强调"济世"功能,一方面告诉人们即将面临的困境,另外一方面也告诉人们如何来避免困境的出现。两本书都涉及了环境问题,但比较而言,《超越极限》的目的较前者更为明确,而《增长的极限》的初始目的稍显不到位。

(二)对增长极限理论的认识误区

长期以来,不管是学术界、政界或者是普通民众,对增长极限理论的认识都经历了一个由片面到全面进而逐步深化的过程。人们对增长极限理论的认识误区主要集中在以下两个方面。

1. 将增长极限理论的主导者划分到悲观者学派

最先为增长极限理论贴上悲观主义或悲观派标签的是西方学者,中国学者随后也接受了这一观点。《增长的极限》第一个中文版本的译者称之为西方未来研究方面悲观学派的代表作。自20世纪80年代以来,罗马俱乐部和《增长的极限》在中国始终被当作技术悲观主义、环境悲观主义的代表。那些自然辩证法、科学技术哲学、科学学教材等在论述科学技术价值观或价值论时,通常会毫不犹豫地将罗马俱乐部连同其《增长的极限》归入到悲观主义的队伍之中。

2. 将增长极限理论等同于"零增长说"

最早提及"零增长说"的也是西方学者,随后被中国学术界引进的《增长的极限》,直接被看作是"零增长说"。1980年,中国期刊发表第一篇介绍《增长的极限》一书的文章,此文称这部书用计算机预言了世界的灾难性前景,并提出"零的增长"的对策。[①] 此后很长的一段时间里,中国学术界一直存在这个看法。然而,罗马俱乐部和增长极限理论的提出者从来都没有认同所谓"零增长说"。罗马俱乐部创始人奥莱利欧·佩切伊曾经极为愤怒地驳斥所谓的"零增长",他认为将增长的极限看作是"零增长说"的人都不懂罗马俱乐部,不明白增长的意义。增长极限理论提倡的"停止增长",并不是所谓的零增长,而是说"缓慢地直至最终停止人口和资本的指数增长",换句话说,其强调的是人口和资本不应出现无休止的指数增长。

第二节 可持续发展理论

一、可持续发展理论的基本概念

可持续发展理论最早源于西方发达国家,后来逐渐传入我国,并受到广泛关注。可持续发展一词的英文是sustainability development。sustainability一词强调可持续,最早源自生态学,而development一词强调发展,更多的是在经济学上的运用。世界环境与发展委员会(WCED)1987年出版了《我们共同的未来》,并在该书中提出了可持续发展的概念:既满足当代人的需求,又不危及子孙后代满足需求能力的发展。

对可持续发展概念的理解可以从多角度入手。从世代伦理角度来看,它强调的是自然资源及其开发利用程度间的生态平衡,以满足社会经济发展所带来的对生态资源不断增长

---

① 常子晨. 增长极限论的当下解读[D]. 大连:大连理工大学,2013.

的需求。从自然生态角度来看,可持续发展指的是在不超过维持生态系统基本承载能力的前提条件下,改善人类生活的品质。从经济学角度来看,可持续发展观是强调利用最少的资源来产出最大的效益,现在的资源使用要不损害未来的实际收入。从科技角度来看,它强调运用更清洁、更有效的技术,通过接近"零排放"或"密闭式"工艺方法来减少能源和其他自然资源的消耗。可持续发展的概念鲜明地表达了两个观点:一是人类要发展,尤其是发展中国家要发展;二是发展要有限度,不能剥夺后代人发展的权利。既是对传统发展模式的反思和否定,也是对可持续发展模式的理性设计。

二、可持续发展理论的发展历程

关于可持续发展的研究源于20世纪60年代《寂静的春天》的问世,经过长时间的关于增长有无极限的争论,人们对环境问题日益关注,到1972年联合国召开人类环境会议、1987年《我们共同的未来》的发表,世界各国开始逐步加强对可持续发展的研究。1992年6月,在巴西里约热内卢召开了联合国环境与发展大会(UNCED),大会通过的《21世纪议程》等议程高度凝聚了人们对可持续发展理论的认识。

(一)《寂静的春天》——拉开关注环境的序幕

20世纪中叶,世界各地环境污染日渐严重,尤其是西方国家,各种公共环境危害事件频频发生,环境问题日渐成为困扰人类生存和发展的重要的问题。到了20世纪50年代末,美国海洋生物学家蕾切尔·卡逊在研究美国使用杀虫剂对环境造成诸多危害之后,于1962年发表了环境保护科普著作《寂静的春天》,正式拉开了人类关注环境的序幕。

(二)《增长的极限》——敲响发展模式的警钟

1968年,在罗马成立了一个由世界各国的科学家、教育家和经济学家们共同组成的非正式的国际协会——罗马俱乐部。以麻省理工学院D.梅多斯为首的研究小组,受俱乐部的委托,深入地研究了高增长理论,于1972年提交了研究报告——《增长的极限》。《增长的极限》一经问世,便引起了国际社会学术界的广泛关注。该报告促使人们开始密切关注人口、资源和环境问题,其中反增长的观点也受到诸多的质疑。《增长的极限》这一报告的发布掀起了世界性的环境保护热潮,其中阐述的"合理的、持久的均衡发展",为可持续发展思想的产生奠定了一定的基础,为人类社会的传统发展模式敲响了第一声警钟。

(三)联合国人类环境会议——吹响全球环保的号角

1972年,联合国人类环境会议在斯德哥尔摩召开,与会者围绕地球环境对人类生活的影响问题进行广泛的交流。这是人类历史上首次在世界各国政府和国际政治的事务会议上谈论环境问题。大会通过了《人类环境宣言》,其中包含有37个共同观点和26项共同原则。尽管大会对环境问题的认识还比较粗浅,也尚未确定解决环境问题的具体途径,但它增强了各国政府和公众的环境意识,正式吹响了人类正视环境保护问题的号角。

(四)《我们共同的未来》——提出可持续发展的模式

20世纪80年代初,为了制定长期有效的环境对策,探寻更加有效地解决环境问题的途径和方法,联合国成立了世界环境与发展委员会(WECD),该委员会任命挪威首相布伦特兰夫人为主席。经过多年的研究与论证,1987年委员会向联合国大会提交了研究报告——

《我们共同的未来》。这份报告集中关注人口、粮食、物种和遗传资源、能源、工业和人类居住等方面的问题,通过对人类社会重大经济、社会和环境问题的探讨,在报告中提出了"可持续发展"模式。《我们共同的未来》的问世,把人们从单纯考虑环境保护的角度引导到将环境保护与人类发展相结合的新视角上,标志着人类在可持续发展思想的认识上有了重要的突破。

（五）联合国环境与发展大会——加快持续发展的步伐

1992年在巴西里约热内卢召开了联合国环境与发展大会,此次会议上先后有102位国家元首或政府首脑发表讲话,有183个国家的代表团和70个国际组织的代表列席会议。会议通过了《里约环境与发展宣言》和《21世纪议程》两个文件。正是在这次会议上,可持续发展得到了世界最广泛和最高级别的政治承诺。《里约环境与发展宣言》是开展全球环境与发展领域合作的框架性文件,它建立一种全新的、公平的"关于国家和公众行为的基本准则",它提出实现可持续发展的27条基本原则;《21世纪议程》是世界范围内可持续发展在各个方面的行动计划,它建立世界各国在人类活动对环境产生影响的各个方面的行动规则。大会动员全人类走可持续发展之路,加快人类迈向新文明时代与走向可持续发展之路的步伐。

三、可持续发展理论的相关研究

本章中针对可持续发展理论的相关研究主要集中在其基本原则、环境与发展依存关系以及可持续发展经济的价值观这三个方面,具体如下。

（一）可持续发展的基本原则研究

可持续发展的理论的基本原则主要有三点,即持续性原则、公平性原则、共同性原则。

1. 持续性原则

人类经济社会的发展不能超越资源环境的承载能力,在实现需求的同时要充分考虑人口数量、环境、资源等制约的因素,也要考虑到技术状况和社会组织施加的限制等制约因素。最主要的限制因素是诸如自然资源与环境这样的人类赖以生存的物质基础。所以可持续发展理论要求我们将人类的当前利益与长远利益有机结合,把不超越资源与环境的承载能力作为持续性原则的核心。

2. 公平性原则

所谓的公平性原则既是指代内人之间的公平,也是指代际间的公平和资源分配与利用的公平。它不仅仅包括同代内区际的均衡发展,也包括代际间的均衡发展。具体来说,一个地区的发展不应以损害其他地区的发展为代价,我们的发展既要满足当代人的需要,又不能伤害子孙后代的发展能力。人类各代生存在同一空间,对这一空间的资源拥有同等的享用权。长期以来,可持续发展都高度关注消除发达国家与发展中国家贫富悬殊以及两极分化的问题,公平性原则就是要确保世界各国、各地区的人和世世代代的人都拥有平等的发展权。

3. 共同性原则

虽然各个国家可持续发展的模式不尽相同,但公平性和持续性原则是共同的。我们生存的地球是一个统一的有机整体,全球各国各地区人们必须联合起来,共同保护我们的家园。可持续发展所要实现的目标是全人类的共同目标,所讨论的问题也是关系到全人类的

共同问题,它是超越文化与历史的局限来看待全球问题。全球各国实现可持续发展的具体模式不是一成不变的,但是无论是发达国家还是发展中国家,公平性原则、协调性原则、持续性原则这三大原则却是共同拥有的,地球上的每一个国家都要适当地对本国与国际政策进行调整以实现可持续发展。也只有这样坚持共同性原则,联合全人类共同努力追求人与人之间、人与自然之间的和谐,才有可能实现可持续发展的总目标。

(二)环境与发展的依存关系研究

关于环境与发展的依存关系,现有的研究分为四部分:非常弱的可持续性、弱的可持续性、强的可持续性、非常强的可持续性。

1. 非常弱的可持续性

非常弱的可持续性是国民生产总值决定论的理论依据。该理论认为只要保证资本总量不变或者是略有增加,就可以将其看作是可持续发展。资本总量等于人造资本、自然资本与人力资本的总和,这里,人力资本与自然资本在生产这一领域内几乎是完全可以互相替代的。然而有的学者认为这种资本变量之间的替代理论违反了热力学第二定律,人类不可能减少地球的总熵,替代理论不能延缓地球熵值的增加过程。同时也有学者认为这一替代理论与生态原理相矛盾,我们有必要维护生态系统的完整性以及生态系统结构的互补性。

2. 弱的可持续性

弱的可持续性是在非常弱的可持续性的基础上进行了一定的修正,它是以新古典经济学为基础的。它认为,在不超过资源的不可逆水平的上限的前提条件下,替代性理论可以成立,也就是说,对于一些不可再生的自然资本不能被完全替代。弱的可持续性承认替代转换原理,只是在这之前增加了前提条件。

3. 强的可持续性

强的可持续性反对与弱的可持续性相关的替代性原理,该观点认为生态系统的功效不能用货币来衡量,它的理论基础是生态经济学。强的可持续性认为要维护资本的总体水平,同时也要保护好自然资源,不能让自然资本总体水平有所下降,因为有的自然资源是不能够被替代的。另外,强的可持续性认为在一定的条件下可以进行有限度的局部替代。

4. 非常强的可持续性

非常强的可持续性又叫作稳态可持续性,该观点基本上倾向于"零增长理论",它认为自然资本与人造资本是互补的而不是互相替代的。自然资本是限制进一步发展的关键因素,自然资本的变化会直接导致经济活动中资源使用情况的变化。人类社会经济活动不能与自然生态系统的循环相违背,稳态可持续性经济强调不能以牺牲一方为代价来补偿另外一方。

知识活页 联合国人类环境会议宣言主要内容

联合国人类环境会议于1972年6月5日至16日在斯德哥尔摩举行,考虑到需要取得共同的看法和制定共同的原则以鼓舞和指导世界各国人民保持和改善人类环境,兹宣布:

（1）人类既是他的环境的创造物，又是他的环境的塑造者，环境给予人以维持生存的东西，并给他提供了在智力、道德、社会和精神等方面获得发展的机会。生存在地球上的人类，在漫长和曲折的进化过程中，已经达到这样一个阶段，即由于科学技术发展的迅速加快，人类获得了以无数方法和在空前的规模上改造其环境的能力。人类环境的两个方面，即天然和人为的两个方面，对于人类的幸福和对于享受基本人权，甚至生存权利本身，都是必不可缺少的。

（2）保护和改善人类环境是关系到全世界各国人民的幸福和经济发展的重要问题，也是全世界各国人民的迫切希望和各国政府的责任。

（3）人类总得不断地总结经验，有所发现，有所发明，有所创造，有所前进。在现代，人类改造其环境的能力，如果明智地加以使用的话，就可以给各国人民带来开发的利益和提高生活质量的机会。如果使用不当，或轻率地使用，这种能力就会给人类和人类环境造成无法估量的损害。在地球上许多地区，我们可以看到周围有越来越多的说明人为的损害的迹象：在水、空气、土壤以及生物中污染达到危害的程度，生物界的生态平衡受到严重和不适当的扰乱，一些无法取代的资源受到破坏或陷于枯竭，在人为的环境，特别是生活和工作环境里存在着有害于人类身体、精神和社会健康的严重缺陷。

（4）在发展中的国家中，环境问题大半是由于发展不足造成的。千百万人的生活仍然远远低于像样的生活所需要的最低水平。他们无法取得充足的食物和衣服、住房和教育、保健和卫生设备。因此，发展中的国家必须致力于发展工作，牢记他们优先任务和保护及改善环境的必要。为了同样目的，工业化国家应当努力缩小他们自己与发展中国家的差距。在工业化国家里，环境问题一般同工业化和技术发展有关。

（5）人口的自然增长继续不断地给保护环境带来一些问题，但是如果采取适当的政策和措施，这些问题是可以解决的。世间一切事物中，人是第一可宝贵的。人民推动着社会进步，创造着社会财富，发展着科学技术，并通过自己的辛勤劳动，不断地改造着人类环境。随着社会进步和生产、科学及技术的发展，人类改善环境的能力也与日俱增。

（6）现在已达到历史上这样一个时刻：我们在决定在世界各地的行动时，必须更加审慎地考虑它们对环境产生的后果。由于无知或不关心，我们可能给我们的生活幸福所依靠的地球环境造成巨大的无法挽回的损害。反之，有了比较充分的知识和采取比较明智的行动，我们就可能使我们自己和我们的后代在一个比较符合人类需要和希望的环境中过着较好的生活。改善环境的质量和创造美好生活的前景是广阔的。我们需要的是热烈而镇定的情绪，紧张而有秩序的工作。为了在自然界里取得自由，人类必须利用知识在同自然合作的情况下建设一个较好的环境。为了这一代和将来的世世代代，保护和改善人类环境已经成为人类一个紧迫的目标，这个目标同争取和平、全世界的经济与社会发展这两个既定的基本目标共同和协调地实现。

（7）为实现这一环境目标，将要求公民和团体以及企业和各级机关承担责任，

大家平等地从事共同的努力。各界人士和许多领域中的组织,凭他们有价值的品质和全部行动,将确定未来的世界环境的格局。各地方政府和全国政府,将对在他们管辖范围内的大规模环境政策和行动,承担最大的责任。为筹措资金以支援发展中国家完成他们在这方面的责任,还需要进行国际合作。种类越来越多的环境问题,因为它们在范围上是地区性或全球性的,或者因为它们影响着共同的国际领域,将要求国与国之间广泛合作和国际组织采取行动以谋求共同的利益。会议呼吁各国政府和人民为着全体人民和他们的子孙后代的利益而作出共同的努力。

资料来源:节选自联合国于1972年《人类环境宣言》

(三)可持续发展的价值观研究

1. 可持续发展的价值观和财富观

从本质上讲,可持续发展的价值观与财富观事实上是一种生态文明的价值观和财富观,要求以对实现生态与经济、人与自然和谐统一与协调发展的贡献大小为标准,衡量与判断人类的一切经济活动价值,并从中有所取舍。这种价值观和财富观从根本上讲是以人及其基本需要的满足为现代经济发展的基本核心。因此,可持续发展的目的就是实现人对其基本需要的满足。

可持续发展的价值观和财富观以人的全面发展为中心,这其中主要包含以下两点。其一,人的发展是可持续发展的主体,可持续发展的目的是保证人的发展的基本需要的满足,而人的基本需要包括物质需要、精神需要、生态需要等多种要素。保证满足人的生态、物质、精神的基本需要是可持续发展的价值取向与最终目的。其二,满足人的基本需求促进人的全面发展是可持续发展的总体目标。在保证满足人的基本需要的前提条件下,进一步提高人的生活质量,实现人的全面发展,强调人与自然、生态与经济和谐发展。国民财富包括那些能够满足人的基本需要、提高人的生活质量、实现人的全面发展的一切自然物质、经济物质、精神条件等等。

2. 可持续发展的价值观的基本尺度

可持续发展的价值观的基本尺度包括可持续尺度、市场尺度、效率尺度、循环尺度和公平尺度等五大尺度。可持续发展的价值观基于根本出发点的可持续尺度是可持续发展观最为重要的判断尺度,它能够有效判断社会发展中的事物发展的快慢和社会发展的长期稳定与否。可持续发展的价值观中最重要的价值标准便是持续稳定的发展。市场尺度可以根据市场供给和需求决定价格,这是由于社会生态经济系统的自我调节、自我完善、自我缓冲和自我复制而形成的。效率尺度是可持续发展的价值观的又一判别尺度,它强调的是效率与公平目标相统一的价值取向,可持续发展的效率尺度引领着社会朝着和谐高效的方向发展。循环尺度是可持续发展的状态的衡量标准,评判一个社会进入可持续发展状态的程度的重要依据便是衡量这一社会能否建立起开放式的遵循良性循环发展的社会生态经济系统。可持续发展的价值观的另外一个尺度是公平尺度,可持续发展的价值观强调公平,不仅仅是当代人之间、国家之间、民族之间的代内公平,也包括当代与后代之间的代际公平。

第三节 生态位理论

一、生态位理论的基本概念

生态位的概念最早是由生物学家提出，长期以来一直是业内研究的热点，许多生态学专家都致力于寻找一个确切又完整的释义。生态位又称小生境、生态区位、生态栖位或是生态龛位，表示生态系统中每种生物生存所必需的生境最小阈值。生态位是一个物种所处的环境以及其本身生活习性的总称，包含区域范围和生物本身在生态系统中的功能与作用。在自然环境里，每一个特定位置都有不同种类的生物，其活动以及与其他生物的关系取决于它的特殊结构、生理和行为，故具有自己的独特生态位。[①]

由生态位衍生而来的还有三大原理，它们分别是竞争排斥原理、互利共生原理以及协同进化原理。生态位相同的两个物种不可能在同一个地区内共存，这也就是后来人们所说的竞争排斥原理。互利共生原理是一种非对称的利益分配机制，共生单元在利益获取上存在一定的差异性，它们可以相互平衡补充，保证各个生态位的长期稳定。生态位体现了有机体与所处生境之间的关系以及生物种群的中间关系。协同进化原理是物种之间的互相作用互相影响的关系，具体表现在一个物种会对另外一个物种的进化产生影响，与此同时，另外一个物种也会对前一个物种的进化产生影响。总之，生态位理论是研究某物种在群落或是生态系统中所占用的资源和条件，生态位体现了生态系统的秩序，生态位的分化导致了生物的多样性，从而保持了生物群落或生态系统的相对稳定。

二、生态位理论的发展历程

关于生态位理论的发展历程大致经历了从空间生态位到功能生态位再到 n 维超体积概念、资源利用函数概念这四个研究阶段。[②]

（一）空间生态位概念

生态位一词，最早是在 1917 年由 Grinnel 提出来的。Grinnel 在研究打谷鸟的分布时发现打谷鸟的活动领域与筑巢区域是彼此相互独立的。他认为所有的被占据的小的生态位共同组成了矮林群丛，在任何一个生物群落中，生物物种的需要和位置是不一样的，不同生物物种的需要与空间位置相互联系。因而他强调生态位的空间概念。生态位的空间概念学派认为生态位空间应该包括生境和分布区两个方面。Grinnel 不仅仅首次提出了生态位的概念，而且解释了没有两个生物物种能在同一研究区域形成准确的相同的生态位，因此他也被称作是生态位理论的奠基人。J.P. Kimmins 继承并丰富了 Grinnel 的思想，他认为生态位应该包括生境和分布区两部分。所谓的生境就是指物种当前在群落所处的具体的位置和该物种的理论分布地理区域，即该物种在群落中的位置和该物种生态分布适应范围。生境与

---

① 林仁惠等.空龄生态位开发与生产要素配置的优化耦合[M].北京:中国农业科技出版社,2001.
② 任青山.天然次生林群落生态位结构的研究[M].哈尔滨:东北林业大学出版社,2002:5-9.

分布区不同,后者强调决定物种分布位置的因子。Kimmins 对空间生态位的进一步延伸从侧面涵括了生态位的尺度属性。空间和时间尺度对物种生态位有着十分重要的影响。

(二) 功能生态位概念

C. Elton 继 Grinnel 之后提出了功能生态位的概念,他认为生态位其实是一种动物的属性,动物生态位的实质是动物与食物和天敌之间的关系,以及它们在生物环境中的位置。这种观点强调的是物种在群落中的营养关系等相关功能状况。Elton 所提及的功能生态位反映的是动物在食物链中所处的位置。以美国生态学家 E. P. Odum 为代表的学者们从新的角度对功能生态位进行了评价,他们认为,生态位是一个生物在生态系统和它的群落中的地位与位置,这个地位与位置由生物的结构反应、生理反应和特有行为等决定。

(三) n 维超体积概念

随后,E. Huthchinson 首次从数学定义的角度提出了生态位的概念。他认为,任何一个物种的生态位都能够表明该物种的生态特征,如果我们把生态位设想成一个多维空间,每个物种占据着多维空间的某个部分,成为多维超体积,那么生态位就是这个抽象的 n 维超体积的点的集合。在此基础之上,我们可以将生态位分为基础生态位和现实生态位。基础生态位指的是生物物种存在的 n 维超体积,包含了能够全部满足该物种的所有生存和生殖需要的条件。而现实生态位则是一个物种实际上占有的空间与资源。Huthchinson 对传统的生态位的概念进行了新的诠释,提出了生态学中少有的自然原理。

(四) 资源利用函数概念

资源利用函数概念是 MacArthur 等人发展而来的,Huthchinson 提出的 n 维超体积概念之后,生态学家们对生态位的概念研究进一步深入。一些学者提出了纹理的概念,就是说如果一个物种占据着一斑块中的某种资源,那么该物种的出现就会与同一斑块资源形成一种比例关系。与纹理概念一同被提出的还有物种表现型概念,提出该概念的专家学者们认为,生态位是一个物种或者一个种群的资源的利用函数,该定义使得定量测量生态位数量变成了可能。资源利用函数生态位不仅仅可以用资源轴上的利用函数表达,而且可以借助函数来解释关于资源利用性竞争的问题。目前国内许多学者已经开始着手运用资源利用谱来对生态位进行研究。

三、生态位理论的相关研究

对生态位理论的相关研究,本章主要从生态位的宽度研究和重叠研究两部分进行,具体研究内容如下。

(一) 生态位的宽度研究

关于生态位宽度的定义,长期以来学者们对此曾作出不同的解释。有学者认为生态位宽度是物种利用或者是趋于利用所有可利用资源状态而减少种内个体相遇的程度。也有学者将其定义为在生态位空间中,沿着某一具体路线通过生态位的一段"距离"。还有学者认为生态位宽度是指种 y 和 n 个生态因子的适应(或利用)范围。国外一些学者将"生态位宽度"定义为一物种或一群落片段在有限资源的多维空间中利用空间的比例。Kohn 认为生态位宽度的实质指的是生态专化性的倒数。Levins 将生态位宽度确定为"任何生态位轴上包含该变量的所有确定为可见值的点组成部分的长度"。中国学者余世孝等基于 n 维生态位空间分割,将生态位宽度定义为物种在 n 维生态位空间分室上的分布与样本在分室的频率分布之间的吻合度。生态位宽度是用来反映物种对资源的利用程度和对环境适应的状态的。在可被利用的资源较少的情况下,生态位的宽度就需要不断增加,增加了生态位的宽度就会使每单位的消费报酬最大化,这样有利于泛化生态位。从理论上来讲,对生态位的宽度的概念我们很容易理解,但在实际中却很难对其进行有效的测量。在实际测量生态位的宽度时,我们一般会选取一些相对较为明显的环境变量和生物变量进行测量。李菱等人 2003 年对生态位宽度的测量方法进行了总结,总结出包括 Levins 公式、Hurlbert 公式、Golwell & Futuyma 公式、Petraitis 公式、Smith 公式、Pielou 公式、Shannon-Wiener 多样性指数公式、余世孝公式等 10 种公式测算方法。[①]

(二)生态位的重叠研究

关于生态位重叠,目前有各种不同的定义。生态位重叠指两个或多个物种的生态位之间的相似性,具体来说是两个物种的生态位超体积重叠或相交部分的比例。研究生态位理论的许多生态学家把两个种群对一定资源位的共同利用程度作为生态位重叠。Pielou(1972)提出了资源位上平均生态位重叠的概念,认为生态位的重叠实际上是资源位上种群的多样性;Hurlbert(1978)定义生态位重叠为两个种群在同一资源位上的相遇频率;而中国学者王刚等(1984)定义生态位重叠表现的是两个种群在其与生态因子联系上的相似性。由此可见,衡量生态位重叠便是种间相似性的衡量。杨效文等对生态位重叠的计测公式进行了综述,计算生态位重叠的主要方法有曲线平均法(Schoener 公式,又称相似百分率指数法)、对称 α 法(Pianka 公式)、不对称 α 法(Levins 公式)、和 α 法和积 α 法、信息函数法、似然法、概率比法、王刚公式等 8 种核算方法。[②]

第四节 外部性理论

一、外部性理论的基本概念

外部性理论是经济学中长期以来最常用到的理论,外部性理论不仅仅是新古典经济学的重要范畴,也是旅游生态经济学的重要内容。关于外部性的概念,最早是由经济学家们提出的。目前有两种定义较为常见,一种是从外部性的接受主体角度来定义的,另一种是从外部性的产生主体角度来定义的。兰德尔从外部性的接受主体来定义,他认为外部性是用来表示当一个行动的某些效益或成本不在决策者考虑范围之内的时候所产生的一些低效率现象,也就是某些效益被给予、某些成本被强加给没有参与这一决策的人。[③] 另外一种定义是萨缪尔森和诺德豪斯从产生主体的角度对外部性进行定义,他们认为外部性指的是那些生

[①] 李菱,朱金兆,朱清科. 生态位理论及其测度研究进展[J]. 北京林业大学学报,2003(1):101.
[②] 杨效文,马继盛. 生态位有关术语的定义及计算公式评述[J]. 生态学杂志,1992,11(2):44-49.
[③] 兰德尔. 资源经济学[M]. 北京:商务印书馆,1989.

产者消费者对其他的团体强征了不可补偿的成本,或给予了无需补偿的收益的情形。① 虽然两种定义角度不一,但是从本质上来讲其描述的事实是基本一致的。外部性指的就是一个经济主体对另外一个经济主体产生的一种不能够通过市场价格进行买卖的来自外部的影响。

二、外部性理论的发展历程

外部性理论的发展历程主要经历了马歇尔的"外部经济"理论、庇古的"庇古税"理论和科斯的"科斯定理"理论这三个主要发展阶段。②

知识关联

马歇尔是新古典经济学派的代表人物,是英国"剑桥学派"的创始人。

(一)马歇尔的"外部经济"理论

外部性概念源于马歇尔于 1890 年发表的《经济学原理》中提出的"外部经济"概念。 马歇尔并没有明确提出外部性这一概念,但他认为除了土地、劳动和资本这三种生产要素外,"工业组织"要素也是一种生产要素。工业组织包括分工、机器的改良、有关产业的相对集中、大规模生产,以及企业管理等多项内容。马歇尔借助"内部经济"和"外部经济"这一对概念阐明了"工业组织"通过怎样的变化来增加产量。从马歇尔的观点来看,所谓外部经济,指的是由于企业外部的各种影响因素所导致的生产费用的减少,这些影响因素包括原材料的运输成本、市场规模、运输通信等。外部经济可以体现在企业之间的相互分工而带来的效率提高上,一些公司性质类似的小型企业的集中分布,也就是我们通常说的工业区、经济开发区等,可以带来外部经济。而因企业内部分工而带来的效率提高则是内部经济,也就是我们现在经常讲的规模经济。

与内部经济相对应的是内部不经济,与外部经济对应的是外部不经济。内部不经济和外部不经济概念在马歇尔的论著中并没有提及,但我们可以通过他对内部经济和外部经济的论述,推理和总结出内部不经济和外部不经济的概念。所谓的内部不经济(内部负经济性),指的是由于企业内部的各种影响因素所引起的生产费用的增加。所谓的外部不经济(外部负经济性),是指由于企业外部的各种影响因素所带来的生产费用的增加。马歇尔对影响企业成本变化的各种因素的研究是从内部和外部两个方面进行的,这些研究为后来的经济学者们的研究提供了很好的参考与研究空间。马歇尔提出的外部经济是外部因素对企业的影响,而企业自身的行为怎样影响其他的企业的成本与收益则是由著名的经济学家庇古来完成的。③

(二)庇古的"庇古税"理论

庇古于 1920 年出版了《福利经济学》。 这部著作是西方经济学发展中第一部系统论述福利经济学问题的专著,也是庇古的代表作。庇古在马歇尔的"外部经济"概念基础上,对"外部不经济"的概念和内容进行了扩充。他借助现代经济学的方法,从福利经济学的角度

---

① 萨缪尔森,诺德豪斯. 经济学[M]. 北京:华夏出版社,1999.
② 汪安佑,雷涯邻,沙景华. 资源环境经济学[M]. 北京:地质出版社,2005.
③ 沈满洪,何灵巧. 外部性的分类及外部性理论的演化[J]. 浙江大学学报(人文社会科学版),2002(1):152-160.

出发，系统地研究了外部性问题，主要研究一个企业或居民对其他的企业或居民的影响效果。庇古对外部性的阐释是通过分析边际私人净产值与边际社会净产值之间的背离来实现的。他认为，边际私人净产值是指在单个企业的生产中，每增加一个单位生产要素所获得的产值。边际社会净产值是指从全社会的角度来看，在生产中每增加一个单位的生产要素所增加的产值。庇古指出，如果一种生产要素在生产中的边际私人净产值与边际社会净产值相等，那么它在各生产用途的边际社会净产值都相等，如果产品价格等于边际成本，那么此时资源配置就达到了最佳状态。

庇古是马歇尔的嫡传弟子，因出版了《福利经济学》而被世人称为"福利经济学之父"。

庇古认为边际社会收益是生产者的某种生产活动对社会的有利影响，边际社会成本是生产者的某种生产活动对社会的不利影响。实际上，外部性就是边际私人成本与边际社会成本、边际私人收益与边际社会收益的不一致。庇古从马歇尔那里引申了"外部经济"和"外部不经济"的概念的同时，又赋予这两个概念新的意义。马歇尔提出的"外部经济"的概念是指企业在扩大生产规模时，由于外部的各种因素所导致的单位成本的降低。他主要强调的是外部因素对企业活动的影响，而庇古的"外部经济"指的是企业活动对外部的影响。这两个看似相似的问题实则不同，庇古的研究是对马歇尔的外部性理论研究的进一步延伸。庇古研究的核心观点是，为了消除边际私人收益与边际社会收益、边际私人成本与边际社会成本之间的不一致，需要政府采取适当的经济政策。当存在外部不经济效应时，向企业征税，对边际私人成本小于边际社会成本的部门实施征税；当存在外部经济效应时，给企业补贴，对边际私人收益小于边际社会收益的部门实行奖励和津贴。庇古认为征税和补贴能够实现企业外部效应的内部化。这种政策建议就是后来人们常说的"庇古税"，庇古税在经济活动中得到广泛的应用。现如今我们经常提到的"谁污染谁治理，谁破坏谁保护"就是"庇古税"理论的实际运用。

（三）科斯的"科斯定理"理论

科斯的代表作是两篇经济学论文《企业的本质》与《社会成本问题》，正是这两篇文章让他在 1991 年获得了诺贝尔经济学奖。 在《社会成本问题》一文中科斯多次提到"庇古税"问题。科斯定理理论就是在批判庇古税理论的过程中逐渐产生的。科斯对庇古税的批判主要集中在三个方面：其一，外部效应具有相互性，它不是单纯的一方侵害另一方的简单问题。例如工厂与居民区之间的环境污染纠纷，在没有明确工厂是否具有污染排放权的情况下，对工厂排放废水的行为强行征收污染税是不合理的行为。因为可能工厂早在居民区建设之前就已获得污水排放权，此时如果要限制工厂排放废水，不能依靠政府向工厂征税而是要居民区向工厂"赎买"其排污权。

科斯是新制度经济学的奠基人，因为对经济的体制结构取得突破性的研究成果，成为 1991 年诺贝尔经济学奖的获得者。

其二，"庇古税"理论不适用于交易费用为零的情况。因为交易费用为零时，通过双方自愿协商,就可以产生资源配置的最佳结果。在产权明确界定的情况下,自愿协商同样可以达到最优资源配置,完全不需要政府干涉。其三,要适当地使用庇古税。在交易费用不为零的情况下,庇古税也不是解决问题的唯一办法,要通过各种政策手段的成本与收益的权衡比较,才能确定解决外部效应内部化问题的方法。在这种情况下,庇古税既可能是有效的制度安排,也可能是低效的制度安排[①]。

科斯认为如果交易费用为零,无论如何界定权利,市场交易和自愿协商都可以实现资源的最优配置;如果交易费用不为零,就需要安排选择制度。科斯定理将庇古税理论融入到自己的理论框架之中,在交易费用为零的情况下,不需要庇古税来解决外部性问题;在交易费用不为零的情况下,要根据成本与收益的总体比较来选择解决外部性问题的手段,根据具体情况选择运用庇古税理论或者是科斯理论。科斯理论不是完全否定庇古税理论,而是在庇古税理论基础之上的一种升华,是对庇古税理论的一种扬长补短。科斯理论说明了政府干预不是解决市场失灵的唯一方法,市场失灵也不是政府干预的充要条件。当然,理论永远不可能十全十美,科斯定理理论也存在着一定的局限性。科斯定理理论很难在市场化程度不高的经济中发挥作用。即便这样,我们依旧认为科斯在外部性理论的发展进程中起到了非常重要的作用。

三、外部性理论的分类研究

根据外部性表现形式的不同,我们可以从外部性的影响效果、外部性的产生领域、外部性的方向性、外部性的根源、外部性产生的时空、产生外部性的前提条件和外部性的稳定性等七个方面对外部性研究进行分类。[②]

（一）正外部性与负外部性

按照外部性的影响效果,我们可以把外部性分为正外部性(外部经济)和负外部性(外部不经济)。正外部性(外部经济)就是一些生产者或消费者使另一些人受益而又无法向受益者收费的现象。例如,路边演奏家给过路人带来音乐的享受,但路人不一定付费,这样,路边演奏家就给过路人带来了外部经济效果。负外部性(外部不经济)就是一些生产者或消费者使另一些人受损而无法补偿受损者的现象。例如,楼下跳广场舞的大妈们把音乐声开得太大影响了楼上备战高考的高三考生,这时,跳广场舞的大妈们给高三考生们带来了外部不经济效果。

（二）生产的外部性与消费的外部性

按照外部性的产生领域,我们可以把外部性分为生产的外部性与消费的外部性。生产的外部性是指由于生产活动所带来的外部性,而消费的外部性是由消费行为所带来的外部性。20世纪70年代,外部性研究从生产领域的外部性问题向消费领域的外部性问题过渡。如果考虑到上面提到的正外部性与负外部性,那么我们可以进一步地把外部性细分成生产的正外部性、消费的正外部性、生产的负外部性和消费的负外部性四种类型。如果再继续细分下去,外部效应又可以分成八种类型:生产者对生产者的正外部性、生产者对生产者的负

---

① 沈满洪,何灵巧.外部性的分类及外部性理论的演化[J].浙江大学学报(人文社会科学版),2002(1):152-160.
② 沈满洪,何灵巧.外部性的分类及外部性理论的演化[J].浙江大学学报(人文社会科学版),2002(1):152-160.

外部性、生产者对消费者的正外部性、生产者对消费者的负外部性、消费者对生产者的正外部性、消费者对生产者的负外部性、消费者对消费者的正外部性、消费者对消费者的负外部性。

（三）单向的外部性与多向的外部性

按照外部性的影响方向，我们可以将外部性分为单向的外部性与多向的外部性。单向的外部性的理解用以下例子来解释：化工厂从上游排放废水导致下游居民饮用水被污染、水质降低，而下游的居民既没有给上游的化工厂产生外部经济效果，也没有产生外部不经济效果，这时就称化工厂给居民带来单向的外部性。单向的外部性是指某一方单独给另一方所带来的外部经济或外部不经济，而另外一方不对这一方产生外部性影响。生活中我们见到的大多数的外部性属于单向外部性。多向的外部性的理解用以下例子来解释：全世界的国家在发展的过程中都对生态环境造成了损害，彼此之间都有外部不经济效应，这就是典型的多向外部性。多向的外部性是指在公有财产权下的资源上，几个经济主体彼此间都存在外部性。多向外部性的一个典型的代表就是双向外部性，它主要有三种形式：一是甲乙方彼此相互外部经济；二是甲乙方彼此相互外部不经济；三是甲方对乙方有正向外部性而乙方对甲方有负向外部性，或者甲方对乙方有负向外部性而乙方对甲方有正向外部性。如果各国之间的外部经济效果正好相等，就说明外部经济效果相互抵消；如果两者不相等，说明存在一方对另外一方产生负外部性。

（四）代内外部性与代际外部性

按照外部性产生的时空来划分，我们可以把外部性划分为代内外部性与代际外部性。这种分类是对可持续发展理论的继承。代内的外部性问题是从代内考虑资源配置的合理性，代际外部性是从代际考虑相互的影响性，主要是代际资源的公平分配，要向未来延伸，减少对后代的不利影响。代内外部性的空间范围在扩大，一些外部性问题不断地扩展。例如，一些外部性问题由局部地区的企业之间、企业与居民之间的纠纷向区际、国际的大问题扩展。代际外部性问题也逐渐加重，资源短缺、生态破坏、淡水枯竭、环境污染等问题层出不穷，已经对后代的生存造成了威胁。

（五）科技外部性与制度外部性

按照外部性的根源，我们可以将外部性分为科技外部性与制度外部性。科技外部性是一个客观上普遍存在但较少被使用的概念。它强调科技成果是一种公共物品，而且它的外部性很强，需要有效的激励机制，不然会导致产品供给不足。科技进步具有时效性，一项科技发明成果的推广应用，在一定程度上能够为其他成果的开发研究与应用研究做铺垫，所以一项科学技术的发明在一定程度上对后续的发明创新存在着外部经济性。制度外部性是因制度的存在而产生的外部性。例如，在一种制度下存在（不存在）而在另一种制度下却不能获得的利益（或获得利益）就是制度变迁所带来的正向外部性（或负向外部性）。制度外部性体现的是社会责任与权利的不对称，制度外部性要解决的主要问题是对制度变革所带来的新增利益的分配问题。

（六）垄断条件下的外部经济与竞争条件下的外部经济

按照产生外部性的前提条件，我们可以把外部性分为垄断条件下的外部性与竞争条件下的外部性。鲍莫尔对垄断条件下的外部性与竞争条件下的外部性分别进行研究,他认为两者之间存在着差异。他提出,当一个企业扩大规模,可以有效提高行业内所有企业的运输效率时,要辩证地判断企业自身是否获利。当这种行业扩大仅仅是由一个企业单独实现时,可能对企业自身来说没有利益;但如果该企业是行业垄断者,那么它自身也获利。因此,垄断条件下企业的正向外部性,不一定就是竞争条件下企业的正向外部性,反之亦然。

（七）稳定的外部性与不稳定的外部性

按照外部性的稳定性程度,我们可以把外部性分为稳定的外部性与不稳定的外部性。稳定的外部性是指人们可以借助一定的方式进行协调,将不可控的外部性转变为可以掌握的外部性,已有相关研究都是集中于此。而不稳定的外部性源自人们对某一项产品或项目的效果的不定性。例如,一项科学技术发明的效果的显现需要时间,有的潜伏期长达十几年,而在潜伏期间就有可能导致严重的生态环境问题。再例如,农药和杀虫剂具有高效杀虫能力,对农业虫害能够有效杀除,具有很好的正向外部性。但随着时间的推移,后续的研究表明,一些长期使用农药与杀虫剂的地区,其农牧产品体内都残留有农药与杀虫剂,这些残留物进入人体后会在人体内富集,最终导致慢性中毒,而此时农药和杀虫剂具有负向外部性。

本章小结

（1）增长极限理论与可持续发展理论是较为成熟的生态学理论,生态位理论主要从空间生态位、功能生态位、n维超体积生态位和资源利用函数概念这四个角度进行研究。

（2）外部性理论探讨了马歇尔的外部经济理论、庇古的"庇古税"理论和科斯的"科斯定理"理论这三个发展阶段,并且从外部性的影响效果等七个方面对其进行分类研究。

（3）随着旅游学、生态学和经济学等学科理论研究的不断发展,旅游生态经济学的理论研究会不断向纵深拓展,该学科理论会更加丰富。

核心关键词

增长极限	limits to growth
可持续发展	sustainable development
生态位	ecological niche
外部性理论	externality theory
人类环境宣言	declaration on the human environment

思考与练习

1. 简述增长极限理论的概念。
2. 简述可持续发展理论的发展历程。
3. 简述外部性理论的分类。

"谋杀"鸭群的罪魁祸首——环境外部不经济性

居住在文昌市公坡镇白秋村的老潘今年60岁,在离他家不远处,有一条溪,虽然名叫黑溪,但是溪水并不黑,老潘总能看到清澈见底的溪水,还有不少孩子们在溪里游泳。然而,从2003年开始,这条黑溪的溪水就变成了另一番模样:溪水变得发黑。

自2003年,文昌宏绿松香厂在白秋村建起后,原本干净清澈的黑溪,变得发黑。村民们甚至怀疑,近几年村民所养的鸭子莫名死亡,可能是这溪水被污染所导致。同时,与文昌宏绿松香厂同一厂址的文昌宏绿木材加工厂内冒出刺鼻的废气,更是给村民们的健康带来不利影响。

这些年,村民们多次向有关部门反映,但问题未得到根本解决,两家工厂仍存在排污水废气的情况。

溪水污染,鸭群莫名丧命

据当地村民介绍,2003年,一家名为"文昌宏绿松香厂"建在黑溪旁,将工业废水直接排入溪流内,溪水变黑。溪边相邻的还有白秋村、良南村等多个自然村用水都受到了影响。

据白秋村的村民韩锦元介绍,此前他饲养了18000多只鸭子,将鸭子在溪塘内放养。2013年12月,鸭子陆续死亡,7000多只鸭子半个月内相继死掉,损失了3万元。韩锦元说,如今养殖户都不敢在溪边养鸭了,只能放在家圈养。

厂方回应,环评手续"正在办"

松香厂和木材加工厂的办公室主任文主任介绍,松子加工后所排出的污水会通过4级废水处理池沉淀,经处理的污水最后流入最靠近黑溪的污水池,让其自然蒸发。文主任说,此前他们在此处挖了一个深2米的污水池,距离溪流约有40多米的距离,池壁池底没有砌水泥,收集经过4级废水处理后的污水。

文主任介绍,去年国土环境部门对该厂提出了整改要求,去年6月工厂投入30多万元建造污水处理设施,包括一个化学反应池。化学反应池内的11个小池都有过滤网,层层过滤废水,达到排放标准后再排进小溪。相关负责人介绍,"国土环保部门对这套污水处理设施还没验收,但我们聘请海口一家环保公司对水进行抽样检测,结果是达标的。"

对于木材厂焚烧废料的情况，文主任表示，目前他们只将松木进行刨制后进行存放，没有进行胶合板加工生产，并没有焚烧废料。当记者要求其提供相关环评手续时，他表示，木材厂的环保审批"在办理当中"。

国土部门，下达处罚通知书，勒令停产

据文昌市国土环境资源局监察大队副大队长谢庆荣介绍，2014年他们曾对这两家工厂进行调查，文昌宏绿松香厂已经于2003年办理了环评，但未配备污染防治设施。去年3月份，木材加工厂和松香厂均被责令限期整改。同时，木材加工厂未办理任何相关手续，在他们下发整改通知书后，该厂也未整改。在未申办环评审批手续、防治污染配套设施未建成完善、未经国土环境部门验收合格的情况下，2014年7月份，木材加工厂擅自投入生产，国土资源部门进行了立案调查，并于去年10月20日向该木材加工厂下发了行政处罚决定书，责令停产并罚款3万元。目前，文昌市国土环境部门已介入调查，并责令两厂停止生产。

这一案例为大家提供了一个认识环境外部不经济性的新视角，造成这种现象的根源在于环境资源的不可分割性，环境资源具有全部或部分公共性，使得人们可以互不排斥地共同使用自然生态环境资源。

（资料来源：《南国都市报》2015年1月10日）

问题：
试结合案例谈一下你对环境外部不经济的理解。

第三章

旅游生态经济研究评述

学习引导

　　旅游生态经济作为生态经济的重要分支,在国外起步较早,已有一定的研究基础。随着国内旅游业的迅猛发展,国内学者也逐渐重视旅游生态经济的研究。旅游生态经济内涵丰富,外延较广,国内外对于旅游生态经济研究所涉及面繁杂。本章基于对国内外旅游生态经济的相关文献进行整理和分析,回顾国内外旅游生态经济的研究进展,从基础理论和管理应用两方面进行梳理和总结,为旅游生态经济的深入研究提供参考,实现国内旅游生态经济的良性循环。

学习目标

- 国外旅游生态经济研究视角与进展;
- 国内旅游生态经济研究视角与进展;
- 旅游生态经济研究热点。

旅游生态经济作为生态经济的重要分支,既有旅游的体验性,又有生态的持续性。旅游生态经济由景观生态资源与旅游经济活动构成,二者密切相关,不可分割。景观生态资源是旅游经济活动的基础,为旅游经济活动提供吸引物和目的地;旅游经济活动是景观生态资源的可靠保障,为景观生态资源的开发与维护,提供人力、物力、财力等全方位的支持。

第一节 文献年份统计分析

20世纪60年代末期,美国经济学家Kenneth Boulding正式提出"生态经济学"的概念,首次明确了生态经济学的研究对象。1980年,中国经济学家许涤新首次提出进行生态经济研究和建立生态经济学科,国内的生态经济研究从此开始起步,自此国内的一些学者将注意力集中在旅游生态经济研究方面。将发展旅游生态经济作为转变旅游经济发展方式和实现旅游业可持续发展的重要途径,成为世界各国学者研究的焦点。

国外对旅游生态经济的研究较早,研究文献较多,笔者以"生态旅游"、"生态经济"、"生态足迹"、"生态效率"、"旅游生态经济"、"旅游可持续发展"、"旅游生态足迹"和"旅游生态效率"为关键词在Elsevier数据库检索,共查阅自2004年近10年来相关文献共2856篇。并对生态研究和生态旅游研究进行了分类,如图3-1和图3-2所示。由此可见国外对生态的相关研究高达2112篇,相比之下,对生态旅游的研究较少。

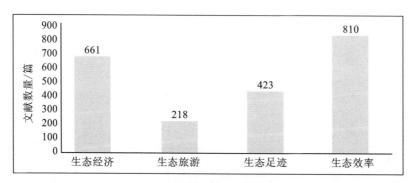

图3-1 国外关于生态的研究

同时,笔者对近10年来国外关于生态旅游的研究进行梳理,如图3-3所示。可知近10年来国外对生态旅游的研究呈显著上升趋势,且从2006年开始迅速增加。

笔者以"旅游生态经济"为主题在中国知网中检索,共查阅相关文献316篇。通过对316篇文献的统计分析可知,国内对旅游生态经济的相关研究从20世纪90年代开始,到2008年开始迅速增加,如图3-4所示。

同时对相关文献所载刊物进行了分析,其中CSSCI和核心期刊等主要刊物占8%,硕博士论文占19%,普通期刊占43%,会议论文占9%,重要报纸占21%(如图3-5所示)。说明大多数研究成果具有较高的学术水平,旅游生态经济在学术界和行业一直以来是研究的重点和热点。

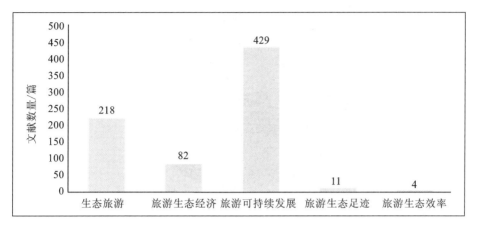

图 3-2 国外关于生态旅游的研究

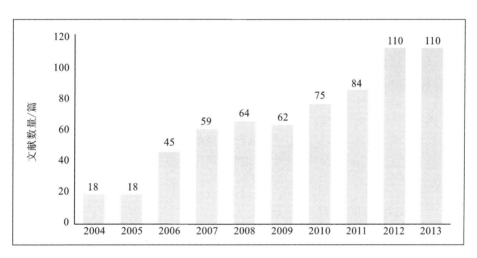

图 3-3 国外近 10 年关于生态旅游的文献数量

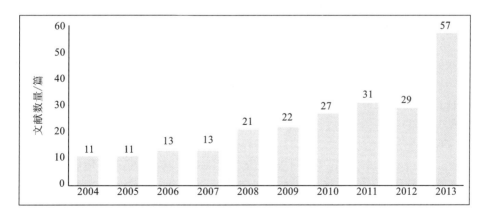

图 3-4 国内近 10 年来旅游生态经济的文献数量

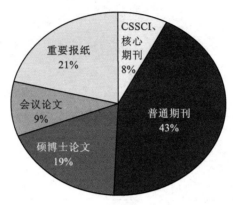

图 3-5 国内文献来源结构

第二节 国外旅游生态经济研究视角与进展

20 世纪 60 年代以前,整个世界文明被"征服大自然"、"向大自然宣战"这样的言论充斥,直到 1962 年美国海洋生物学家 Rachel Carson 出版了《寂静的春天》一书,才唤醒了人们保护自然环境的意识。因此,《寂静的春天》是西方学术界产生可持续发展思潮、重视生态环境的标志。此后,大量的国外学者开始将注意力转移到"生态经济"、"生态旅游"、"旅游生态经济"等研究上。

《寂静的春天》是人类历史上第一部关注环境问题的著作。

一、旅游生态经济的基础理论研究

国外关于旅游生态经济的理论研究较早,文献资料也较为丰富,主要将生态经济、可持续发展与生态足迹的相关概念与相关理念引入到旅游学术研究中,并进行延伸与推广。在研究类型方面,主要集中在三个方面:旅游生态经济的概念研究、旅游可持续发展研究和旅游生态足迹研究。

(一)旅游生态经济概念研究

国外学者非常重视生态经济的研究。1974 年,美国学者莱斯特·R.布朗创办世界观察研究所,针对世界环境进行"观察",并出版了"环境警示丛书",此后西方学者开始将注意力集中在全球环境保护上。

20 世纪 70 年代,美国经济学家 Kenneth Boulding 在发表的《一门科学:生态经济学》中正式提出了生态经济学的概念,奠定了生态经济学的学术地位。

Peter E. Murphy 认为旅游业的本质是资源型和易受社会、生态环境影响的产业,所以有被破坏的危险。因此他建议旅游目的地和旅游产业之间应该建立互惠共生的关系,即仿照生态经济的模型建立旅游生态经济模型。①

---

① Peter Murphy E. Tourism as a Community Industry—An Ecological Model of Tourism Development[J]. Tourism Management,1983,4(3).

John E. Cantlon 和 Herman E. Koenig 提出要用合理规范的制度流程，有效地形成新型的生态风险评估系统，并能够较好地刺激经济发展以适应整个系统。而这种制度的使用，需要道德伦理教化和政策的支持。①

Joseph E. Mbaiwa 基于可持续的发展概念，以博茨瓦纳的一个主要旅游目的地为研究对象，提出旅游业的发展带动了其他产业，刺激了经济的发展，同时其他产业也会反作用于旅游业。然而，伴随着经济的增长，产生了一系列的环境问题。基于此，作者提出了解决经济、生态和旅游业发展的措施。②

R. Costanza 发表了其对生态经济学概念的界定，他认为生态经济学是联结着自然科学与社会科学的一门学科，其研究目的在于在人类的代际与物种之间进行可持续的、公平性的资源分配，包括自然和社会的稀缺资源。③

（二）旅游可持续发展研究

1987年世界环境与发展委员会公布《我们共同的未来》，标志着一种新发展观的形成，并首次定义可持续发展，即既满足当代人的需求，又不对后代人满足其自身需求的能力构成危害的发展。这一概念也获得了全球学术界的广泛认同，广大国外学者也开始致力于研究旅游可持续发展。

世界旅游组织在1993年首次提出旅游可持续发展的概念。联合国教科文组织和世界旅游组织在1995年4月制定了《可持续旅游发展宪章》和《可持续旅游发展行动计划》，奠定了可持续发展在旅游业中的重要地位。世界旅游组织提出，旅游可持续发展的实质即要求旅游与自然、文化与人类生存环境成为一个统一的整体。

G. Hughes 认为旅游可持续发展应该上升到道德层面，相对于行为，他认为更重要的是人们内心对旅游可持续发展的伦理关注。但是他没有正式界定旅游可持续发展的概念。④

Cevat Tosun 以土耳其为研究对象分析了发展中国家旅游可持续发展的机遇与挑战。他认为影响发展中国家旅游可持续发展的因素包括国家的经济政策、公共治理结构、环境问题和旅游结构的商业化。同时他指出即便可持续旅游发展是有益于当地的，但在发展中国家实施难度巨大。⑤

Katerina Angelevska-Najdeskaj 和 Gabriela Rakicevik 认为有效防止无序旅游开发的方法是进行可持续旅游发展规划。可持续旅游发展规划实质上是进行环境保护的规划，运用各种方法来保护旅游资源，实现旅游可持续发展。⑥

---

① John Cantlon E, Herman Koenig E. Sustainable ecological economies[J]. Ecological Economics, 1999, 31(1).
② Joseph Mbaiwa E. The Socio-economic and Environmental Impacts of Tourism Development on the Okavango Delta, north-western Botswana[J]. Journal of Arid Environments, 2003, 54(2).
③ Costanza R. Ecological Economics 1[J]. Reference Module in Earth Systems and Environmental Sciences: Encyclopedia of Ecology, 2008.
④ Hughes G. The Cultural Construction of Sustainable Tourism[J]. Tourism Management, 1995, 16(1).
⑤ Cevat Tosun. Challenges of Sustainable Tourism Development in the Developing World: The Case of Turkey[J]. Tourism Management, 2001, 22(3).
⑥ Katerina Angelevska-Najdeskaj, Gabriela Rakicevik. Planning of Sustainable Tourism Development[J]. Procedia-Social and Behavioral Sciences, 2012(44).

知识活页 《我们共同的未来》

《我们共同的未来》是世界环境与发展委员会关于人类未来的报告。1987年2月,在日本东京召开的第8次世界环境与发展委员会上通过,后又经第42届联大辩论通过,于1987年4月正式出版。报告以"持续发展"为基本纲领,以丰富的资料论述了当今世界环境与发展方面存在的问题,提出了处理这些问题的具体的和现实的行动建议。报告的指导思想是积极的,对各国政府和人民的政策选择具有重要的参考价值。

《我们共同的未来》报告分为三个部分:"共同的关切"、"共同的挑战"、"共同的努力"。报告将注意力集中于人口、粮食、物种、遗传、资源、能源、工业和人类居住等方面。系统探讨了人类面临的一系列重大经济、社会和环境问题。这份报告鲜明地提出了三个观点:

(1) 环境危机、能源危机和发展危机不能分割;
(2) 地球的资源和能源远不能满足人类发展的需要;
(3) 必须为当代人和下代人的利益改变发展模式。

在此基础上报告提出了"可持续发展"的概念。报告深刻指出,过去,我们关心的是经济发展对生态环境带来的影响,而现在,我们正迫切地感到生态的压力对经济发展所带来的重大影响。因此,我们需要有一条新的发展道路,这条道路不是一条仅能在若干年内、在若干地方支持人类进步的道路,而是一直到遥远的未来都能支持全球人类进步的道路。这一鲜明、创新的科学观点,把人们从单纯考虑环境保护引导到将环境保护与人类发展切实结合起来,实现了人类有关环境与发展思想的重要飞跃。

资料来源:我们共同的未来[EB/OL].[2014-11-18]. http://baike.baidu.com/view/1718318.htm?fr=aladdin.

(三) 旅游生态足迹研究

生态足迹的概念由加拿大生态经济学家 William Rees 和 Wackemagel 在20世纪90年代初提出,他们从生态学角度,通过测算人类为了维持自身生存、生活及生产所使用的自然资源和产生的废弃物的数量,评估人类活动对整个生态系统的影响,进而衡量某一区域可持续发展的程度[1]。

Stefan Gössling、Carina Borgström Hansson、Oliver Hörstmeier 和 Stefan Saggel 认为生态足迹是旅游可持续研究的一种研究方法。他们以非洲塞舌尔为研究对象,运用生态足

---

[1] William Rees. Our Ecological Footprint: Reducing Human Impact on Earth[M]. Gabriola Island: New Society Publisher,1996.

迹方法进行计算,并讨论了此方法的优缺点。①

Colin Hunter 和 Jon Shaw 认为生态足迹法分析已经成为衡量旅游可持续发展的重要指标。他建议在运用生态足迹法进行分析时,要以全球化的视角来进行,而不是仅仅局限于本地的指标。②

Trista M. Patterson、Valentina Niccolucci 和 Simone Bastianoni 以意大利托斯卡纳为研究对象,比较游客和当地居民的生态足迹。他们认为游客的生态足迹远远高于当地居民,其中交通消耗带来的生态足迹最大,占据总数的 58%。③

Valentina Castellani 和 Serenella Sala 在生态足迹方法分析中加入生命周期评估方法,他们认为改进后的生态足迹方法将能够进行更详细的旅游可持续评估。④

二、旅游生态经济的管理应用研究

国外学者十分重视将理论运用于实践,因此应用研究是国外学者研究的重中之重。国外旅游生态经济的应用研究主要集中在两个方面,一是旅游生态经济效率的研究,主要集中在如何提高旅游生态经济效率上面;二是旅游生态经济治理研究,主要以案例的方式来研究具体的措施等。

(一)旅游生态经济效率研究

生态效率(eco-efficiency)是生态经济学的重要研究概念。旅游生态经济效率概念引用了生态效率的概念为实现旅游业的可持续发展,国外学者重点研究生态效率和旅游生态效率。

世界可持续发展工商业联合会(WBCSD)界定了生态效率的概念,通过提供具有价格优势的服务和商品,在满足人类高质量生活需求的同时,把整个生命周期中对环境的影响降到至少与地球的估计承载力一致的水平。⑤

Joost G Vogtländer 等为了使利益相关者作出正确的决策,创建了新型生态效率模型,即生态成本价值比率模型。其中,生态成本是企业为实现可持续发展的目标而必须采取的防污染措施的虚拟成本,价值指企业形象、产品质量和服务质量。⑥

Nigel Jollands 认为生态经济效率是市场的决策者。他通过回顾历史文献,详细探讨了效率的概念和生态效率的概念,进而构建了一个多层研究框架来描述生态效率。他认为第

---

① Stefan Gössling, et al. Ecological footprint analysis as a tool to assess tourism sustainability[J]. Ecological Economics, 2002(43).

② Colin Hunter, Jon Shaw. The ecological footprint as a key indicator of sustainable tourism[J]. Tourism Management, 2007, 28(1).

③ Trista Patterson M, Valentina Niccolucci, Simone Bastianoni. Beyond "more is better": Ecological footprint accounting for tourism and consumption in Val di Merse, Italy[J]. Ecological Economic, 2007, 62.

④ Valentina Castellani, Serenella Sala. Ecological Footprint and Life Cycle Assessment in the sustainability assessment of tourism activities[J]. Ecological Indicators, 2012(16).

⑤ Stigson B. Eco-efficiency:Creating more value with less impact[C]. WBCSD, 2000.

⑥ Joost Vogtländer G, et al. Communicating the eco-efficiency of products and services by means of the eco-costs/value model[J]. Journal of Cleaner Production, 2002, 10(1).

一层是生物环境,第二层是决策空间,第三层是效率空间。①

Stefan Gössling 等认为旅游业作为世界经济中重要产业,在旅游业发展的过程中使用化石能源带来重要的环境问题。因此,他们分析旅游业对环境的危害以及对经济的促进作用,认为旅游业提高生态效率的重要的环节是控制碳排放量。②

(二)旅游生态经济治理研究

一直以来,旅游生态经济治理研究是国外学者的研究焦点之一。国外学者在旅游生态经济治理研究方面,多以案例研究为主,运用经济学方法构建计量模型进行分析,进而提出相应的治理策略。

V. Castellani 和 S. Sala 从旅游政策指标的维度探讨旅游可持续发展。他们认为政府制定旅游可持续发展的相关政策将极大地促进商业的发展、就业率的上升及旅游资源的保护。因此,他们制定出相应的指标来评估旅游可持续发展的政策是否有效。③

Esteban Ruiz-Ballesteros 认为社会生态复原能力(SER)在旅游可持续发展过程中非常重要。她以阿瓜布兰卡为研究对象,探讨当地社会生态复原能力,并提出了相应的对策和建议④。

Tsung Hung Lee 从社区居民的角度探讨旅游可持续发展。他认为影响社区区域对旅游可持续发展的潜在变量有社区归属感、社区参与、感知价值和感知成本,其中社区归属感和社区参与是影响旅游可持续发展的关键因素,进而提出相应的发展建议。⑤

Ya-Yen Sun 认为在旅游可持续发展的过程中,控制碳排放量是非常有必要的。所以她根据生产和消费等的计算,构建了合理的碳计量模型,并以台湾地区为研究对象计算了台湾的碳排放量和旅游碳足迹。⑥

第三节　国内旅游生态经济研究视角与进展

1995 年,朱铁臻首次引入生态经济的概念,提出旅游生态经济理论,自此国内的部分学者将注意力集中在旅游生态经济研究方面,围绕旅游生态经济进行探索。笔者以"旅游生态经济"为关键词在中国知网中检索,共查阅相关文献 306 篇,具体论述如下。

---

① Nigel Jollands. Concepts of efficiency in ecological economics: Sisyphus and the decision maker[J]. Ecological Economics,2003,56(3).

② Stefan Gössling,et al. The eco-efficiency of tourism[J]. Ecological Economics,2005,54(4).

③ Castellani V,Sala S. Sustainable performance index for tourism policy development[J]. Tourism Management,2010,31(6).

④ Esteban Ruiz-Ballesteros. Social-ecological resilience and community-based tourism: An approach from Agua Blanca,Ecuador[J]. Tourism Management,2011,32(3).

⑤ Tsung Hung Lee. Influence analysis of community resident support for sustainable tourism development[J]. Tourism Management,2013,34.

⑥ Ya-Yen Sun. A framework to account for the tourism carbon footprint at island destinations[J]. Tourism Management,2014(45).

一、旅游生态经济基础理论研究

目前国内关于旅游生态经济的研究还处于起步阶段，主要依靠生态经济的理论体系来研究旅游生态经济，以探索性研究为主。在研究类型方面具有代表性的有四个：一是学术界对旅游生态经济概念的多种观点；二是学术界对旅游生态经济系统的多种观点；三是对旅游可持续发展的多种研究；四是对旅游生态足迹的多重研究。

（一）旅游生态经济概念研究

旅游生态经济是生态经济的一种特殊形式，其基本概念一直是研究的焦点问题。目前，国内对于旅游生态经济的基本概念研究是在生态经济的基础上增加旅游的因素而开展研究。

朱铁臻认为旅游生态经济是旅游经济系统与景观生态系统的有机统一，二者具有整体的、综合性的、全方位的相互依存性。[①]

卢云亭在前人研究的基础上对生态旅游作出了完整定义，他认为生态旅游是以生态学原则为指针，以生态环境和自然资源为取向，所展开的一种既能获得社会经济效益，又能促进生态环境保护的边缘性生态工程和旅行获得。生态旅游有四大基本特征，即范域上的自然性、层次上的品位性、利用上的可持续性和内容上的专业性。[②]

郑泽厚认为旅游生态经济是旅游区的旅游经济系统和景观生态系统相互耦合而成的复合系统，是一个由两个子系统组成的更高层次、更复杂的对立统一体。研究旅游生态经济旨在实现旅游区旅游经济效益、社会效益和环境效益三者之间的统一，以保障旅游经济可持续发展。[③]

周立华认为生态经济是一种可持续发展的经济形态，是经济的生态化，其内涵包括三个方面。一是它作为一种新型的经济形态，首先应该保证经济增长的可持续性；二是经济增长效应应该在生态系统的承载力范围内，即保障生态环境的可持续性；三是生态系统和经济系统之间通过物质、能力、信息的流动与转化而构成一个生态经济的复合系统。[④]

（二）旅游生态经济系统研究

伴随着旅游生态经济基本概念的研究，国内许多学者开始研究旅游生态经济系统。大部分学者认为旅游生态经济系统由旅游经济系统和景观系统两部分构成，二者存在相依相存、不可分隔的关系。

朱铁臻从旅游生态经济系统构成的角度阐述。他认为旅游生态经济系统由旅游经济系统和景观生态系统有机构成。旅游经济系统，包括与旅游产业相关的各个部门与组织、个人，如航空、邮电、饭店、商场、车队、导游、娱乐、旅游品以及所有为旅游服务的部门和企业；景观生态系统由自然景观和人文景观构成，自然景观即名山、大川、湖海、特殊的地质地貌、原始森林、沙漠、草原等，人文景观即园林、石窟、博物馆、剧院、历史性建筑物、特殊的人工伟

---

① 朱铁臻.加强旅游生态经济研究促进城市旅游与生态协调发展[J].生态经济，1995(3).
② 卢云亭.生态旅游与可持续旅游发展[J].经济地理，1996(1).
③ 郑泽厚.论旅游生态经济学的理论体系[J].理论月刊，1998(11).
④ 周立华.生态经济与生态经济学[J].自然杂志，2004(4).

绩、名人遗迹、民俗风情、文化艺术杰作等。

郑泽厚认为旅游生态经济系统是一个远离平衡态的开放系统，它通过与外界环境进行物质、能量、信息、旅游产品、商品、价值和人流的交换，在一定条件下形成隐态有序结构，即耗散结构。

佟玉权和宿春丽就旅游生态经济系统中的旅游生态系统进行了深入的探讨。他认为旅游生态系统是以自然保护区为代表的生态旅游区，由自然要素与人文要素构成的复合系统，是区域生态经济系统的重要组成部分，是生态旅游地的人类旅游活动与它所依赖的自然生态环境相互交织、相互作用、相互耦合形成的网络结构。[①]

唐婧以湖南省为研究对象，从区域、旅游产业、旅游者三个层次来构建湖南省低碳旅游生态循环系统。即通过区域低碳经济生态循环模式、旅游产业低碳经济生态循环模式和旅游者低碳消费循环观念，目的在于降低循环经济过程中碳基能源消耗和 CO_2 排放，促进能源和气体在低碳旅游生态中循环，恢复生态平衡。[②]

杨智勇和吕君利用数理统计分析方法，构建了旅游—生态—经济系统发展分层次的指标体系，并运用此指标体系对内蒙古旅游、生态和经济协调发展的问题进行分析，进而提出了相关的政策与建议。[③]

（三）旅游可持续发展研究

旅游可持续发展与旅游生态经济密切相关，旅游可持续发展是旅游生态经济的发展目标，旅游生态经济为旅游可持续发展提供源源不断的动力。因此，在研究旅游生态经济的过程中，不少学者通过研究旅游可持续发展来研究旅游生态经济。

田道勇将可持续发展的思想引入到旅游学术界，提出旅游可持续发展的基本理论。他认为旅游可持续发展是满足当代人的旅游需求，又不损害子孙后代满足其旅游需求能力的发展。[④]

曾珍香、傅惠敏和王云峰认为旅游可持续发展是在充分考虑旅游活动对经济、社会、文化、自然资源和生态环境的作用和影响的前提下，努力谋求旅游业与自然、社会、文化和人类生存环境持续协调发展。[⑤]

王良健在把握"保护第一，开发第二"的原则下，运用层次分析法首次构建旅游可持续发展评价指标体系，划分为四个不同的发展阶段，并以张家界风景区为研究对象进行评价。[⑥]

田里运用层次分析法构建出区域旅游可持续发展评价指标体系，指标体系分为三个体系：基础体系、协调体系和潜力体系。他运用这一模型对云南省的三个主要旅游目的地进行评估，进而确定其在旅游可持续发展中的状态阶段。[⑦]

甄翌和康文星改进了基于生态足迹的区域旅游可持续发展评价模型，提出了可转移生

---

① 佟玉权,宿春丽.旅游生态系统及其要素配置结构[J].生态经济,2008(12).
② 唐婧.低碳旅游生态循环经济系统构架研究——以湖南为例[J].湖南社会科学,2010(5).
③ 杨智勇,吕君.内蒙古旅游—生态—经济系统发展综合评价研究[J].北京第二外国语学院学报,2010(3).
④ 田道勇.浅谈旅游可持续发展[J].人文地理,1996(2).
⑤ 曾珍香,傅惠敏,王云峰.旅游可持续发展的系统分析[J].河北工业大学学报,2000(3).
⑥ 王良健.旅游可持续发展评价指标体系及评价方法研究[J].旅游学刊,2001(1).
⑦ 田里.区域旅游可持续发展评价体系研究——以云南大理、丽江、西双版纳为例[J].旅游科学,2007(3).

态足迹、不可转移生态足迹和根生态赤字盈余的概念,改进的模型减小了由于贸易因素而导致区域旅游可持续发展评价结果的偏差。①

(四)旅游生态足迹研究

旅游生态足迹作为全球可比的、可测度的可持续发展的指标,是旅游生态经济研究的焦点问题之一。在发展旅游生态经济的过程中,必须考虑这一重要的综合指标,以更好地实现旅游生态经济的发展。

章锦河和张捷首次将生态足迹的概念引入旅游,基于生态足迹的理论与方法,旅游者的生态消费及结构特征,提出旅游生态足迹的概念,构建了旅游交通、住宿、餐饮、购物、娱乐、游览等六个旅游生态足迹计算子模型。②

杨桂华和李鹏认为旅游生态足迹源于生态足迹概念和生态足迹分析法,他以线路旅游产品为例,系统地介绍了旅游生态足迹在旅游可持续发展中的六个方面的测度功能,即旅游产业、旅游产品、旅游目的地、企业生态、旅游者及大众旅游。③

魏敏改进了传统的旅游生态足迹的模型,增加了旅游从业人员的生态足迹。经过他改进后的旅游生态足迹模型包括旅游餐饮生态足迹、旅游住宿生态足迹、旅游购物生态足迹和旅游交通生态足迹四部分。④

吴春平构建的生态足迹模型,包含旅游餐饮生态足迹、旅游住宿生态足迹、旅游交通生态足迹、旅游观光生态足迹、旅游购物生态足迹和旅游娱乐生态足迹六大相关指标。他运用此生态足迹模型计算出2011年井冈山市旅游生态足迹、本底生态足迹和生态承载力。⑤

黄玉竹引用旅游生态效益的方法来平衡旅游的环境效益与经营效益,通过估算大理的旅游交通碳足迹和旅游生态效益来评估大理低碳旅游开发的措施,并提出相应的策略。⑥

二、旅游生态经济管理应用研究

国内对于旅游生态经济的应用研究的实证研究方法,主要集中在问卷调查法和案例研究法两类。同时,也注重引入经济学研究方法进行研究。在旅游生态经济的应用研究方面,主要集中在旅游生态经济效益研究、旅游生态经济核算研究和旅游生态经济治理研究。

(一)旅游生态经济效益研究

关于旅游生态经济效益的一直是学术界研究的焦点问题之一。如何在保护旅游资源和生态环境的前提下发展旅游经济是当前研究的重点。目前国内大量的学者采用实证研究的方法来研究旅游生态经济效益。

张青和傅政德认为生态经济效益是生态经济系统的决策目标,又是生态经济系统评价

---

① 甄翌,康文星.生态足迹模型在区域旅游可持续发展评价中的改进[J].生态学报,2008(11).
② 章锦河,张捷.旅游生态足迹模型及黄山市实证分析[J].地理学报,2004(5).
③ 杨桂华,李鹏.旅游生态足迹:测度旅游可持续发展的新方法[J].生态学报,2005(6).
④ 魏敏.基于生态经济模型的泰安旅游可持续发展评析与预测[D].泰安:山东农业大学,2012.
⑤ 吴春平.基于旅游生态足迹模型的井冈山市生态经济发展研究[D].南昌:江西农业大学,2013.
⑥ 黄玉竹.旅游交通碳足迹估算与低碳旅游开发——以云南大理为例[D].广州:华南理工大学,2013.

的标志,因此具有重要的地位与作用。他认为生态经济效益要实现生态效益、经济效益和社会效益三者之间的高度的统一。①

朱铁臻认为旅游生态经济建设要遵循效益原则,注重投入与产出的比例关系。

庄大昌、鸥维新和丁登山以洞庭湖湿地退田还湖为研究对象,综合运用资源经济学、生态经济学的理论与方法,评估了退田还湖湿地恢复后的生态服务功能价值量,得出了退田还湖后所产出的生态经济效益。②

任丽燕、吴次芳和岳文泽应用生态经济系统能值分析理论和方法,定量分析了西溪湿地公园建立前后生态经济系统的物流和能流,并通过建立新的能值指标从生态环境和经济角度评价了系统的可持续发展能力和产出效率。③

潘华丽从环境税的视角深入研究如何更好地补偿生态环境效益。她认为要将旅游生态环境这项公共物品纳入旅游经济效益评估体系,环境税在短期内使经济效益增速放缓,环境效益提升;从长远来看,能促进经济与生态环境的和谐共生。④

(二)旅游生态经济核算研究

旅游生态经济核算研究是旅游生态经济研究的重要组成部分之一。国内学者引入经济学核算方法进行研究,主要分为两大部分。一是能值研究,二是协调发展研究,进而构建各类指标体系进行核算。

蒋洪强和徐玖平从旅游生态环境成本出发,探讨了旅游生态环境成本的计量模型,包括污染损失费用的计量和环境保护费用的核算,并给出了污染损失费用计量模型的应用实例。⑤

关俊利和李肇荣运用能值分析方法,对广西壮族自治区十万大山旅游生态系统的能值投入产出状况、环境承载情况和系统运行效果进行了定量分析,并建立概念性的能值分析系统进行能值指标估算和分析。⑥

崔峰引入协调发展度数学模型和计算方法,构建出旅游经济与生态环境协调发展的分类体系,分为良好协调发展类、中度协调发展类、勉强协调发展类、中度失调衰退类和严重失调衰退类五类。⑦

刘定惠和杨永春在阐述区域经济、旅游业与生态环境相互协调发展的作用机理的基础上,建立了区域经济—旅游—生态环境耦合协调度指标体系,并引入了耦合协调度数学模型及计算方法。⑧

庞闻、马耀峰和唐仲霞运用复杂系统论构建旅游经济与生态环境耦合协调发展的概念

---

① 张青,傅政德.生态经济效益决策与评价[J].生态经济,1993(4).
② 庄大昌,欧维新,丁登山.洞庭湖湿地退田还湖的生态经济效益研究[J].自然资源学报,2003(5).
③ 任丽燕,吴次芳,岳文泽.西溪国家湿地公园生态经济效益能值分析[J].生态学报,2009(3).
④ 潘华丽.环境税背景下旅游经济与旅游生态环境效应研究[D].济南:山东师范大学,2013.
⑤ 蒋洪强,徐玖平.旅游生态环境成本计量模型及实例分析[J].经济体制改革,2002(1).
⑥ 关俊利,李肇荣.十万大山旅游生态系统的能值分析研究[J].桂林旅游高等专科学校学报,2006(5).
⑦ 崔峰.上海市旅游经济与生态环境协调发展度研究[J].中国人口·资源与环境,2008(5).
⑧ 刘定惠,杨永春.区域经济—旅游—生态环境耦合协调度研究——以安徽省为例[J].长江流域资源与环境,2011(7).

模型和数据模型,建立旅游经济与生态环境复合系统评价指标体系,并以西安市为例进行验证,测算西安市旅游经济与生态环境综合发展水平与耦合协调度。①

(三)旅游生态经济治理研究

为了实现旅游的可持续发展,国内广大学者致力于旅游生态经济的治理研究,以期实现既保护旅游资源,又促进经济发展的战略目标。在旅游生态经济治理研究方面,学者们主要以案例的方式进行研究。

朱铁臻认为旅游生态经济建设最重要的是人才和资金两方面,人才为旅游生态经济建设提供了高质量的旅游服务和规划建设保障,资金将用于开发和维护自然景观和人文景观。

马传栋从城市对外开放的视角出发,探讨了旅游生态经济管理研究。他根据旅游资源开发情况的不同,将旅游生态经济管理分为城市原有旅游资源开发利用的生态经济管理和城市新旅游区建设的生态经济规划与管理两部分,有针对性地提出了相应的对策及建议。②

王化新运用旅游生态经济理论和方法,以丽江现有景观资源为研究对象,在不破坏生态环境和文物现状的前提下,突出地方民族和区域景观特色,建设符合旅游生态经济理论规范的风景名胜区。③

颜颖以河北省承德市丰宁满族自治县为研究案例,在治理方面提出了四点建议,即对于旅游项目设计的建议、开发绿色生态食品的建议、生态旅游宣传手段的建议和关于环境管理的建议,并进行了细致的分析。④

梁佳和王金叶认为发展旅游生态经济是桂林北部地区发展的必然选择,在发展的过程中,需要采取积极发展生态休闲农业,实施生态补偿,加强可持续发展监测评价和社区治理,进一步完善公共服务体系等措施,全面提高旅游生态经济可持续发展的保障能力和支持能力。⑤

第四节　研究述评与研究热点

本章通过对国内外旅游生态经济研究的相关文献进行深入分析,罗列了近50篇重要的文献,并分别从国内外旅游生态经济的研究内容、研究视角和研究方法这三方面进行了述评。具体述评如下。

一、研究述评

旅游生态经济作为生态经济的一个重要分支,是近10年来旅游学术界的研究重点和热点,随着研究人数不断增多,研究进展不断加快,研究成果日益增加。国外对环境保护尤为

---

① 庞闻,马耀峰,唐仲霞.旅游经济与生态环境耦合关系及协调发展研究——以西安市为例[J].西北大学学报(自然科学版),2011(6).
② 马传栋.论城市对外开放中的旅游生态经济管理[C].区域旅游开发与旅业发展,1996.
③ 王化新.关于丽江地区旅游生态经济建设的初步探析[J].生态经济,1997(2).
④ 颜颖.丰宁生态旅游经济研究[D].北京:中央民族大学,2009.
⑤ 梁佳,王金叶.桂林北部地区旅游生态经济可持续发展探析[J].中南林业科技大学学报(社会科学版),2013(1).

重视,并看重经济发展,20世纪60年代西方的研究者便开始将旅游发展与生态经济结合起来研究,在生态保护中发展旅游经济,在发展旅游经济过程中实现生态保护。随着国内生态环境问题的日渐凸显,国内旅游研究者开始将目光投向了旅游生态经济研究,近年来研究水平不断提升。国内对于旅游生态经济的研究既有深度,又有广度,具有较高的水准,能够对我国旅游生态经济的发展提供一定的指导。但是我国对于旅游生态经济的研究时间不长,在对旅游生态经济的概念与内涵等方面,还未有统一的认识。

（一）研究内容述评

从研究内容来看,不论是国内研究还是国外研究,都遵循"理论—实践—理论"的发展过程,最初研究基础理论,进而用理论来指导和验证实践,最后反过来又通过实践来丰富理论。国内外研究内容各有侧重,国外研究尤其是欧洲、北美等发达国家和地区,由于对旅游生态经济的关注较早,对旅游生态经济的理论研究已经有了一定的基础,因此更加侧重于应用研究,比如旅游生态经济的效率研究和旅游生态经济的治理研究,强调将理论与实践结合起来。国内研究则侧重于理论研究,主要集中在旅游生态经济系统研究上,对旅游生态经济的概念的阐述和理解稍有不足,在旅游生态经济基础理论研究方面还需要进一步加强。虽然国内研究借鉴国外的相关研究,但是仍然呈现出旅游生态经济研究后劲不足的特点。因此,国内对旅游生态经济的研究还处于探索阶段。

（二）研究视角述评

从研究视角来看,国内外研究者的研究视角各有侧重。由于国外研究起步早、基础好,国外研究者已经基本上完成了基础理论的探索工作,对概念、范围、内涵等已经有了较为清晰的界定,因此他们的研究范围更加宽广,更倾向于与旅游生态经济相关的研究,涵盖了与旅游生态经济相关的各个研究领域。而国内研究者由于起步较晚,基础较弱,他们还处于基础理论研究阶段,因此更多地直接研究旅游生态经济。而且国内研究者更偏向于将旅游生态经济看作是一个统一的系统,他们更偏向于研究在这个协调发展的系统里,各个利益相关者如何处理相互之间的相互关系。笔者认为,旅游生态经济的发展趋势是研究内容更加细分,研究方法更多样,理论与应用的结合将更加紧密。

（三）研究方法述评

从研究方法来看,国内和国外研究早期都采用定性分析方法,之后逐渐转变为定量研究。对国外研究者而言,他们更注重研究的科学性与实证性,因此大部分的国外研究者采用实证研究方法来研究旅游生态经济学,主要采用问卷调查法和案例分析法。对国内研究者而言,由于所受教育影响和研究习惯的不同,使其在研究方法上与国外的研究者显示出一定的差异,大部分的国内研究者运用定性的研究方法,他们主要分析目前旅游生态经济发展的现状、问题,进而提出相应的对策,文中多使用框架图以增强逻辑性。但是由于定性研究方法缺乏科学性,所以可以预见未来国内旅游研究者会转变研究方法,慢慢开始转向使用定量研究方法。另外,国外研究重视利用经济学研究方法,运用经济学的数据、指标、公式和统计方法来计算旅游生态经济的效益与生态足迹等；而国内研究重视利用管理学研究方法进行研究,从管理学的视角来研究旅游发展与生态经济协调发展的可能。

二、研究热点

近年来,旅游生态经济的研究一直将旅游景观与生态经济结合起来。考虑到旅游学科的跨界、融合与创新,旅游生态经济的研究热点和未来发展趋势已经不仅仅局限在生态经济上,而是更好地与循环经济、绿色经济和低碳经济结合起来研究,如研究旅游循环经济、旅游绿色经济、旅游低碳经济。

(一)循环经济与旅游循环经济

循环经济的提出最早可以追溯到 20 世纪 60 年代,美国经济学家 Boulding 提出"宇宙飞船经济"的概念,即地球就像一艘在太空中前行的宇宙飞船,在行驶的过程中需要不断地消耗自身的能量和资源才能获取前进的动力,而地球上的资源是有限的,如果未来的某一个时间点人类耗尽了地球的资源,地球将会如同燃料殆尽的宇宙飞船一样走向毁灭。[①] 自此,循环经济作为经济的一种新型发展模式开始被接受。目前,学术界普遍接受的循环经济的概念是在物质的循环、再生、利用的基础上发展经济,是一种建立在资源回收和循环再利用基础上的经济发展模式,其原则是著名的 3R 原则,即资源使用的减量化(reduce)、再利用(reuse)、再循环(recycle),其生产的基本特征是低消耗、低排放和高效率。就其内涵而言,从广义上看,陆学等人认为循环经济的本质属性是"经济",应该重点考虑经济发展、社会进步与生态和谐三个方面的关系以及如何使这三大系统之间呈现出一种理想的组合状态,实现满足人类生存和发展的资源效用的最优化与合理配置[②];从狭义上看,诸大建认为循环经济是针对工业化运动以来高消耗、高排放的线性经济而言的,是一种善待地球的经济发展模式,它要求把经济活动组织成为"自然资源—产品和用品—再生资源"的闭环式流程,使所有的原料和能源在不断进行的经济循环中得到合理利用。

就旅游而言,循环经济自被社会各界认可之后,旅游研究中也开始了融合研究。目前已经有学者从旅游循环经济概念、内涵、原则、特征、体系构建、产品开发、创新对策等角度开始研究。未来还有可能从旅游循环经济产业集群、旅游循环经济生态系统等角度进行深入的研究。

(二)绿色经济与旅游绿色经济

绿色经济最早由英国经济学家皮尔斯在 1989 年出版的《绿色经济蓝皮书》一书中提出,要求从社会制度与生态环境的条件出发,建立一种可承受的经济。麦克·雅各布等人对"绿色经济"进行了进一步的补充,他们认为绿色经济不仅仅包括传统经济学中生产的三大基本性要素:劳动、土地及资本,还应该增加社会组织资本(social and organization capital)。这一说法的提出标志绿色经济的研究由最初的如何进行生态环境的保护,向改变社会经济环境和制度建设转变,研究更具有经济学的色彩。2007 年,联合国环境规划署等国际组织在《绿色工作:在低碳、可持续的世界中实现体面工作》中首次定义了绿色经济,即重视人与自然、能创造体面高薪工作的经济。绿色经济在中国的研究中,最早是由北京工商大学世界经济

---
① 循环经济[EB/OL].[2014-11-19]. http://baike.baidu.com/view/61554.htm?fr=aladdin#5.
② 陆学,陈兴鹏.循环经济理论研究综述[J].中国人口·资源与环境,2014(5).

研究中心主任季铸教授引入,他认为绿色经济是以效率、和谐、持续为发展目标,以生态农业、循环工业和持续服务产业为基本内容的经济结构、增长方式和社会形态,是一种全新的三位一体思想体系。① 唐啸认为绿色经济有三种导向,即在以效率为导向的绿色经济中经济系统效率为核心导向,以规模为导向的绿色经济生态系统极限为核心导向和以公平为导向的绿色经济社会系统公平为核心导向。②

在旅游与绿色经济的研究中,众多学者将注意力集中在乡村旅游上,对于旅游绿色经济的研究暂时还未形成完善的体系。因此,对于旅游绿色经济的研究,在理论基础的夯实与应用研究的实践方面还需要大量的深入挖掘,旅游绿色经济的研究将大有作为。

(三) 低碳经济与旅游低碳经济

"低碳经济"一词的最早出现是在 2003 年 2 月由英国首相布莱尔发表的《我们未来的能源:创建低碳经济》白皮书上,书中指出英国将在 2050 年将其温室气体排放量减少到 1990 年排放量的 60%,从根本上把英国变成一个低碳经济的国家。2007 年美国参议院提出了《低碳经济法案》,认为低碳经济将成为美国未来重要的战略选择。③ 低碳,即低能耗、低污染和低排放。目前,中国学术界普遍认为低碳经济是在可持续发展理念的指导下,通过运用技术创新、制度革新、产业转型、新能源的开发等手段,尽可能地减少煤炭、石油等高碳能源消耗,减少温室气体排放,达到经济迅速发展、社会和谐进步与生态环境保护三赢的一种经济发展的形态。低碳经济作为绿色经济的一部分,既具有绿色经济的一般共性,也具有其特性,即集中运用高新技术手段来实现节能减排④。因此,如何实现高新技术的创新,改变现有经济制度,推进现有高能耗、高污染和高排放的产业积极转型,建立碳汇交易所等具有很强的现实指导意义和学术创新价值。

我国目前对低碳经济的研究刚起步,低碳旅游的研究正是旅游学术界研究的热点。同时国家大力支持低碳发展,不少景区开始先行先试打造低碳旅游景区,一时间低碳旅游城市、低碳旅游景区和低碳旅游酒店在全国大规模出现。但是如何真正理解低碳旅游内涵和价值,更好地将低碳旅游运用于实践使之落地,以及寻找低碳旅游的盈利模式,将是未来学术界研究的热点与焦点之一。

本章小结

(1) 旅游生态经济作为生态经济的重要分支,是近 10 年来旅游学术界的研究重点和热点。随着旅游生态经济研究不断深入,研究人数不断增多,研究进展不断加快,研究成果日益增加。

(2) 国内外就旅游生态经济的研究的侧重各有不同,国外已经完成了基础理论研究,现在的研究重点集中在应用领域。而国内由于起步较晚,现阶段主要集中

---

① 绿色经济[EB/OL].[2014-11-19]. http://baike.baidu.com/subview/139606/11101582.htm?fr=aladdin.
② 唐啸.绿色经济理论最新发展述评[J].国外理论动态,2014(1).
③ 低碳经济[EB/OL].[2014-11-19]. http://baike.baidu.com/subview/1494637/13235159.htm?fr=aladdin#2.
④ 马勇,陈小连.低碳旅游发展模式与实践创新[M].北京:科学出版社,2011.

在基础理论领域。

(3) 旅游生态经济的研究热点和未来发展趋势是可以更好地与循环经济、绿色经济和低碳经济结合起来研究,如与旅游循环经济、旅游绿色经济、旅游低碳经济相融合。

核心关键词

旅游生态经济	tourism eco-economics
旅游可持续发展	tourism sustainable development
旅游生态足迹	tourism eco-footprint
旅游生态效率	tourism eco-efficiency
低碳旅游	low-carbon tourism

思考与练习

1. 简述国内外旅游生态经济文献分析。
2. 简述国外旅游生态经济研究视角与进展。
3. 简述国内旅游生态经济研究视角与进展。
4. 简述国内外旅游生态经济研究热点。

案例分析

燕子沟:中国低碳旅游景区标杆

地处川藏高原上的四川甘孜州贡嘎山燕子沟景区,离著名景区海螺沟仅仅7公里,是318国道中国最美景观大道川藏线的门户景区。

燕子沟景区是国内率先倡导低碳旅游的景区,有良好的低碳形象。自从一跃成为全球性的低碳形象代表,其在国际上的影响力越发明显。燕子沟作为中国最大雪山冰川景区,实行了一系列支持"低碳游"的行动,从低碳旅游理论的探索到实际执行工作,都走在国内乃至国际前列。

在低碳旅游理论探索方面,燕子沟景区深入研究,低碳化的环保健康的旅游方式,正在迅速成为新一代的时尚旅游概念,并被正式纳入到燕子沟可持续发展的重要发展战略中。一是转变现有景区旅游模式,倡导景区内混合动力汽车、电动车、自行车、徒步等低碳或无碳方式,同时也丰富旅游过程,增加旅游项目。二是在开发过程中突出天然、方便、舒适的产品属性,提升品牌文化内涵。三是加强低碳旅游产业化发展,提高运行效率,及时全面引进节能减排技术与工具,降低碳消耗,形成具有燕子沟特色的低碳旅游产业链条。

在低碳旅游执行方面,包括低碳化的景区开发与服务、工具推广这两个方面。首先是以景区天然的"净概念"为指导思想的景区开发。燕子沟内有一个世界最大的红石滩,石头上布满红色物质。据说只有在低碳的情况下,这种红色微生物才能够生存,可见燕子沟的生态环境绝对一流。红石滩中,能清晰见到座座雪山,雪白无染的雪山与艳丽的红石交相辉映,仿佛进入了"净土"仙境。除红石滩,燕子沟内还存有许多几乎没有雕琢痕迹的风景——冰川雪山、千年古树,燕子沟保护完好的国家原始森林里,空气中负氧离子含量远超大城市空气。

其次是进行系列化低碳服务与工具的推广。燕子沟景点在海拔2500米以上的高原,进往景区的游客须乘坐景区准备的大型观光车,旅行团大巴车、私家车一律不得进入,有效降低了人为碳排放。景区内的餐馆、小卖部等所用能源均是电能。除此之外,景区内的工作人员总是随身携带一个塑料袋,随时捡拾游客不小心遗弃在地上的废弃物。此外,景区尽量减少观光车的使用,扩建步游道、修建环保厕所、对游览产生的废物碳进行专门的净化处理等。据了解,四川燕子沟景区有益的低碳探索,已经被国内不少景区所效仿。可以预计,随着燕子沟低碳旅游工作的不断深入发展,必将在中国树立起具有国际影响力的低碳旅游示范景区。

(案例来源:四川燕子沟景区欲打造中国低碳景区标杆[EB/OL]. http://www.tibet3.com/news/content/2010-07/13/content_296658.htm.[2010-7-13].)

问题:

1. 燕子沟如何开展低碳旅游?
2. 查阅资料,试分析低碳旅游的发展对旅游生态经济有何促进作用。

第四章

旅游生态经济系统

学习引导

旅游生态经济系统由生态系统和旅游经济系统组成,两者是相互结合、相互联系的统一整体,是旅游生态经济学的基本范畴。分析旅游生态经济系统的特点、结构和功能是旅游生态经济学的首要任务,也是对旅游生态经济系统进行有效控制和管理的前提。旅游生态经济系统具有生态与旅游经济的高度统一性、系统复杂性、系统可控性三个方面的特点。生态系统和旅游经济系统也有各自的特点。要准确把握旅游生态经济系统这个庞大的复合体,就要分析、研究其内在的运行机制和规律。本章主要介绍生态系统和旅游经济系统的基本概念和基本原理,进而全面介绍旅游生态经济系统的基本结构、功能等。

学习目标

- 生态系统;
- 旅游经济系统;
- 旅游生态经济系统。

第一节 生态系统

一、生态系统的概念产生与发展

生态系统是指在自然界一定的空间内,生物与环境构成的统一整体,在这个统一整体中,生物与环境之间相互影响、相互制约,并在一定时期内两者之间处于相对稳定的动态平衡状态。生态系统结构包括形态结构和营养结构两个方面,能量流动和物质循环是其两大基本功能。生态系统是开放系统,为了维系自身的稳定,生态系统需要不断输入能量,否则就有崩溃的危险。许多基础物质在生态系统中不断循环,其中碳循环与全球温室效应密切相关,生态系统是生态学领域的主要结构和功能单位,属于生态学研究的最高层次。

随着生态学的发展,生态学家认为生物与环境是不可拆分的整体,以致后来欧德姆(E. P. Odum)认为应把生物与环境看作一个整体来研究,他定义生态学是"研究生态系统结构与功能的科学"。他认为生态学是研究一定区域内生物的种类、数量、生物量、生活史和空间分布,研究环境因素对生物的作用及生物对环境的反作用,研究生态系统中能量流动和物质循环的规律等的科学。他的这一理论对大学生态学教学和研究有很大的影响,他本人因此而荣获美国生态学的最高荣誉——泰勒生态学奖,成为首位提出生态系统概念的人。

1935 年,英国生态学家,**亚瑟·乔治·坦斯利爵士(Sir Arthur George Tansley)** 受丹麦植物学家尤金纽斯·瓦尔明(Eugenius Warming)的影响,明确提出生态系统的概念,他在《生态学》杂志上发表的《植被概念与术语的使用和滥用》一文中首次提出"生态系统"(ecosystem)一词。坦斯利认为生态系统是一个"系统的"整体,这个系统不仅包括有机复合体,而且包括形成环境的整个物理因子复合体。这种系统是自然界的基本单位,它们有各种大小和种类。

知识关联

亚瑟·乔治·坦斯利爵士,英国著名生态学家。

1942 年,美国学者林德曼(R. L. Lindeman)提出了生态系统的能量在各营养级间流动的定量关系,建立了关于食物链和金字塔营养级的理论,为生态系统学说奠定了坚实的研究基础。奥杜恩(E. Odum)在 1971 年提出,在一个给定区域内的所有生物个体(群落)与其生存环境之间,能量流动产生鲜明的能量结构、生物多样性和物质循环,这样的任何一个单元可以称为生态系统。霍林(Holling)在 1986 年提出生态系统是生物的有机集合体,在该集合体中,生物间内在的相互作用对其行为的决定性超过了外部任何事件的作用。

20 世纪 60 年代以来,生态系统成为生态学研究的前沿。国际生物化学规划的执行是生态系统大规模研究开始的标志,它的执行改变了生态学研究主流。1980 年 3 月 5 日,世界上许多国家(包括中国)同时在各自的首都发表《世界自然资源保护大纲》,标志着生态系统的理论和实践已经进入人类生活,并有目的地对生物圈进行科学的经营管理,为当代人产生了持续效益,也为满足子孙后代的需要保持生物圈的持久潜力。1989 年英国生态学会 75 周年纪念时,Cherrett 在总结讲话中指出,"生态系统"是当前生态学中最重要的一个概念。至此,生态系统的概念和理论都得到了深化和丰富。

二、生态系统的组成和结构

(一) 生态系统的组成

生态系统包括非生物环境、生产者、消费者、分解者四种主要成分。

1. 非生物环境

非生物环境(abiotic environment)包括参与物质循环的无机元素和化合物,联系生物和非生物成分的有机物质(如蛋白质、糖类、脂类和腐殖质等)和气候,或其他物理条件(如温度、压力)。

2. 生产者

生产者(producers)指能利用简单的无机物质制造食物的自养生物(autotroph),主要包括所有的绿色植物、蓝绿藻和少数化能合成细菌等。

这些生物可以通过光合作用把水和二氧化碳等无机物合成为碳水化合物、蛋白质和脂肪等有机化合物,并把太阳辐射能转化为化学能,贮存在合成的有机物分子键中。植物的光合作用只有在叶绿体内才能进行,且必须在阳光的照射下。但是当绿色植物进一步合成蛋白质和脂肪的时候,还需要有氮、磷、硫、镁等元素和无机物参与。生产者通过光合作用不仅为自身的生存、生长和繁殖提供营养物质和能量,而且它所制造的有机物质也是消费者和分解者唯一的能量来源。生态系统中的消费者和分解者是直接或间接依赖生产者为生的,没有生产者也就不会有消费者和分解者。可见,生产者是生态系统中最基本也是最关键的生物成分。太阳能只有通过生产者的光合作用才能源源不断地输入生态系统中,然后再被其他生物所利用。

3. 消费者

所谓消费者(consumers)是针对生产者而言,即它们不能通过无机物质制造有机物质,而是直接或间接地依赖于生产者所制造的有机物质,因此属于异养生物(heterotroph)。消费者归根结底都是依靠植物为食(直接或间接取食的动物)。直接吃植物的动物叫植食动物(herbivores),叫一级消费者(如蝗虫、兔、马等);以动物为食的动物叫肉食动物(carnivores),叫二级消费者,如食野兔的狐和猎捕羚羊的猎豹等;还有三级消费者(或二级肉食动物)、四级消费者(或叫三级肉食动物),直到顶位肉食动物。消费者也包括那些既吃植物也吃动物的杂食动物(omnivores),如有些鱼类是杂食动物,它们吃水藻、水草,也吃水生无脊椎动物。许多动物的食性是随着季节和年龄的变化而变化的,麻雀在秋季和冬季以吃植物为主,但是到夏季的生殖季节就以吃昆虫为主,所有这些食性较杂的动物都是消费者。食碎屑者(detritivores)也属于消费者,它们的特点是只吃死的动植物残体。消费者还包括寄生生物,寄生生物靠取食其他生物的组织、营养物和分泌物为生。

4. 分解者

分解者(decomposers)是异养生物,它们分解动植物的残体、粪便和各种复杂的有机化合物,吸收某些分解产物,最终能将有机物分解为简单的无机物,而这些无机物参与物质循环后可被自养生物重新利用。分解者主要是细菌和真菌,也包括某些原生动物和蚯蚓、白蚁、秃鹫等大型腐食性动物。

分解者在生态系统中的基本功能是把动植物死亡后的残体分解为比较简单的化合物,最终分解为最简单的无机物,并将它们释放到环境中去,供生产者重新吸收和利用。由于分解过程对于物质循环和能量流动具有非常重要的意义,所以分解者在任何生态系统中都是不可缺少的组成成分。如果生态系统中没有分解者,动植物遗体和残遗有机物很快就会堆积起来,影响物质的再循环过程,生态系统中的各种营养物质很快就会发生短缺并导致整个生态系统的瓦解和崩溃。有机物质的分解过程是一个复杂的逐步降解的过程。除了细菌和真菌两类主要的分解者之外,还有其他大大小小以动植物残体和腐殖质为食的各种动物在物质分解的过程中在不同程度上发挥着作用,如专吃兽尸的兀鹫,食朽木、粪便和腐烂物质的甲虫,白蚁、皮蠹、粪金龟子、蚯蚓和软体动物等。因此,有研究者把这些动物称为大分解者,而把细菌和真菌称为小分解者。

生态系统中的非生物成分和生物成分是密切交织在一起、彼此相互作用的。以土壤环境的生态系统为例,土壤的结构和化学性质决定了什么植物能够在它上面生长、什么动物能够在它里面居住。植物的根系对土壤也有很大的固定作用,能大大减缓土壤被侵蚀的速度。动植物的残体经过细菌、真菌和无脊椎动物的分解作用而变为土壤中的腐殖质,增加了土壤的肥沃性,反过来又为植物根系的发育提供了各种营养物质。缺乏植物保护的土壤(包括那些受到人类破坏的土壤)很快就会遭到侵蚀和淋溶,变为不毛之地。

(二)生态系统的结构

任何系统都具有一定的结构,系统结构是指系统内部各组成要素之间有机联系与相互作用,系统要素按照一定的次序排列、组合成一定的结构。生态系统的结构主要指构成生态诸要素及其量比关系,各组分在时间、空间上的分布关系,以及各组分间能量、物质、信息流的途径与传递关系。生态系统结构主要包括组分结构、时空结构和营养结构三方面。

1. 生态系统的组分结构

生态系统的组分结构是指生态系统中由不同生物类型或品种以及它们之间不同的数量组合关系所构成的系统结构。组分解构中主要讨论的是生物群落的种类组成及各组分之间的量比关系,生物群落是构成生态系统的基本单元,不同物种(或类群)以及它们之间不同的量比关系,构成了生态系统的基本特征。例如,平原地区的"粮、猪、沼"系统和山区的"林、草、畜"系统,由于物种结构的不同,形成了功能及特征各不相同的生态系统。即使物种类型相同,但各物种类型所占比重不同,也会产生不同的功能。此外,环境构成要素及状况也属于组分结构。

2. 生态系统的时空结构

生态系统的时空结构也称形态结构,是指各种生物成分或群落在空间上和时间上的不同配置和形态变化特征,包括水平分布上的镶嵌、垂直分布上的成层和时间上的发展演替特征,即水平结构、垂直结构和时间分布格局。

(1)生态系统的水平结构。

生态系统的水平结构是指在一定生态区域内生物类群在水平空间上的组合与分布。在不同的地理环境条件下,受地形、水文、土壤、气候等环境因子的综合影响,植物在地面上的分布并非是均匀的。植物种类多、植被盖度大的地段动物种类也相应多,反之则少。这种生物成分的区域分布差异性直接体现在景观类型的变化上,形成了所谓的带状分布、同心圆式分布或块状镶嵌分布的景观格局。例如,地处北京西郊的百家疃村,其地貌特征为山前洪积扇,从山地到洪积扇中上部再到扇缘地带,随着土壤、水分等因素的梯度变化,农业生态系统的水平结构表现出规律性变化。山地以人工生态林为主,有油松、侧柏、元宝枫等植物。洪积扇上部为旱生灌草丛及零星分布的杏、枣树。洪积扇中部为果园,有苹果、桃、樱桃等。洪积扇的下部为乡村居民点,洪积扇扇缘及交接洼地主要是蔬菜地、苗圃和水稻田。

(2)生态系统的垂直结构。

生态系统的垂直结构包括不同类型生态系统在不同海拔高度的生境上的垂直分布,和生态系统内部不同类型物种及不同个体的垂直分层两个方面。

随着海拔高度的变化,生物类型出现有规律的垂直分层现象,这是由于生物生存的生态环境发生变化的缘故。如川西高原,自谷底向上,其植被和土壤依次为:灌丛草原—棕褐土,灌丛草甸—棕毡土,亚高山草甸—黑毡土,高山草甸—草毡土。由于山地海拔高度的不同,光、热、水、土等因子发生有规律的垂直变化,从而影响了农、林、牧各业的布局和生产,形成了独具特色的立体农业生态系统。

生态系统的垂直结构以农业生态系统为例。作物群体在垂直空间上的组合与分布,分为地上结构与地下结构两部分。地上部分主要研究复合群体茎枝叶在空间上的合理分布,以求得群体最大限度地利用光、热、水、大气资源。地下部分主要研究复合群体根系在土壤中的合理分布,以求得土壤水分、养分的合理利用,达到"种间互利,用养结合"的目的。

(3)生态系统的时间分布格局。

在时间分布上,生态系统的结构和外貌会随之发生变化,这反映了生态系统在时间上的动态性。一般可以从3个时间尺度上来考察:长时间尺度,以生态系统进化为主要内容;中等时间尺度,以群落演替为主要内容;昼夜、季节和年份等短时间尺度的周期性变化。

3. 生态系统的营养结构

生态系统内的各组成成分之间,以营养联系为纽带,建立起一种营养关系,把生物与生物、生物与环境紧密地连接起来,构成以生产者、消费者、还原者为中心的三大功能类群的生态系统的营养结构。

不同生态系统的组成成分不同,其营养结构的具体表现形式也不尽相同,但其基本形式均表现为由不同营养级位所构成的食物链和食物网。营养结构形成一种以食物营养为中心的链锁关系叫食物链,食物链上的每一个环节叫营养级。在一个生态系统中有许多食物链,多条食物链相互交织,连接在一起形成复杂的食物网。食物网反映了生态系统内各种生物之间的营养位置和相互关系。

三、生态系统的特征

(一)复杂性

生态系统通常与一定的空间相联系,以生物为主体,构成了呈网络式的多维空间结构的复杂系统。生态系统是一个极其复杂的由多要素、多变量构成的系统,不同变量之间有不同组合,不同组合在一定变量动态之中又构成了很多亚系统。

1. 生态系统负荷力

生态系统负荷力是涉及用户数量和每个使用者强度的二维概念。在实践中可将有益的生物种群保护在最大容忍度的环境中。此时,种群繁殖速率最快。对环境保护工作而言,在人类生存和生态系统不受损害的前提下,容纳污染物量要与环境容量相匹配。任何生态系统的环境容量越大,可接纳的污物就越多,反之则越少。应该强调指出,生态系统容纳污染物量不是无限的,污染物的排放量必须与环境容量相适应。

2. 生态系统服务

生态系统不属于生物分类学单元,而归属于功能单元。在生态系统的能量流动中,绿色植物通过光合作用把太阳能转变为化学能贮藏在植物体内,然后再转给食用它的动物,这样能量就从一个取食类群转移到另一个取食类群,最后由分解者将能量重新释放到环境中。在生态系统中的生物与生物之间、生物与环境之间不断进行着复杂但有序的物质交换,这种交换是周而复始和不断地进行的,对生态系统有着深刻的影响。自然界元素运动中的人为改变,往往会引起严重的后果。生态系统在为人类提供粮食、药物、农业原料和人类生存的环境的过程中,形成生态系统服务。

3. 生态系统的调控

任何生态系统都是开放的,不断有物质和能量的进入和输出。自然生态系统中的生物与其所处的环境是经过长期进化而相适应的,并逐渐建立了相互协调的关系。生态系统自调控机能主要表现在三方面:一是对同种生物的种群密度的调控,这是在有限空间内存在的比较普遍的种群变动规律。二是对异种生物种群之间的数量调控,多出现在植物与动物、动物与动物之间,两者之间常有食物链关系。三是生物与环境之间相互适应的调控。生物经常不断地从所在的生境中摄取所需的物质,生境亦需要对其输出进行及时的补偿,两者进行着输入与输出之间的供需调控。生态系统调控功能主要靠反馈来完成,反馈可分为正反馈和负反馈。正反馈是生态系统中的部分输出,通过一定线路而成为输入,起到促进和加强的作用;负反馈则倾向于削弱和减低其作用,负反馈对生态系统达到和保持平衡是不可缺少的。正、负反馈相互作用和转化,从而保证了生态系统达到一定的稳态。

4. 生态系统动态演变

生态系统也和自然界许多事物一样,具有发生、形成和发展的过程。生态系统可分为幼期、成长期和成熟期,表现出鲜明的历史性特点,从而具有生态系统自身特有的整体演变规律。即任何一个自然生态系统都是经过长期历史演变发展形成的。这一点很重要,人类所处的新时代具有鲜明的未来性。生态系统这一特性为预测未来提供了重要的科学依据。

5. 生态系统可持续发展

生态系统是在数十亿万年的时间中发展起来的整体系统,为人类提供了良好的物质基础和生存环境,然而长期以来人类活动已损害了生态系统健康。为此,加强生态系统管理促进生态系统健康和可持续发展是全人类的共同任务,也是人类在发展过程中面临的重大挑战。

四、生态系统的功能

能量流动和物质循环是生态系统的两大基本功能。二者密切相关、不可分割,构成了生态系统的功能单位。

生态系统的基本功能是能量流动。生态系统中维持生命活动的全部能量来自于太阳能,通过绿色植物的光合作用,把太阳能转化为化学能,然后沿食物链营养级关联因子,能量逐级向顶部方向流动,每经过一级,大部分能量以热的形式在呼吸作用过程中损耗,所以生态系统必须不断从外界获取能量。

生态系统的另一个基本功能是物质循环。物质也同样按能量流动途径运转,但不同的是,物质运转是循环的。生态系统中的营养物质被生产者吸收,通过消费者的取食,使物质逐级转移。各种物质最终经过分解者分解成无机物质返还到生态系统中,供生产者再吸收利用,这就是生态系统中的物质循环模式。

生态系统是一个和谐、运动且有序的大系统,这个系统各组成成分在结构和功能的配合上是经历了长期演化,逐步完善起来的具有自我调控机制的系统。生态系统食物网中各种相互作用的生物以及连接这个网络的各种残体、排泄物、产品及副产品等构成系统物能转换器,在物能转换器上叠加一个非中心式的起调控作用的自然信息网。自然信息网以水、空气、土壤作介质,传播形、色、味、声、压、磁等物理、生物和化学信息,与生物个体的神经、体液、激素、遗传机制相联系,在自然界中形成的网络,通过引力、守恒、耗散、限制因子、新陈代谢、遗传变异等自然规律产生调控作用,使得生态系统的组分关系之间更加密切、协调。生态系统越趋于成熟,自然信息的沟通越丰富,生态系统特有的和谐、有序、稳定等特点也表现得更为明显。

五、生态系统的类型

生态系统按生态类型可分为淡水生态系统、海洋生态系统和陆地生态系统;按区域划分可分为农村生态系统、流域生态系统、城市生态系统等;按人类生产活动及其他经济、社会活动对生态系统的干预程度可分为自然生态系统、半自然生态系统(或半人工生态系统)和人工生态系统。

(一)自然生态系统

凡是未受人类干扰和扶持,在一定时间和空间范围内,依靠生物和环境自身的调节能力来维持相对稳定的生态系统,均属自然生态系统。地球上的自然生态系统可划分为六种主要类型:森林、草原、苔原、荒漠、湿地和海洋等自然生态系统。

(二)半自然生态系统

半自然生态系统又称半人工生态系统,是介于自然生态系统和人工生态系统之间。在自然生态系统的基础上,通过人工对生态系统进行调节管理,使其更好地为人类服务的生态系统,如天然捕捞的水域、放牧草原、供伐木和采集的原始森林等。其中,鱼类等水产品、牲畜和木材既是劳动对象,又是商品。相对应的鱼苗、鱼饵、牧草和树木则完全靠自然过程维持其生长和再生产。这一类生态系统具有生态和经济的双重功能特征,也正因为如此,其生态功能越来越退化，随之影响生态系统的经济功能。

（三）人工生态系统

人工生态系统是指以人类活动为中心，按照人类意愿建立起来，并受人类活动强烈干预的生态系统。它是由自然环境（包括生物和非生物因素）、社会环境（包括政治、经济、法律等）和人类活动（包括生活和生产活动）三部分组成的网络结构，如城市、农田、水库、人工林、果园等，其中城市和农业生态系统最为常见。它受到人类社会的强烈干预和影响，并随人类活动而发生变化，自我调控能力差。系统本身不能自给自足，依赖于外部系统，并受外部系统的调控，其运行目的不是为了维持自身平衡，而是为了满足人类的需要，即人工生态系统具有社会性、不稳定性、开放性和目的性四大特点。由于当今环境面临沉重的人口压力，高效率的人工生态系统是维持地球生态平衡所必需的。

第二节　旅游经济系统

一、经济系统

（一）经济系统的概念

经济系统是经济学的基本范畴。经济系统是由相互联系、相互作用的若干经济元素结合成的，是具有特定功能的有机整体。广义的经济系统指物质生产系统和非物质生产系统中相互联系、相互作用的经济元素组成的有机整体。亚太地区经济系统、国民经济系统、区域经济系统、部门经济系统、企业经济系统等都是广义的经济系统。例如，一个国家的国民经济系统是这个国家最具有代表性且规模宏大的经济系统。一个国家的国民经济系统的运行，不仅涉及这个国家内部各地区、部门、企业、单位，而且涉及世界经济系统中其他相关的若干国家、地区、集团等。国民经济系统既反映了内部若干经济元素的相互联系和相互作用，同时也受到外部因素的影响。狭义的经济系统指社会再生产过程中的生产、交换、分配、消费各环节的相互联系、相互作用的若干经济元素所组成的有机整体。这四个环节分别承担着各自部分的工作，分别完成特定的功能。

（二）经济系统的构成

经济系统由三个子系统组成：

1. 生产关系系统

生产关系系统从静态上看，包括生产资料所有制，社会集团在生产中的地位及相互关系和产品分配形式。从动态上看，生产关系系统也叫经济运行系统。

2. 生产力系统

任何生产都是在相应的生产力水平上进行的，生产关系的形成又是以生产力水平为基础的。生产力是指人们通过科学技术或使用生产工具对自然界生产系统的利用和改造，以取得人类所需物质产品的能力，它反映了人类的生产水平和人类利用、改造自然的程度，主要包括劳动力、劳动资料、劳动对象、科学技术和经济管理等。生产力系统的发展需要一定的条件,这些条件也都是经济系统构成的重要因素。

3. 经济运行系统

在商品生产条件下,经济运行系统包括生产、分配、交换、消费四个环节。这四个环节各具有不同的功能,相互之间存在着内在的必然联系和衔接关系,它们之间的转换关系形成了经济的循环运动。上述四个环节连为一体,表现为周而复始、连续不断的再生产循环运动。在这个循环运动中,生产是基础,生产为消费创造条件,生产水平的高低和规模的大小决定着分配、交换和消费的水平。消费和交换对生产也起一定的作用,消费是生产的动力和目的,只有消费才使产品成为现实的产品;通过交换,使生产得以畅通;分配、交换是沟通生产和消费的渠道和桥梁。

(三) 经济系统的结构特征

经济系统的结构是经济系统论的核心问题。能否将一般系统论的原理和方式应用到经济工作中,很大程度上取决于对经济系统的结构的设计。

1. 结构的多要素性

经济系统是人参与其中的特殊的物质系统,因此不能像物理系统那样只用物质、能量、信息三大要素来考虑系统的结构,经济系统还要考虑到市场要素和人的精神要素。市场的作用是客观存在的,而人们的消费需求是千差万别的,也是经常变化的。任何社会生产都不能离开市场需求,要按照市场需求规律来计划生产。在市场经济条件下,也不能取消计划,计划是人们对市场信息和生产能力信息的处理结果,是由主观和客观相结合形成的。

经济的整体规划和商品信息的交流能有效地指导经济活动,使经济的宏观整体结构相互作用得更好。在经济系统中,人们通过精神思维对系统起着积极而主动的支配作用。因此,我们应把文化教育、政治体制和政治思想工作都纳入到经济系统的结构要素中。

2. 结构的多层次性

经济系统的结构庞大,层次多,有世界经济、宏观经济、中观经济、微观经济,它们之间相互联系。每个层次的整体又叫宏观,层次内的局部又叫微观。在进行多层次决策时,既要考虑总体目标,又要考虑各层次的目标,既要考虑统一性,又要考虑相对的独立性。只有权衡得当,结构中各层次的决策才能使经济发展充满生机。

3. 结构的多目标性

经济系统结构是一个多目标系统。这个系统目标是根据人们在社会经济活动中的各种需要而决定的。因此对结构的多目标决策要根据人的需要进行。

(四) 经济系统的功能

经济系统结构决定经济系统功能。系统的结构是系统内部各要素相互作用的秩序,系统的功能是由系统结构决定的。功能对结构有依赖的一面,但也有对立的一面。组成系统结构的要素不同,系统的功能也就不同。

1. 经济功能

物质条件是人类生存和发展的最基本条件。人类进行经济活动主要是为了满足自身物质生活需要。生产是为了消费,生产和消费的联系要靠商业、银行、贸易等经济交换活动实现。人类的交换和消费活动以收入为基础。扩大生产、增加收入,是经济活动中的两个相辅相成的方面。当然，积累和消费的增加都要适中。这些经济活动的所有内容都会在经济系统中反映出来。经济功能发挥得好，经济发展就快，人民生活水平提高得也快。

2. 创造功能

在经济系统中，人们的创造性的发挥与经济环境关系很大。只有科技兴旺、经济发展的社会才能激发人们的创造热情。

3. 应变功能

经济系统是一个应变能力很强的系统，需要随时改变结构以适应外界条件的变化。如改革开放以来，为经济的发展创造良好的国际环境，我国在外交子系统的外事活动中，为了适应经济发展这个中心要求，采取灵活的政策、稳定国际形势的政策、开放的政策。

4. 组织功能

经济系统是由各个群体组成的，而各个群体的组织能力，也是经济系统的重要功能。例如，我们要大力发展文化教育事业，提高人们的文化技术和政治素质，发挥人才作用，改进和提高管理水平，增加内聚力，从而增强组织功能。

二、旅游经济系统

（一）旅游经济的概念

旅游经济是指由旅游者的旅游活动引起的，旅游者同旅游企业之间以及旅游企业同相关企业之间的经济联系。旅游企业为旅游者提供吃、住、行、游、购、娱等服务，而旅游者支付一定报酬，从而形成了旅游者与旅游企业之间的经济联系。旅游企业为安排好旅游者的旅游活动，需要同其他相关企业或部门建立经济联系。这些经济联系便构成了旅游经济的内容，它是国民经济运行的一部分。

（二）旅游经济系统

旅游经济系统有广义和狭义之分。狭义的旅游经济系统是指旅游产业结构，即指旅游产业内部满足游客不同需要的各行各业之间，在运行过程中所形成的内在联系和比例关系，这种内在联系与比例关系主要在饭店业、交通业、旅行社业、游览和娱乐业间形成。这个定义是从旅游业内部各大行业间的经济技术联系与比例关系方面来研究。广义的旅游经济系统是指旅游经济系统各组成部分的比例关系及其相互联系、相互作用的形式。据此定义，旅游经济系统的内容一般包括旅游市场结构、旅游消费结构、旅游产品结构、旅游产业结构、旅游区域结构、旅游投资结构、旅游组织结构、旅游所有制结构等。它反映了旅游各部门、各层次、各要素之间如何有机地组成一个整体，反映了旅游经济系统内部及整体运动和变化的形式、规律及内在动力等。

（三）旅游经济系统的构成

旅游经济系统一般包括如下六类子系统。

1. 旅行社

旅行社是依法成立，专门从事招徕、接待国内外旅游者，组织旅游活动，收取一定的费用，实行独立核算、自负盈亏的旅游企业。旅行社作为旅游业的"龙头"，不仅是旅游产品的设计、组织者,同时也是旅游产品的营销者,在旅游经济活动中发挥着极为重要的作用。因此,旅行社的发展规模、经营水平及其在旅游产业结构中的比重,直接对旅游经济发展产生重要影响。

2. 旅游饭店

旅游饭店是为旅游者提供食宿的基地,是一个国家或地区发展旅游业必不可少的物质基础。旅游饭店数量、床位的多少,标志着旅游接待能力的大小;而旅游饭店的管理水平高低、服务质量好坏、卫生状况及环境的优劣,则反映了旅游业的服务质量。因此,旅游饭店业在旅游经济系统中具有十分重要的地位,没有发达的、高水平的旅游饭店业,就不可能有发达的旅游业。

3. 旅游交通

旅游业离不开交通运输业,没有发达的交通运输业就没有发达的旅游业。旅游交通作为社会客运体系的重要组成部分,不仅满足旅游业发展的要求,同时又促进社会交通运输的发展。特别是要满足旅游者安全、方便、快捷、舒适、价廉等方面的需求,就要求旅游交通不仅要具有一般交通运输的功能,还要具有满足旅游需求的功能,从而要求在交通工具、运输方式、服务特点等方面都形成旅游交通运输业的特色。

4. 旅游资源开发

旅游资源开发包括对各种自然旅游资源、人文旅游资源及文化娱乐资源的开发及利用,并形成一定的旅游景观、旅游景区及各种旅游产品和组合。虽然全国各地已形成了一批在国际上有一定知名度的旅游景点、旅游景区(包括风景名胜区、度假区等)和旅游线路,但还未把旅游资源开发作为旅游产业结构的一个重要组成部分来对待。主要表现在:旅游资源的开发建设上还没有专门、统一的规划和建设;在行业管理上也政出多头,缺乏统一的宏观协调和管理,旅游景区、景点建设滞后。因此,必须把旅游资源开发纳入旅游经济系统中,加快建设发展。

5. 旅游娱乐

旅游是以休闲为主的观光、度假及娱乐活动,因而丰富的旅游娱乐是旅游经济系统中的重要组成部分。随着现代科技的发展,旅游娱乐业在旅游产业结构中的地位日益上升,旅游娱乐业在增强旅游产品吸引力,促进旅游经济发展等方面的作用也在不断提高。

6. 旅游购物

旅游购物是旅游活动的重要内容之一。随着现代旅游经济的发展,各种旅游工艺品、纪念品、日用消费品的生产和销售不断发展,形成了商业、轻工、旅游相结合的产销系统和大量的网点,不仅促进了旅游经济的发展,也相应带动了民族手工业、地方土特产品等的发展,更是促进了地方社会经济的繁荣。

从更广泛的角度看,旅游经济系统还应包括旅游教育培训部门、旅游研究和设计规划部门等。只有从大旅游观的角度来认识旅游经济系统,才能提高对旅游经济重要性的认识,从而确立旅游业在国民经济中应有的地位。

(四)旅游经济系统的特征

1. 整体性

旅游经济系统的组成要素个性特征互异,各要素既不能互为替代,也不能简单相加,而应根据旅游业整体发展的需要,按照要素之间相互联系、相互作用的特点和规律,形成合理的比例及构成,从而使旅游经济具有高度的整体性。

2. 层次性

旅游经济系统具有不同程度的等级类型,有的层次较为分明,有的层次不明显。从区域的角度,有全国、地区和地方三个层次的旅游经济系统;从旅游需求的角度,有高、中、低三个层次的旅游经济系统;从旅游市场上看,有国际市场、国别市场、国内市场等不同层次等级的旅游经济系统;从旅游经济规模和经济地位角度上看,有大型企业、中型企业、小型企业三个层次的旅游经济结构。

3. 功能性

旅游经济系统会产生不同的旅游功能,同时旅游功能又会促进旅游经济系统调整。我国传统的旅游经济系统是以观光型旅游为主,因此其属性、功能及效益是同观光型旅游相匹配的。随着社会经济的发展,人们的旅游需求有了新的变化,从观光型旅游向度假、娱乐型等高层次的旅游需求发展,这就必然要求对旅游经济系统进行调整,以提供满足人们新需求的功能。

4. 动态性

旅游经济系统中各要素、各部门及其间的相互关系是不断变化的,旅游经济结构也随之不断发生变化。这种变化包含量变和质变两个层面。旅游经济结构量的变化表现为规模的增长和各种比例关系的变化。通过对旅游经济结构量的分析,可以把握旅游经济结构在旅游经济发展规模和速度方面的适应性。旅游经济结构质的变化主要表现在旅游经济的效益和水平上,通过各种量的指标反映,但总的情况是表现为旅游业的综合发展水平的提升和旅游经济效益的提高。由于旅游经济系统的变动是十分复杂的,因此必须注意分析影响经济结构变动的各种因素,适时进行调整,以提高旅游经济的动态适应性。

5. 关联性

旅游经济系统与其他产业经济系统的最大差别就在于其关联性较强。从旅游业食、住、行、游、购、娱六大要素看,任何一个要素的有效供给都离不开其他相关要素的配合。从旅游产业中的旅行社、旅游饭店和旅游交通三大支柱行业看,任何一个行业的发展都必须以其他行业的发展为条件,都离不开其他行业的密切配合。由此可见,旅游经济系统组成成分之间有较强的关联性,任何一个方面的发展或滞后都会影响到旅游经济整体的规模、效益和水平,从而会影响到旅游经济系统的平稳和健康发展。

(五)旅游经济系统的功能

1. 平衡国际收支

一个国家拥有外汇储备的多少,体现着该国经济实力的大小和国际支付能力的强弱。一个国家外汇收入的取得有两条途径:一是对外贸易途径,二是非贸易途径。旅游收汇,是非贸易外汇的重要组成部分,它是由国际旅游者在旅游目的地国的各种消费支出所组成的。通过旅游获取外汇收入实际上是另一种形式的对外贸易,即通过旅游产品的就地输出而换取外汇的贸易活动。相对于贸易出口的换汇率来讲,这种非贸易出口的换汇率比较高,尤其对发展中国家来讲更是如此。因为发展中国家劳动生产率比较低,生产同量商品所花费的劳动时间一般要高于世界平均水平,而在国际市场上贸易出口商品的价格要由生产该商品的世界平均社会必要劳动时间来决定,因而造成发展中国家的出口商品在国际市场上缺乏价格竞争力,换汇率比较低。但通过旅游这一途径,旅游者到目的地就地消费,无论是有形产品还是无形服务,一般可按目的地的价格水平销售,这种"就地输出"的产品换汇率大大高于参与国际市场竞争的产品。这是由于一方面旅游产品输出不需要运输,可节约外贸在输出中的国际间运输费用、保险费用等,降低了成本;另一方面就地消费的服务和旅游者在目的地选购的商品不受外国关税壁垒的影响,价格较低、有竞争力。这种通过就地"输出劳务"而获取的外汇收入也是出口贸易无法实现的,它成为旅游外汇收入的重要来源。总之,旅游业经济活动的特点,使旅游换汇率明显高于外贸出口商品的换汇率,在换取外汇收入方面所起的作用是巨大的。

通过旅游活动所换取的外汇收入,在弥补外贸逆差、平衡国际收支方面发挥了巨大作用,因而受到越来越多的国家重视。历史上,一些旅游业发达的国家,如瑞士、西班牙等,都曾利用旅游外汇收入来弥补贸易逆差。即便是发展中国家,其外汇收入尚不充足,在贸易换汇能力有限的情况下,旅游外汇在调节外汇收支方面同样发挥了重要作用。

2. 大量回笼货币

国家为国家建设积累建设资金,通过发展国内旅游,可以起到拓宽货币回笼渠道、加快货币回笼速度和增加货币回笼数量的作用,进而达到防止通货膨胀、稳定市场、积累建设资金的目的。市场经济下的任何经济活动,都必须借助货币媒介来完成交换,在纸币流通的情况下,这种货币的投放与回笼是有一定比例的。如果货币投放的多,或是回笼的少,就意味着市场上流通的货币量的总面值超过了市场上商品的总价值。由此产生的直接结果就是货币贬值,通货膨胀。为此需要在发展生产的同时,积极采取措施扩大消费领域,拓宽货币回笼的渠道,更好地满足货币流通规律的要求。

国家回笼货币的渠道主要有四条:一是商品回笼,即通过出售各种商品来收回货币;二是服务回笼,即通过各种服务行业的收费来回笼货币;三是财政回笼,即通过国家所征收的各种税款来回笼货币;四是信用回笼,即通过吸收居民存款和收回农业贷款来回笼货币。对于经济欠发达的国家来讲,通过出售各种商品来回笼货币受商品可供应量的影响,因而是有限的;而通过提供服务性消费达到回笼货币的目的,既可以节省大量物化劳动,又符合当今世界消费市场发展的趋势。旅游业通过提供各类劳务,满足人们的需要而获取的货币收入,就属于服务回笼货币的一种。通过旅游业收回的货币,既有商品回笼的部分,也有服务回笼的部分。

旅游业越发达,通过旅游业回笼的货币就越多。首先,旅游业通过自己的经营活动,不仅回笼了货币,而且从盈利中以交纳税金的方式为国家积累了建设资金。据统计,一些国家政府在旅游业投资的收益与投资比为2.9∶1至5∶1,也就是说,政府从旅游业的投资中所获得的盈利是投资的3～5倍。其次,旅游业的"扩散作用"比较强,旅游活动的发展带动了国民经济中大批相关部门和行业的发展,并由此使国家通过这些部门上缴税金的方式回笼货币积累资金。最后,国际旅游业的发展,使其他国家的物质财富以货币形式转移到旅游目的地国,从而为国家积累更多的外汇资金。

3. 促进劳动就业

就业问题是任何国家经济发展过程中都会面临的一个重要问题,它不仅关系到劳动者的生存发展和享受,而且关系到社会的安定。在解决就业问题上,旅游业比其他行业具有更大的优越性。因为旅游业是一种综合性产业,它要满足旅游者在旅游活动中的多方面的需求,因而旅游业的发展必然会带动为旅游业直接或间接提供服务的各行各业的发展,从而为人们提供了大量的工作机会。据有关资料统计,旅游业直接就业者与间接就业者的比例为1∶5。旅游业作为第三产业的重要组成部分,是劳动密集型产业,其产品的绝大部分是以劳务形式体现的,即需要面对客人提供直接服务,因而手工劳动比重大。与现代化程度高的工业企业相比,旅游业的发展提供了更多的劳动就业机会。

4. 优化产业结构

第三产业的迅速崛起,是生产力发展到一定阶段的必然趋势,也是社会发展的标志。一个国家经济越发达,第三产业在国民经济中所占比重就越大。旅游业是劳动服务型产业,是典型的第三产业。作为综合性的产业,它的发展能够促进交通运输、邮电通信、商业、饮食服务、金融、保险及文化卫生等其他第三产业的发展,从而在优化产业结构方面起到重要的带动作用。

5. 促进地区经济发展

国际旅游使物质财富从客源国转移到接待国,进而发挥国际间财富再分配的功能,国内旅游则能够平衡地区间的经济差别,使社会财富在关联地区间进行再分配。就一个国家而言,不同地区经济发展水平不同,经济较发达的地区能够外出旅游的人次较之经济欠发达地区能外出旅游的人次多,但经济欠发达地区的旅游资源往往具有强大的吸引力,从而形成游客从较发达地区向欠发达地区流动,同时也形成了旅游收入的同向流动,这种收入为欠发达地区的经济发展带来新动力。

更重要的是,通过发展入境旅游,刺激了目的地地区其他相关行业的发展,使目的地经济结构更加合理。因此,旅游业发展对于缩小地区经济差异、提高各地区的经济社会发展水平具有重要意义。

6. 扩大国际合作

当今的世界是开放的世界,而开放的世界需要加强相互间的合作与交流,旅游正是实现这种合作与交流的桥梁和纽带。旅游业的发展,为国际间合作关系的建立创造了良好的条件。合作需要建立在相互了解的基础上,旅游业是对外开放的"窗口"产业,通过旅游活动可以加深彼此间的了解,为进一步合作奠定基础。另外,发展中国家通过入境旅游的发展,也建设了一批具有国际水准的基础设施和服务设施,为外方合作者创造了比较好的工作生活环境,从而进一步增强他们合作的信心。通过国际旅游业这种民间交流方式促成的各种类型的合作,有时比官方正式渠道更能产生意想不到的效果。这也正是不少国家利用旅游加强各种合作的原因所在。

从旅游目的地国来讲,旅游经济活动同样具有十分重要的作用。一方面,旅游经济活动的进行,可以让旅游目的地国居民开阔视野和增长知识,进而起到提高居民素质的作用。现代社会对劳动力的要求越来越高,不仅要具有一定的专业技能,而且要有广博的知识和良好的人品。这些都可以通过旅游活动,在潜移默化中得到培养。另一方面,旅游经济活动的进行也促使旅游目的地国的消费结构更加趋于合理,使人们在精神与物质生活中获得高层次的享受,提高人们的生活质量,获得劳动力内涵扩大的效果。

第三节 旅游生态经济系统

一、旅游生态经济系统的概念

旅游生态经济系统是由生态系统和旅游经济系统相互交织、相互作用、相互耦合而成的复合系统。生态系统与旅游经济系统相互交织和耦合的必然性在于:旅游经济活动必须在一定的空间进行,并依赖于生态资源和旅游资源的供给;而游客活动可以进入的生态系统,一般也不是纯粹的自然生态系统,而是被纳入到人类经济活动的范围,并打上了人类劳动的烙印。

旅游生态经济系统是具有独立的特征、结构和机能的生态经济复合体,有其自身的规律性。旅游生态经济系统必须具备四个基本条件:一是具有一个完整的生态系统单元,这个生态系统已不是纯自然的生态系统,而是经过人工干预的人工生态系统;二是在这个人工生态系统的结构单元中有人类的劳动物;三是人类劳动参与生态系统的自然循环过程之后必须转化为社会经济产品;四是经济产品输出该系统后,参与社会经济再生产的生产、分配、交换、消费的循环运动。所以旅游生态经济系统不是生态系统与旅游经济系统的简单融合和叠加,而是人类旅游经济活动与生态环境相互融合所产生的客观实体。由于旅游生态经济系统的组成要素多、关系复杂、地域差异明显,因而不同地区或同一地区的旅游生态经济系统会因其内部组成成分差异、联系方式不同而形成各不相同的生态经济系统。因此,旅游生态经济系统可以界定为,以旅游业为核心,由与旅游业相关联的其他服务业组成的产业链而构成的一个区域或跨区域的"自然—经济—社会"复合生态系统。

二、旅游生态经济系统的结构

(一)旅游生态经济系统结构的概念

旅游生态经济系统的各个组成要素并不是毫无关系地堆积在一起,而是相互联系的统一体。这种相互联系的总和构成了旅游生态经济系统的结构。它表现为系统内部的组织形式、结合方式和秩序,并通过系统内组成元素与系统之间、元素与元素之间的约束、选择、协同和平衡四大机制保持其特定的组织形式即结构。旅游生态经济系统结构是指旅游生态经济系统内部的人口(游客、当地居民等)、环境、资源、资金、科技等要素在空间或时间上,以社会需求为动力,通过投入产出链渠道相互联系、相互作用所构成的有序立体网络关系(如图4-1所示)。

(二)旅游生态经济系统结构的特征

同其他物质系统的结构一样,旅游生态经济系统具有整体性、稳定性和可变性。所谓整

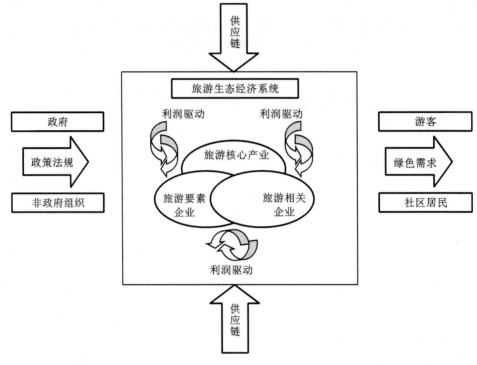

图 4-1 旅游生态经济系统图解

体性的含义在于不能把结构理解为相互关系的堆积,而是元素之间相互关联的网络整体,具有约束力和协同性,从而决定结构具有的有序性和组织性以及特殊规律性。旅游生态经济系统的结构就是由一定经济结构通过相应的技术结构与一定的生态结构相互交织、密切联系而成的有机的整体结构。所谓稳定性和可变性是指旅游生态经济系统内部各元素之间的相互作用达到平衡时,形成其特有的结构,即系统的结构是以其稳定性为特征的。然而这种稳定性只是相对的,它可随着元素与系统之间、元素与元素之间的约束、限制、排除、选择和平衡关系的变化而变化,所以旅游生态经济系统的结构具有可变性特征,比如气候变化、政策变化、政治形势变化、新组分的加入或排除等都会导致旅游生态经济系统的变化。

旅游生态经济系统的结构还具有层次性特征,其层次性是由元素的不同层次的组成及其不同层次的关系所决定的。旅游生态经济系统的一级结构是由生态系统和旅游经济系统这两个一级元素所决定的。生态系统中的生命构成、环境构成和经济系统的活劳动构成、物化劳动构成又决定着旅游生态经济系统其他层次的结构。

三、旅游生态经济系统的功能

(一)功能构成

在生态经济再生产过程中,生态经济系统作为一个整体,具有物质循环、能量转化、信息传递及价值增值的功能,也称为物质流、能量流、信息流、价值流。通过生态经济系统实现功能过程,能使自然物质转变为各种能满足人类需求的经济物质,使自然能量从低质能量转变成高质能量的经济能流,使无序的自然信息转变成有序的连续积累的社会经济信息,使商品价值实现增值,并能创造出优美的人类生存环境。

旅游生态经济系统的结构和功能是统一的。结构是功能的基础,功能是结构的表现。生态经济系统是一种耗散结构,属于开放系统。它通过物质、能量、信息和价值的流动与转化把生态系统和经济系统中的成分、因子紧紧连接成一个生态经济有机整体。社会生产和再生产是在生态经济系统有机体中进行的,实现了物质流、能量流、信息流和价值流的交换和融合。因此,物质循环、能量流动、信息传递、价值增值是旅游生态经济系统特有的四大功能。旅游生态经济系统的运动和发展,要通过物质流、能量流、信息流和价值流的运动过程来体现,并利用互为反馈的关系,发挥各自的功能。它使整个系统处于动态平衡运转状态,不断向人类提供各种物质和能量。

旅游生态经济复合系统中互为反馈的关系,主要表现为以下三个方面:

(1) 生态系统的输出,就是社会经济系统的输入,若没有这种输入,经济系统便会崩溃。

(2) 社会经济系统的输出,就是生态系统的输入,若没有这种输入,生态系统就要崩溃。两者之间彼此互为反馈关系。

(3) 作为一个系统,每部分都要发挥各自的功能,并保持相对平衡状态。若需要从系统中得到更多的产品输出,而没有向系统追加更多的输入,这将是造成系统生态平衡失调的根本原因,也是生态系统恶性循环的关键问题所在。

生态经济系统复杂关系的本质,是能量的转化和物质的循环。人们要想从这一系统中得到更多的产品,除了有较好的生态环境和较多的资源及合理的生物群体结构外,还必须投入先进的科学技术,促进系统内部物质循环和能量转化的顺利进行,以提高能量转化效率,增加更多的产品产出。通常投入的科学技术,主要表现在以下两个方面。

一方面,经济系统把资金转变为物质和技术的能量输入生态系统。从目前发展的需要看,需要从资金、技术和劳动力等方面进行投资,大力投资绿化环境工程、交通基础设施建设,加速人才培训和开发等,来提高生态系统的产出量,持续地为人类提供各种产品和服务。

另一方面,生态系统把环境中的物质能量与经济系统中的物质能量综合加工,转换为生物能和物质,最终转换成经济产品,再输入经济系统。

(二) 功能实现

旅游生态经济复合系统的具体功能,一般通过三个层次表现出来。

第一层次是生态系统内部的物质循环和能量转化功能。主要通过三个环节来实现:一是绿色植物利用环境条件将太阳能转化为化学能,从而把无机物合成为有机物;二是草食动物将绿色植物贮藏的物质和能量转化为动物有机体;三是微生物将动物机体和排泄物分解还原为无机物释放于环境中。这三个环节中,绿色植物的光能转化是生态系统的最基本的功能。

第二层次是人类利用经济系统中的各种技术和经济措施去调节和强化第一层次的功能。它使生物群体之间、生物与环境之间的物质循环和能量转化处于最佳的转化状态,提高系统的转化效率,进而达到较好的经济效益。

第三层次是促进经济系统中生产和消费循环的扩大再生产功能。在经济系统中,人类为了自身的生存和发展,需要进行一系列的经济活动(生产、分配、交换、消费),其目的是为了消费。而为达到这一目的,就必须进行连续不断的生产,生产与消费表现为一种周而复始的交替循环。这一循环是扩大再生产的循环,包括生产、消费及两个中间环节。因此,如何保持系统中的物质分配,是生态经济系统扩大再生产的基本条件,因为生产追求的目的不是简单的生产而是扩大的再生产。所以这一层次可以概括为三个方面:一是产品价值的实现,二是再生产物质的准备,三是活劳动的报酬在系统内保持严格的质量对应关系和扩大再生产的数量对比关系。进而达到三个平衡:能量流和物质流的平衡,即要求输入生态系统的物质和能量在数量和质量上的比例要与生态系统的物能转化功能相适应;价值流的平衡,即要求工农产品在交换中基本上达到等价交换的原则,尽可能缩小工农产品剪刀差;物质与价值流之间的平衡,即要求最佳投资点和物质产出点尽可能一致,即投入最佳、产出最多,从而达到经济效益、社会效益和生态效益的统一。

四、旅游生态经济系统结构优化

(一)旅游生态经济系统结构的评价标准

旅游生态经济系统结构是否合理,关系到旅游生态平衡与否及经济发展的速度和方向。建立合理的生态经济结构,是从地区的生态条件和经济条件出发,通过对各行业的生产和管理,逐步在以生态学和经济学为指导的基础上,创造一个高效、稳产、优质、低耗、无污染的生态经济良性循环系统,以满足人们不断增长的物质和精神的需要。评价生态经济结构的标准应把握三条基本原则。

1. 稳定性原则

稳定性是指一个具有高效性的生态经济系统,当发生内部要素的变化和产生外部干扰时,并不改变要素之间的同类吸收、同域匹配、同序组合和同位集聚的结构特征的能力;同时具有消除干扰、继续保持其不断增长的高效性的能力。稳定的生态经济结构,必然促进生态经济的良性循环和协调发展。

2. 高效性原则

高效性是指生态经济系统功能的发挥具有较高的效率,具体表现在物质循环、能量转化、价值增值和信息传递等功能的高效性。

3. 持续性原则

持续性是指从动态发展来看,生态经济系统高效功能的持久维持和稳步提高,并允许系统有适当波动。

稳定性、高效性和持续性是生态经济结构优化必须同时具备、缺一不可的充要条件,高效性以稳定性为基础,但稳定性又必须是高效性下的稳定性;持续性是生态经济系统的稳定性和高效性在动态发展上体现的综合特征。

(二)旅游生态经济系统结构的优化原则

与稳定性、高效性和持续性相反,生态经济要素配置常常出现不合理的状况,主要表现为结构失调、功能低劣和发展不稳。而生态经济系统结构又决定着其功能。因此,只有稳定、高效、优化的结构,才能发挥生态经济系统的最大功能。生态经济系统结构优化可以遵循以下几个原则。

1. 要素择优配置原则

旅游生态经济系统结构优化就是把系统的各要素以最适合的方式配置在一起,应根据社会需求、经济效益、生态特点等选择最优的配置目标,应选定那些最有助于增强功能、稳定结构的配置要素,应从可行的配置方式中选定最优的配置方式,使要素配置效果达到最优。

2. 限制性要素优先配置原则

在整个旅游生态经济系统中,并不是所有因素的作用都相同,其中必有一个或几个因素成为限制性因素,它们的变化制约着其他因素以及整个系统的变化。因此,在设计旅游生态经济系统结构时,要特别注意限制性因素的环节,应给予必要的人工控制,以促进整个系统的优化。

3. 互利共生原则

生态经济要素之间存在着互竞、互补以及互助等关系,因此必须消除要素之间的负相互作用,趋利避害,使要素之间在属性上相互协调、彼此相依,形成一种互利共生的组合格局。只有形成互利共生的格局,才能使各要素之间协调,从而促进旅游生态经济系统的稳定、高效和持续发展。

五、旅游生态经济系统的矛盾与协调

在旅游经济发展过程中,其内部存在着一个基本矛盾,就是旅游经济无限发展与生态系统稳态之间的矛盾。

随着人口的增加,人类的消费规模逐步扩大,必然从生态系统中获取更多的天然生活资料。而由于生产力的发展,采集、狩猎活动的能力大大增强,可能使得某些植物资源因过度消耗而再生产能力受到损害,甚至造成食物链的缺损,影响整个系统的稳定。生态系统的这一变化又反过来影响人类的采集、狩猎活动,使人类从生态系统中获得天然生活资料更为困难。

20世纪以来,生产力突飞猛进的发展,不仅促进了社会生产力方式和经济结构的深刻变化,而且对人与自然的关系的变化产生了重大影响,生态与经济的矛盾更加突出,主要表现为:①人口数量的快速增长和旅游需求的高速增加。②科学技术的进步,使得旅游开发的速度大大加快。③环境污染和生态破坏超出了生态系统负反馈机制所能承受的限度。过度的旅游开发产生了大量的污染,超出了生态系统自我调节机制所能承受的限度,损害了旅游生态经济系统的结构和功能。

旅游经济的发展使得人与自然的关系形成了互为因果的两个方面:一方面,旅游经济发展对生态系统的需求不断增加,比如对资源的需求和良好环境的要求;另一方面,旅游经济的发展造成了生态系统的负担过重,比如旅游资源的破坏和环境容量的过负。这种矛盾在旅游经济发展过程中普遍存在,随着现代生产力的发展,科学技术的进步为人类干预自然生态系统提供了更多的选择和手段。矛盾的关键在于,人类运用手段是否恰当,如果运用不当,就会破坏生态环境系统的稳定,加剧人类需求与自然生态供给之间的矛盾;而如果运用得当,既可以满足人类的需求,又不破坏生态系统的稳定,而且能使已经遭受到破坏的生态系统逐步得到改善和修复,从而缓和、协调旅游经济发展与生态平衡的矛盾。

 本章小结

(1) 介绍了生态系统的概念、结构、特征、类型与功能。
(2) 介绍了旅游经济系统的概念、结构、特征与功能。
(3) 旅游生态经济系统具有生态与旅游经济的高度统一性、系统的复杂性、系统的可控性等特点,在此基础上全面介绍了旅游生态经济系统的基本结构、功能等内容。

 核心关键词

旅游生态系统	tourism ecosystem
结构	structure
旅游经济系统	tourism economic system
旅游生态经济系统	tourism ecological economic system
功能	function

 思考与练习

1. 简述生态系统的概念与特征。
2. 简述生态经济系统中互为反馈的关系的主要表现。
3. 简述旅游生态经济系统的矛盾及其表现。
4. 如何理解旅游生态经济系统的协调。

 案例分析

环丹江口生态经济协作

作为国家级重点生态功能保护区,环丹江口区域承担着艰巨的生态保护使命。在现有的区域经济增长模式下,生态保护压力与民众发展诉求之间的两难,构成了环丹江口区域的背景命题。同时,在当前宏观经济背景下审视环丹江口区域经济增长模式本身,发现其存在着两大挑战:首先,在国家战略转型期,该区域原有的以产业规模为主导的增长模式,需要向强调区域综合发展诉求的发展模式转型;其次,在汽车等区域主导产业产能下降的尴尬局面下,该区域急需寻求经济新的增长点。

生态经济协作——环丹江口区域突破两难、洼地崛起之道

立足区域资源,求解区域困境。堪称"山水文明先锋"的丹江口生态环境资源和世界文化遗产武当山,构成了环丹江口区域国家级乃至世界级的核心资源,形成了显赫的区域品牌。同时,作为南水北调中线工程的渠首和水源地,环丹江口区域具备了极高的政治级别,在寻求区域创新之道的过程中,获得政策支持的可能性极高。

因此,应借势南水北调的机遇,以生态文化资源为核心要素,构建以生态文化旅游为引领的高端现代服务产业体系;以现代服务业的跨越式发展调整产业结构,同时与原有产业基础形成互动,带动产业体系的全面升级,造就生态经济良性发展格局。而基于生态资源的独特性,在环丹江口生态控制范围内必须寻求跨行政区划的有效统筹和理性协作。在保护区域整体生态价值的同时,集合环湖区域资源优势,根据不同地区的自然经济特点发挥其生态经济总体功能,获取生态经济的最佳效益,维持区域生态可持续发展。即建议借势南水北调的机遇,以生态文化资源为依托,争取政策支持,构建"环丹江口生态经济协作区",实现中部地区的洼地崛起。

"环丹江口生态经济协作区"发展构想

基于效率提升和资源价值最大化等多方面考量,建议改革原有"政府协商"的区域协作模式,实施"政府引导、市场谈判"的区域协作新模式。以生态价值为核心,发现、整合与提升区域综合价值;以文化、社会、生态价值的提升,导入高端产业与产业高端,实现经济价值的可持续发展,从而确保区域发展永续动力。

在环丹江口生态控制范围内,交通先行、生态串联、功能联动,以"两山一水"(武当山、伏牛山、丹江口水库)为核心资源,构建"太极湖"、"丹阳湖"两大联动功能圈;并组织网状城镇功能系统:以十堰市为城镇中心,包含武当新城、香花、淅川、丹江口、郧县五大城镇节点,武当太极湖文化生态旅游圈、丹阳湖文化旅游圈两大核心旅游组团,以及淅川旅游新城、荆紫关、渠首、丹江口、陨县等五大次级功能组团。采用"交通一体"的先导策略。以"内搭外接、区域一体"为核心理念,强化区域内部交通网络,构建与外部交通的通畅搭接。首先,应建设环丹江口U形旅游轻轨,实现U形整合;其次,纵向强化,应规划建设十堰、武当山特区与淅川、伏牛山景区之间的快速联系通道。

(资料来源:《环丹江口区域生态经济协作区发展战略研究》,2011年)。

问题:
1. 环丹江口生态经济协作的战略背景是什么?
2. 环丹江口生态经济协作与先导产业选择有何启示?

第五章

旅游经济增长与生态环境

学习引导

人们普遍认为经济增长是件好事,但在很大程度上忽视了其对自然环境的影响。研究经济而不考虑它和环境的连带关系是个严重的错误。本章将通过对经济增长及其自然环境的分析来纠正这个错误。其中包括两个相关的主要问题:首先,人们普遍认为经济增长破坏了环境;其次,有观点认为环境约束意味着经济增长必将终结。在讨论这两个问题之前,我们先用一种简单的方式来分析人口增长、经济增长和技术变迁在经济对环境的影响方面所起的作用;然后,本章将重点介绍环境资源的价值及其评估方法;最后,本章将介绍旅游经济活动的外部性问题,分析旅游经济活动所产生的环境影响,并提出相应的调控治理措施,介绍旅游经济可持续发展的内涵与途径。

学习目标

- 经济增长对环境的影响;
- 环境价值的内涵及其评估方法;
- 旅游经济发展的外部性与环境问题;
- 旅游经济可持续发展的内涵与途径。

第一节 经济增长与环境影响测度

一、IPAT 恒等式

一般来说,经济对环境的显著影响取决于人口数量、人均消费以及生产商品和服务的技术。在其他条件都相同的情况下,这种影响将随着人口规模、人均消费的商品和服务以及技术的资源密集度的增加而增加。人们通常用 IPAT **恒等式**来评估经济增长的环境影响,这个模型是美国生态学家埃里奇(Ehrlich)和康默纳(Comnoner)于 20 世纪 70 年代提出的。

该公式可表示为:Environmental impact(I) = Population (P) × Affluence(A) × Technology(T)。根据该公式可以知道,影响环境的三个直接因素是人口、人均财富量(或国内生产总值中的收益)和技术以及相互间作用的影响。

IPAT 恒等式是当前用于评估经济增长对环境影响的重要工具。

这个恒等式可表达为:

$$I \equiv P \times A \times T \tag{1}$$

其中,I 表示影响,P 表示人口数量,A 表示富裕程度,T 表示技术水平。

公式(1)中的恒等号意味着这是一个恒等式,即前提条件已确定的情况下,通常被认为是成立的公式。在这些变量中,I 表示可以从环境中攫取的资源,比如石油、煤炭、木材等,或者是可以排入环境的东西,比如进入大气的 CO_2 和进入河流的污水。I 可以用多种单位来衡量,比如吨、升、立方米等,在特定的应用过程中再具体定义。P 用来衡量人口数量。A 表示富裕程度,可以用商品和服务的经济总产出除以人口数量来表示,这里总产出是指按当前单位计算的国内生产总值(GDP)。T 表示技术水平,技术水平的衡量则要视情况而定,根据其排入环境或从环境获取的数量,按单位 GDP 的数量来计算。

在给出这些定义之后,可以将公式(1)改写为:

I = 人口数量 × 人均 GDP × 单位 GDP 排放的污染量或攫取的资源量

以一个具体的例子加以说明,计算 2000 年全球的 CO_2 排放量:

基本数据如下:全球总人口数为 60 亿,全球人均 GDP 为 7000 美元,2000 年全球平均生产每单位 GDP 排入大气的 CO_2 的量为 0.00055 吨。

根据 IPAT 恒等式,可以计算出 2000 年全球 CO_2 的排放量为 231 亿吨。

全球 CO_2 排放量、世界人口和全球人均 GDP 的数据可在标准的出版物中查得,这里的数据来自于《2001 年人类发展报告》。这里要着重强调的一点是,IPAT 是一个核算恒等式,按照定义,I 与 PAT 相等是成立的。

I 有很强的应用意义,它指出了经济活动对环境影响最直接的决定因素,而不是要告诉我们那些根本的或潜在的决定因素。比如,如果存在两种不同水平 CO_2 排放量的经济体,IPAT 能够告诉我们,它们在人口规模、富裕程度或技术水平上肯定存在差异。但它并未告诉我们这些经济体在人口规模、富裕程度或技术水平等方面为什么存在差异,而是要把我们的注意力引向与之相关的问题。同样,IPAT恒等式也不能告诉人类所产生的环境影响将来会如何,但是它确实是让人类开始思考这些问题,并使之引起人们重视的有效途径。

二、IPAT对经济增长的环境影响模拟

一般情况下,可以用情境分析来模拟经济增长的环境影响。情境分析是指将来可能发生的具有内在一致性的情节,它不是一种预测或预报,而是考虑或确定一些在将来可能或者期望发生的事情。我们将要利用IPAT恒等式概括出一些未来情境,集中分析人口增长或财富增长对环境产生的影响。为了延续上面的分析思路,这里继续使用上面介绍的例子,即全球CO_2排放。

(一)人口

总体来看,从1950年到1975年,世界人口平均年增长2%;从1975年到1999年,年增长率降到1.6%,2000年增长率为1.3%。到20世纪末,发达国家总体人口增长率已不足0.5%,其中一些国家(如瑞典和丹麦)的人口数量甚至出现负增长,而发展中国家人口增长率略高于2%。尽管人口增长速度变慢,但在20世纪末每年世界人口增加的绝对规模都要比1950年大。1950年年末,世界人口数为22亿,它的2%就是4400万。到1975年,世界人口达到40亿,总人口数的1.6%就是6400万;到2000年,总人口数达60亿,其1.3%就是7800万。这种现象(即尽管增长率下降,但绝对增量却更大)我们称之为人口惯性现象,尽管增长率下降,但到2000年,世界人口每年的增量比英国的总人口还要多。

人口统计学家通过研究人群的行为,以未来死亡率和生育率的假设为基础,形成对未来人口规模的预测。生育率是指一名女性一生生育子女的平均数目。表5-1为联合国人口学家对2050年不同生育率假设下世界人口作出的预测,死亡率假设对任何预测都是一样的。

表5-1 联合国2050年人口预测

低生育率	7866(百万)
中等生育率	9322(百万)
高生育率	10934(百万)

联合国人口学家认为,发展中国家生育率在未来50年的表现将类似于发达国家在过去50年的发展,这样的话全球平均生育率将下降。虽然他们非常确信生育率的改变方向,但不确定这种变化的规模。我们有理由相信,世界人口将增长,从2000年的60亿到2050年的75亿,甚至有可能净增50亿人口,虽然能够确信世界人口将要增加,但其增加规模仍是一个未知数。

通过对未来人口生育率的不同假定,我们可以构建不同的情境,然后来检验人口在不同预测情境下对环境产生的影响。这里将联合国的人口预测数据代入IPAT恒等式,可以得出2050年全球的CO_2排放量。如表5-2所示,以2000年的数据为预测基础:全球总人口数为60亿,全球人均GDP为7000美元,2000年全球平均生产每单位GDP排入大气的CO_2的量为0.00055吨。

表5-2显示了在联合国的三个不同预测情境下,到2050年时全球CO_2排放量的预测水

平和相对2000年的增加比,不过这里假设2050年的 A 和 T 与2000年的 A 和 T 数值相同。

表5-2　不同生育率情境下人口增长对 CO_2 排放量的影响

不同情境	2050年 CO_2 排放量(t)	相对2000年排放量的增加比
低生育率	30284×10^6	31%
中等生育率	35890×10^6	55%
高生育率	42096×10^6	82%

（二）富裕程度

现在使用IPAT恒等式来分析日益增长的人均GDP对全球 CO_2 排放量的影响。假设三种生育率情境下每年的经济增长率分别为1%、2.5%和4%。考虑三种增长率的原因是：按照历史经验来看,经济持续按年增长率2.5%的速度增长的国家都应该以相当快的速度发展。但在当前全球经济环境下,有的国家经济发展较快,有的国家经济发展较慢,这里用1%来表示全球经济在平均增长方面表现很差;但要解决全球的贫困问题,全球经济发展需要加快速度,这里用年增长率4%来表示。

这里仍以2000年的数据为基础,按照2000年的7000美元为基准,按2000年到2050年增长率计算,到2050年可达到的人均GDP为 A。值得一提的是,对于2.5%的增长率,50年的时间足够让某一事物增加超过3倍,如表5-3第三列所示。

表5-3　经济增长与 CO_2 排放量

经济增长率	2050年人均GDP/美元	2050年 CO_2 排放量/10^6 t	CO_2 排放量增长率
1%	11512	37990	1.65
2.5%	24060	79398	3.44
4%	49747	164165	7.11

在表5-3中,第三列的数据是由第二列显示的2050年人均GDP水平 A 和2000年 P 和 T 的实际水平根据IPAT恒等式计算出来的。根据表5-3的第三列数据所示,若其他条件保持不变, CO_2 排放量在2050年增长了7倍是由于经济的增长导致的。即使假定增长率为2.5%, CO_2 排放量也将增加超过3倍。当然,这里假定的其他条件不变有可能不符合现实情况,即人类在技术不断进步的情况下,以及人类不断重视经济发展中的环境保护问题,未来人口数量可能得到有效的控制, CO_2 排放水平也能得到有效的降低;但不可否认的是,在未来经济不断增长的情况下, CO_2 排放量仍是人类遇到的巨大挑战。

（三）技术水平

大多数学者认为, CO_2 是导致20世纪以来全球变暖的温室气体中重要的一种。目前,大气中 CO_2 含量已经超出其标准的量,人类应努力稳定 CO_2 排放量,并尽可能减排。根据之前的预测,即使对未来人口增长和人均GDP提高作出最保守的估计, CO_2 排放量在未来50年内也将增加一倍,如果按照中等假设, CO_2 排放量将增长5倍。

即使如此,我们也要清醒地认识到,这些结果的产生是以技术不变为前提的,也就是全球平均单位产出的CO_2排放量在未来50年内保持不变。但这是完全不可能的,因为CO_2排放导致温室效应增强,已经被世界广泛地认识到是一个非常严重的问题,许多发达国家已经承诺将减少CO_2排放量。因此,如果CO_2排放量减少,人口数量和人均GDP都没有减少,那么平均单位产出的CO_2排放量(T)则必然要下降;而如果人口数量和人均GDP出现增长,根据之前所述,T值则肯定要下降得更多。

根据IPAT恒等式进行情境模拟,包括人口增长假设、人均GDP增长假设和技术变迁假设。假设只有T改变,而A和P如上所述,那么I将随T的改变而改变,也即是说经济发展对环境的影响大小将取决于技术变迁因素。因此,IPAT恒等式的另一个作用体现出来,即是用来解决经济发展中的技术变迁问题。IPAT恒等式告诉我们,在人口和收入变化给定的条件下,T需要如何变化才能满足既定的目标I,但它依然没有告诉人们需要做什么,更没有告诉人们如何做,也即是如何才能进行减排。

第二节 环境资源价值

环境资源价值(简称环境价值)是环境资源的总经济价值,它是一个价值束的概念,包括使用价值和非使用价值等。环境价值观念的引入,经过多年的发展,得到经济学家、政府机构和普通公众的认同和肯定,逐渐从根本上改变了人们对环境资源的传统观念。

当前人类面临的大多数危机,本质上都是价值取向误导的危机,其中带有根本性的是环境价值危机,表现为自然资源的不合理开发利用,使得资源紧缺成为经济社会持续发展的重要制约因素,又是造成生态破坏和环境污染的主要根源。环境危机的经济学解释是经济活动的外部性,即经济增长没有考虑环境和社会成本。可持续发展并不否定经济增长,尤其是欠发达地区的经济增长,但需要重新审视增长的途径和方式,使之同环境承载力相协调。环境价值不仅体现在环境对经济系统的支撑和服务价值上,也体现在环境对生命支持系统的不可缺少的存在价值上。

一、环境价值观

(一)基于劳动价值论的环境资源价值观

劳动价值论是物化在商品中的社会必要劳动量决定商品价值的理论,由英国经济学家亚当·斯密和大卫·李嘉图创立,后经马克思发展形成成熟的科学的价值理论体系。从马克思的劳动价值论中,可以注重两点:第一,劳动是价值的唯一源泉。第二,劳动所创造的价值量是以社会必要劳动时间来衡量的。但是,当人们基于上面两点考察环境资源的经济价值的时候,却出现了两种截然不同的观点。一种观点认为:立足于劳动价值论下的各种不同的结论,都没有解决环境资源被无偿使用的问题。马克思说过:"如果它(指自然资源和环境——编者注)本身不是人类劳动的产品,那么,它就不会把任何价值转给产品。"有人根据劳动是价值的唯一源泉的原理,得出环境资源没有价值,致使环境资源被无偿使用;有人尽管认为环境资源具有价值,但价值的补偿只是对所耗的劳动进行补偿,同样也没有涉及对环境资源本身被耗费的补偿。因此他们认为,劳动价值论对于环境资源研究而言是根本不适用的。另一种观点认为:劳动价值论固然没有考虑环境资源等现实问题,但如果立足于经济尚不发达、环境资源问题还不突出的年代,无疑是正确的。而现在,经济高度发达,环境资源问题已经成为世界面临的重大问题,环境资源的供给已经难以满足日益增长的经济需求,因此我们必须参与环境资源的再生产,这样也就不可避免地要投入人类劳动,于是环境资源也就有了价值。

（二）基于边际效用价值论的环境资源价值观

效用价值论是从物品满足人的欲望能力或人对物品效用的主观心理评价角度,来解释价值及其形成过程的经济理论。运用效用价值论很容易得出环境具有价值的结论,因为环境是人类生产和生活不可缺少的,无疑对人类具有巨大的效用。但效用价值论无法解决长远或代际环境利用问题。效用价值论以对当代人的使用价值大小来衡量环境的价值,从一定意义上讲,是把当代人的价值无限延伸至后代,这不仅在伦理上不可行、不公平,而且在经济价值核算上,对于现时没有或只有很小效用的环境的价值,更会因人类的短视或对未来发展的难以预期而造成低估。

（三）基于均衡价值论的环境资源价值观

均衡价值论即均衡价格论,是把供求论和各派的边际效用论、生产费用论融合成一体的调和价值论。西方经济学界在讨论价值和价格问题时一般都承袭马歇尔传统,只谈价格,不谈价值,以价格论代替价值论,以均衡价格来衡量商品的价值。均衡价值观严格意义上讲仍然属于效用价值观中的一部分内容,我国有学者把它单列出来作为一种环境价值观的基本理论依据。

（四）基于存在价值论的环境资源价值观

存在价值论将价值分为使用价值部分和非使用价值部分。无论是劳动价值论,还是效用价值论,都不认为不具有使用价值的物品有价值。但存在价值论认为,非使用价值,即独立人们对物品的现期利用的价值,是客观的。存在价值论者认为,可持续发展代表一种社会理性,内含一个平等的命题。成本-效益分析在市场机制下,有可能滑入代际资源和环境的不平等配置。因此,全面反映社会成员的价值取向是建构可持续发展政策的重要前提。存在价值的测度是环境价值的重要组成部分。以个体理性、效率为核心的规范经济学不能给出存在价值的理论基础,并不能成为存在价值不重要的理由。

二、环境资源价值的内涵

环境资源所包括的土地、森林、空气、阳光等有形物质实体和环境容量、环境自身调节能力等的使用价值是毋庸置疑的,环境资源作为客体,人类作为主体,环境资源具有满足人类需要的功效。环境资源的供给在一定时空条件下保持稳定,但面临人类急剧增加需求量的压力,相对变得稀缺,稀缺性导致竞争性的使用,使价格杠杆调节供求关系发生效应。同时,环境资源是经济社会发展的物质基础,能够给人类带来收益,是一种自然的资源财富。

综合多种理论的观点,从人与物的关系、人与社会的关系及生态经济角度来考察环境资源价值,一般认为环境资源价值包含以下四个方面内容。

（1）固有的自然资源方面的价值,即比较实在的物质产品的价值,或者说有形的资源价值,简称资源价值。

(2) 基于开发利用资源的人类劳动投入所产生的价值。

(3) 固有的生态环境功能价值,即无形的生态价值,自然环境要素对生态系统的功能性价值,包括维护生态平衡、促使生态系统良性循环等功能的价值。

(4) 环境资源中的各要素,尤其是生命体,它们固有的与人类利益或使用无关的存在下去的价值,即各种植物、各种动物、各种微生物与自然环境编成目的-手段的主客体交叉网络,保持着生物圈的生态平衡。它们具有内在的目的性和不可替代的内在价值,如固有价值、内在性价值和存在价值等。

从人类社会对环境资源的经济使用角度看,人类使用环境并从中获益,称环境的经济价值,它首先取决于它对人类的效用性,其价值大小则取决于稀缺性(体现为供求关系)和开发利用条件。依效用性可将环境经济价值看作使用价值部分(UV)和非使用价值部分(NUV)。使用价值可分为直接使用价值(DUV)、间接使用价值(IUV)和选择价值(OV)。选择价值是指对环境资源潜在用途的将来利用。非使用价值指不能被人类至少是当代人类使用,但在生态系统中却又起着重要作用的价值,如固有价值、内在价值、存在价值等多种观点和提法。

三、环境资源价值的特点

环境资源的范围既包括土地、水、森林、空气、阳光等有形物质实体,以及自然界天然赋有的地质、地貌,还指通过这些物质实体所反映的环境整体的景观自然优美性质、环境容量(或环境承载力)和自身的调节能力。环境系统的各个组成部分和要素之间构成一个有机的整体,在空间上有着相对确定的水平和垂直分布格局,在特定区域形成特定的结构条件,而这些结构和功能关系又随时间发展而表现出动态变化的规律。因此,环境资源所体现的价值也表现出诸多特点。

(一) 整体有用性

环境资源的使用价值不是单个或部分要素对人类社会的有用性,而是各组成要素综合生成生态环境系统之后,表现出来的整体有用性,这与那些单个要素直接或间接地转化为商品的有用性不同。以森林生态系统为例,其使用价值表现在改良土壤、涵养水源、调节气候、净化大气、美化环境等方面,这是森林中的林木、野生动物和土壤微生物等综合为一个有机的森林生态系统后所表现出来的,而绝非单个要素所能表现的。

(二) 不确定性

环境资源价值的不确定性有两层含义。首先,在环境系统中各组成成分的运动变化机理及它们之间的相互关系人类没有完全认识,环境要素对人类社会的支持作用还没有完全被掌握。尤其是一些当今还没有被发现的生物物种及一些生态功能,在将来可能具有潜在价值。第二层含义是,目前有关环境价值的理论、评估技术还不完善,相关参数也比较缺乏,而且还涉及道德伦理价值、美学价值,所以目前对环境资源价值无法做到精确计算,只能是估算。

(三) 时效性

随着人类社会的发展,环境资源价值的具体表现也随之变化。从原始社会、奴隶社会和封建社会到 18 世纪中叶这一历史时期,人类社会的进步和社会生产力的提高对周围自然界的原始平衡状态的干扰和破坏力不大,丰富的环境资源无须投入劳动就可以"取之不尽,用之不竭",此时环境资源价值表现为无价值。此后,由于工业革命和两次世界大战的爆发,人类对资源进行疯狂索取和掠夺,出现资源危机、全球环境问题。为保证社会经济的持续发展,环境资源再生产中开始伴随着人类劳动的投入,于是整个现在的、有用的、稀缺的环境资源开始表现为有价值。随着经济社会发展和人民生活水平的不断提高,社会对环境资源的需求逐渐加大,而环境资源变得越来越稀缺,加之人们对环境资源价值认识和关心程度的加强,环境资源价值将表现得越来越大。

(四) 空间差异性

生态环境系统是在某个特定的地域内形成的,因而环境资源都具有一定的地域性,且在特定的社会形态、经济发展水平及人们的价值取向的影响下,环境资源的价值也就只能在相应的地域及其可涉及的范围内表现出来,具有空间差异性。如水资源空间分布的不均一性,使得各地区的水资源先天存在着明显的区别。再加之经济发展很不均衡,各地区的产业结构差异很大,即便是同一城市,其空间分布也很不均衡,所以同量的水资源在不同空间内产生的效益是不同的,水资源价值具有明显的空间差异性。

(五) 多样性

生态环境系统内部的组成及变化机理复杂多样,每一组分都发挥着多种多样的用途,其价值也表现出多样性。如森林生态系统既提供木材、药材等产品的直接使用价值,又具有调节气候、保持水土、平衡大气 C—O 系统等生态功能服务价值,还表现为森林水土保持、水源涵养等使土地资源和水资源更有效地被人类利用的间接价值,还具有不能被人类客观、准确地评价的与人类使用无关的存在价值。故某一环境要素的价值表现是多种多样的,具有多样性的特点。

(六) 外部性

环境资源具有不可分割的自然属性,在使用时又具有(准)公共物品的特点,主要表现为非排他性和非竞争性使用。所以,某一地域的生态环境资源的价值被这个地域内的所有人群平均共享,甚至可以超出这个特定的空间之外,发挥其作用,即外部性,其所有者或经营者对它的所有范围和经营范围的控制力是有限的。如热带雨林巨大的生态功效,不仅使热带地区受益,而且被全球人类共同使用,其价值就体现了更大范围内的共享性。

(七) 人为创造性

人类社会从低级形态向高级形态的发展过程中,不断地对周围自然生态环境中的生物和非生物通过技术手段和设备加工创造出新的价值,即把自然生态环境中的物质及其价值,转换成为更高的其他物质及其价值形式。如对日益遭到破坏而面积不断减少的原始森林,人们已经投入了大量的人力、物力和财力以自然保护区等形式营造、抚育,使其恢复、再生、更新并不断增值。因此,生态环境价值,只有借助于人类的劳动等实践活动才能获得有益于人类生存与发展的更大的价值。

（八）负效益性

人类对生态环境系统投入愈来愈多的劳动,如有不当,就会使生态系统污染、破坏甚至不断恶化,这样生态环境价值既可以表现为对人类有益,又可以表现为有害,前者为正效益（正价值）,后者为负效益（负价值）。如森林过度砍伐造成水土流失,超载过牧造成的草场退化、荒漠化等对人类都表现为负价值。

四、环境资源价值的评估方法

目前,国内外有关环境资源价值的评估方法大多从环境影响经济的角度出发,多是研究环境污染和生态破坏造成的经济价值损失。但是环境资源的价值不仅体现在它污染和损害造成的经济损失上,也体现在它对人类经济社会发展的贡献上。

张世秋认为环境影响经济评价方法可以分为直接市场评价方法、揭示偏好法和陈述偏好法。米切尔和卡森认为,环境影响经济评价方法可以根据如下两个特性来进行分类：第一,数据是来自于人们选择的真实行为,还是对假设问题的回答。第二,该方法是能够直接得出货币化价值,还是必须通过一些以个人和选择模型为基础的间接方法推断出货币化价值。因此可以分为四类：①直接观察法。直接观察法是以人们使其效用最大化的真实选择为基础,正是由于选择是以真实价格为基础的,因此数据直接以货币化单位表示。②间接观察法。它也是以反映人们的效用最大化的真实行为为基础的。尽管环境资源服务没有价格,但它们的数量会影响到其他商品的市场价格,因此根据其他商品的市场价格变化就可推出环境资源的隐含价值。③直接假设法。提供一个假设市场,直接访问消费者对环境服务的评价。例如,通过人们对环境服务的改变给予评估,在一个给定价格下,人们"购买"多少环境服务。④间接假设法。它与间接观察法不同,通过研究人们对假设问题的反映,而不是观察人们的真实选择来获得数据。这里主要介绍以下三种评估方法。

（一）直接市场法

直接市场法就是把环境质量看作是一个生产要素,并根据生产率的变动情况来评价环境质量的变动所产生的影响的一种方法。它直接运用货币价格,对可以观察和度量的环境质量变化进行评价。

直接市场法是建立在充分的信息和确定因果关系基础上的,所以用直接市场评价法进行的评估比较客观,争议较少。但是,采用直接市场法,不仅需要足够的物理量数据,而且需要足够的市场价格或影子价格数据。而在因环境污染而造成的损失中,相当一部分或根本没有相应的市场,因而也就没有市场价格,或者市场评价法很难应用。此外,直接市场法所采用的是有关商品和劳务的价格,而不是消费者相应的支付意愿（WTP）或接受赔偿意愿（WAC）,这就使得该方法不能反映消费者在受到环境影响时所得到或所失去的消费者剩余,因而也就不能充分度量环境资源的价值。

采用直接市场法必须具备一些条件：第一,环境影响的物理效果明显,而且可以观察出来或者能够用实证方法获得；第二,当确定某一环境因子变化对受体的影响时,我们能够将其从其他影响因子中分离出来；第三,环境质量变化直接增加或减少商品或服务的产出,这种商品或服务是市场化的,或是潜在的、可交易的,甚至它们有市场化的替代物;第四,市场是成熟有效的,市场运行良好,市场价格是一个产品或服务的经济价值的良好指标。

(二)揭示偏好法

揭示偏好法也叫替代市场评估法,是通过考察人们与市场相关的行为,特别是在与环境联系紧密的市场中所支付的价格或他们获得的利益,间接推断出人们对环境的偏好,以此来估算环境质量变化的价值。

人们通常会发现,在市场上存在着一些商品,它们可以作为环境资源提供服务的替代品。例如,游泳池可以看作是洁净湖泊或河流具有的休闲功能(如游泳)的替代物;私人公园可以看作是自然保护区或国家公园的替代物。如果这种替代作用可以成立,则增加环境物品或服务的供应所带来的效益,就可以从替代它们的私人商品购买量的减少测算出来,反之亦然。其原因在于,两者是可以相互替代的,对于消费者而言,消费两者给消费者带来的福利水平也是一样的。同时,随着人们环境意识的提高,当人们购买商品的时候,其支付意愿也包括了对这些商品附属的或具有的环境属性的承认。

一般来说,使用替代市场评估法的关键在于确定哪些可交易的市场物品是环境物品的可以接受的替代物。对于有些环境物品而言,这可能不是问题,但是对于某些环境物品和服务而言,可交易的市场物品往往只能提供天然的环境资源所能提供的全部价值中的一部分(有时甚至是非常小的一部分)。例如游泳池不能完全代替一片海滩,动物园不能完全取代野外观赏动物等。即便如此,替代性可交易的市场物品还是可以为各种环境物品的价值给出最低的估计,这对于决定应该保护还是开发一项环境物品是一种非常实用的信息。

揭示偏好法实际上是通过观察人们的市场行为,来估计人们对环境表现出来的偏好,它有别于通过直接调查而获得的偏好。在发达国家,人们已经进行了很多内涵价格方面的研究。这些研究提供了许多环境物品隐含价格的评估值,这些隐含价格都是以实际行动为基础的,通常能大致反映出消费者对这些环境物品的支付意愿。但是这些结果对所应用的统计假设很敏感,因为它需要大量的数据,要求很高的经济和统计技巧,而且要求市场必须是成熟有效的,人们可以在市场中清晰地理解和评价环境因素的作用。另外,尽管揭示偏好法能够利用直接市场法所无法利用的信息,而且这些信息本身也是可靠的,衡量涉及的因果关系也是客观存在的,但是这种方法涉及的信息往往反映的是多种因素产生的综合性结果,环境因素只是因素之一,因而排除其他方面的因素对数据的干扰,就成为揭示偏好法不得不面对的主要问题。

(三)陈述偏好法

陈述偏好法(CVM)中最典型的是意愿调查价值评估法(也叫权变评价法、条件价值法)。它是以调查问卷为工具来评价被调查者对缺乏市场的物品或服务所赋予的价值的方法,它通过询问人们对于环境质量改善的支付意愿(WTP)或忍受环境损失的受偿意愿(WTA)来推导出环境物品的价值。

当缺乏真实的市场数据,甚至也无法通过间接的观察市场行为来赋予环境资源以价值时,只好依靠建立一个假想的市场来解决。陈述偏好法就是试图通过直接向有关人群样本提问来发现人们是如何给一定的环境变化定价的。在连替代市场都难以找到的情况下,只能人为地创造假想的市场来衡量环境质量及其变动的价值,故该方法又称为假想市场法。

从总体上看,陈述偏好法与其他方法比,最大的特点就是它特别适宜于选择对那些价值占有较大比重的独特景观和文物古迹等环境资源服务价值的评估。因此,它可以作为政府决策的一种科学有效的工具。陈述偏好法从诞生以来就一直是个饱受争议的研究方法,不仅涉及经济学领域,还涉及伦理学、哲学和心理学领域。自20世纪60年代以来,陈述偏好法日益偏重于非使用价值的衡量,而由于非使用价值无法通过市场行为反映,相关争论随之升级,主要集中在三个方面:第一,关于非使用价值是否该纳入经济分析。严格说来,关于非使用价值的争论应该属于哲学范畴,陈述偏好法的使用是该争论的核心,因为陈述偏好法是目前应用最广的非使用价值评估方法。第二,关于陈述偏好法的假想特性。陈述偏好法的假想特性,是指通过该方法得到的人们的支付意愿是面对一个假想市场的假想回答,难以通过真实的市场行为对其加以验证。一般认为,当人们对待评估对象不熟悉时,陈述偏好法的特性所带来的问题就会更频繁也更严重。第三,关于CVM的范围问题。范围问题是指在一些研究案例中,CVM调查结果对调查对象范围大小不敏感,这是反对者认为CVM不可靠的主要原因之一。但是CVM的支持者认为,范围问题的产生具有一定合理的原因,替代性与边际效用递减至少可部分解释范围问题的存在,而受访者有限的预算、统计工具选择不当等也可能导致范围问题的出现。

第三节 经济增长与环境的EKC假说

库兹涅茨曲线是20世纪50年代诺贝尔奖获得者、经济学家库兹涅茨用来分析人均收入水平与分配公平程度之间关系的一种学说。他的研究表明,收入不均现象随着经济增长先升后降,呈现倒U形曲线关系。当一个国家经济发展水平较低的时候,环境污染的程度较轻,但是随着人均收入的增加,环境污染程度由低趋高,环境恶化程度随经济的增长而加剧;当经济发展达到一定水平后,也就是说,到达某个临界点以后,随着人均收入的进一步增加,环境污染程度又由高趋低,环境污染的程度逐渐减缓,环境质量逐渐得到改善,这种现象被称为环境库兹涅茨曲线。

一、EKC假说的提出

1991年美国经济学家Grossman和Krueger针对北美自由贸易区谈判内容,美国人担心自由贸易恶化墨西哥环境并影响美国本土环境的问题,首次研究实证了环境质量与人均收入之间的关系,指出了污染与人均收入间的关系为"污染在低收入水平上随人均GDP增加而上升,高收入水平上随GDP增长而下降"。1992年世界银行的《世界发展报告》以"发展与环境"为主题,扩大了环境质量与收入关系研究的影响。1996年Panayotou借用1955年库兹涅茨界定的人均收入与收入不均等之间的倒U形曲线,首次将这种环境质量与人均收入间的关系称为环境库兹涅茨曲线(EKC)。EKC揭示出环境质量开始随着收入增加而退化,收入水平上升到一定程度后随收入增加而改善,即环境质量与收入为倒U形曲线关系。

二、EKC 的假设基础

EKC 的假设基础涉及三个方面的内容。

（一）它反映的是经济在不同增长阶段存在的结构性问题

在人均收入水平较低的时候，经济增长涉及工业化，所以应该从环境中攫取更多的能源和其他原材料，从而导致向环境排放的废物增加。另一方面来说，高收入经合组织（OECD）国家的经验表明，经济结构随着经济的增长已发生改变，制造部门规模相对缩小，而服务业规模相对扩大。因此，现代高收入经济体有时又被称为"后工业化经济体"。由于服务业资源密度更低，它以制造业缩小为代价，因此它的扩张便意味着经济发展从环境中攫取的更少，排入环境的废物也相应减少。

（二）因为人们生活变得富裕，所以他们愿意花费更多收入来改善环境质量

当人均收入水平较低时，人们优先满足食物和住房方面的基本需要。随着人均收入水平的提高，这些需要日益得到满足，并且人们有钱花在奢侈品上，例如改善环境质量的废物处理设施。当生存的基本需要得到满足，人们的注意力更多集中在环境质量方面。一旦经济增长超过这个基本水平，人们越来越多地在思想上和行动上要求减少进一步的发展对他们的环境质量的影响。

（三）与许多高收入经合组织（OECD）国家最近的历史经历有关

和上面提到的一样，当制造业相对转移到服务业时，制造业内部也出现了转移，即由基本的原料加工转向要求更多训练有素的劳动力和更先进技术的加工设备的活动。例如，发达国家的钢铁生产量实际上是下降的，但是他们从发展中国家进口钢铁，用于国内生产，比如机动车的生产。该过程受到了这样一个事实的推动，即发展中国家的基本原材料加工成本明显低于发达国家。基本的原材料加工比高科技工程对环境的损害更大，比如德国将其钢铁生产转移到印度，并进口印度生产的钢铁来制造汽车，这对保护德国的环境质量是有好处的。

值得注意的是，尽管对开放经济体而言，这样做可以改善其环境质量，但是把整个世界经济看作是一个整体的话，它就是一个封闭经济体，那么这样做就达不到改善环境的目的，因为此时不存在所谓的海外可以用来转移对环境损害大的基本的原材料加工活动。同样需要注意的是，还有一些与这类转移不相干的环境问题存在。比如，全球 CO_2 浓度超标在任何地方都会影响气候，而无论 CO_2 是在哪里排放的。尽管钢铁生产以及其 CO_2 排放从德国转移到了印度，但是对世界未来的气候没有任何意义。

三、EKC 的理论解释

环境库兹涅茨曲线提出后，在诸多学者的共同努力下，环境质量与收入间关系的理论探讨不断深入，丰富了对 EKC 的理论解释，主要包括以下五个方面。

（一）规模效应、技术效应和结构效应

Grossman 和 Krueger 提出经济增长通过规模效应、技术效应与结构效应三种途径影响环境质量。第一，规模效应。经济增长从两方面对环境质量产生负面影响：一方面经济增长要增加投入,进而增加资源的使用;另一方面更多产出也带来污染排放的增加。第二,技术效应。高收入水平与更好的环保技术、高效率技术紧密相联。在一国经济增长过程中,研发支出上升,推动技术进步,产生两方面的影响:一是其他不变时,技术进步提高生产率,改善资源的使用效率,降低单位产出的要素投入,削弱生产对自然与环境的影响;二是清洁技术不断开发和取代肮脏技术,并有效地循环利用资源,降低了单位产出的污染排放。第三,结构效应。随着收入水平提高,产出结构和投入结构发生变化。在早期阶段,经济结构从农业向能源密集型重工业转变,增加了污染排放,随后经济转向低污染的服务业和知识密集型产业,投入结构变化,单位产出的排放水平下降,环境质量改善。

规模效应恶化环境,而技术效应和结构效应改善环境。在经济起飞阶段,资源的使用超过了资源的再生,有害废物大量产生,规模效应超过了技术效应和结构效应,造成环境恶化;当经济发展到新阶段,技术效应和结构效应胜出,环境恶化减缓。

(二)环境质量需求

收入水平低的社会群体很少产生对环境质量的需求,贫穷会加剧环境恶化;收入水平提高后,人们更关注现实和未来的生活环境,产生了对高环境质量的需求,不仅愿意购买环境友好产品,而且不断强化环境保护的压力,愿意接受严格的环境规制,并带动经济发生结构性变化,减缓环境恶化。

(三)环境规制

伴随收入上升的环境改善,大多来自于环境规制的变革。没有环境规制的强化,环境污染的程度不会下降。随着经济增长,环境规制在加强,有关污染者、污染损害、地方环境质量等信息不断健全,促成政府加强地方与社区的环保能力和提升一国的环境质量管理能力。严格的环境规制进一步引起经济结构向低污染转变。

(四)市场机制

收入水平提高的过程中,市场机制不断完善,自然资源在市场中交易,自我调节的市场机制会减缓环境的恶化。在早期发展阶段,自然资源投入较多,并且逐步降低了自然资源的存量;当经济发展到一定阶段后,自然资源的价格开始反映出其稀缺性而上升,社会降低了对自然资源的需求,并不断提高自然资源的使用效率,同时促进经济向低资源密集的技术发展,环境质量改善。同时,经济发展到一定阶段后,市场参与者日益重视环境质量,对施加环保压力起到了重要作用,如银行对环保不力的企业拒绝贷款。

(五)减污投资

环境质量的变化也与环保投资密切相关,不同经济发展阶段上资本充裕度有别,环保投资的规模因而不同。Dinda将资本分为两部分:一部分用于商品生产,产生了污染;一部分用于减污,充足的减污投资改善环境质量。低收入阶段所有的资本用于商品生产,污染重,并影响环境质量;收入提高后充裕的减污投资减缓了环境进一步退化。环境质量提高需要充足的减污投资,而这以经济发展过程中积累了充足的资本为前提。减污投资从不足到充足的变动构成了环境质量与收入间形成倒U形的基础。

这些理论研究表明,在收入提高的过程中,随着产业结构向信息化和服务业的演变、清洁技术的应用、环保需求的加强、环境规制的实施以及市场机制的作用等,环境质量先下降然后逐步改善,呈倒 U 形。

四、EKC 的理论争议

EKC 理论假说提出后,实证研究不断,结论呈多样化,有的支持倒 U 形,也有结论显示两者呈 U 形关系、N 形关系、单调上升关系、单调下降关系,并且不同污染物的污染与收入间关系呈现差异形态,对 EKC 提出了挑战,学术界在理论上也展开了对 EKC 的争议与批评。

(一)内生的缺陷

Arrow 等批评 EKC 假定收入仅是一个外生变量,环境恶化并不能减缓生产活动进程,生产活动对环境恶化无任何反应,并且环境恶化也未严重到影响未来的收入。但是,低收入阶段环境恶化严重,经济则难以发展到高水平阶段,也达不到使环境改善的转折点。经济增长与环境质量是互动的大系统,环境恶化也影响经济增长和收入提高,需要构建将收入内生化的模型,探讨环境质量与收入水平间的互动关系。

(二)适用的局限性

EKC 能否概括各种条件下环境质量与收入间的关系?研究表明 EKC 的适用性受到局限。

1. 环境-收入理论关系具有多种形态

环境质量与收入间是否只存在倒 U 形一种形态?许多研究表明环境-收入理论关系存在七种不同形态。在理论探讨中,如下表达式常用来考察环境与收入间的关系:

$$E_t = \alpha + \beta_1 Y_t + \beta_2 Y_t^2 + \beta_3 Y_t^3 + \varepsilon_t$$

式中,E 为环境指标,Y 指人均收入,ε 指影响环境变化的其他控制变量;t 指时间;α 是常量,β_i 是解释变量的系数。该模型依 $\beta_i (i=1,2,3,\cdots)$ 的不同而呈现 E 与 Y 的不同关系,下面从理论上说明环境与收入间的关系并非倒 U 形所能代表。

第一,$\beta_1=\beta_2=\beta_3=0$,收入水平与环境质量之间没有关系;第二,$\beta_1>0$,且 $\beta_2=\beta_3=0$,E 与 Y 之间呈单调上升关系,环境随收入上升而恶化;第三,$\beta_1=0$ 和 $\beta_3=0$,$\beta_2<0$,E 与 Y 之间存在单调下降关系,环境随收入增加而改善;第四,$\beta_1>0$,$\beta_2<0$,$\beta_3=0$,E 与 Y 之间呈倒 U 形关系,即 EKC,且转折点在此处;第五,$\beta_1<0$,$\beta_2>0$,$\beta_3=0$,E 与 Y 之间呈 U 形关系,收入水平较低阶段,环境随收入上升而改善,收入水平较高阶段,环境随收入上升而恶化;第六,$\beta_1>0$,$\beta_2<0$,$\beta_3>0$,E 与 Y 之间呈 N 形,收入水平不断上升的过程中,环境质量先恶化再改善,又陷入恶化境地;第七,$\beta_1<0$,$\beta_2>0$,$\beta_3<0$,E 与 Y 之间的关系与 N 形相反,伴随收入水平上升,环境质量先改善再恶化,后复归改善。从上可以看出,环境与收入理论关系的七种形态中,EKC 仅是其中的一种形态,其倒 U 形不能适用于所有的环境-收入关系。

2. EKC 无法揭示存量污染的影响

在污染指标上,污染可分为存量污染与流量污染,流量污染物仅对环境产生影响,存量污染物经一段时间积累后在将来对环境产生影响。两者的区分视考察时间长短而定,二氧化硫、悬浮物、氧化氮、一氧化碳以及一些水污染物等从短期看可作存量污染物,但长期来看则是流量污染物。典型的存量污染物是城市废物(这些废物在处理场所不断积累)和 CO_2

(存在大约125年)。流量污染物的控制见效快,存量污染物的削减在短期内则难见成效。现实中政府具有短期行为,注重削减流量污染,导致经济增长过程中存量污染物一直上升。因此流量污染在经济增长过程中下降也不能代表所有污染物的改变。

3. EKC 的长期性问题

从 EKC 的适用时间长短来看,EKC 即使在考察时间段或较短时期内成立,在长期也可能不成立,会呈现 N 形曲线。即开始显示了倒 U 形,达到特定收入水平后,收入与污染间又呈现同向变动关系,原因在于提高资源利用率的清洁技术被充分利用后,再无潜力可挖,同时减少污染的机会成本提高,收入增加导致污染上升。因此,EKC 反映了多种环境-收入理论关系的一种形态,且更适用于流量污染物和短期的情况,而不适用于存量污染物,在长期内可能呈 N 形。但其多形态的环境-收入关系的理论基础需要深入探讨。

第四节 旅游经济发展的外部性与环境问题

一、旅游经济发展的外部性

早期,人们认为旅游活动不同于工业生产,既不需要排放大量高浓度的污水、废气,也不需要消耗大量的能源,因此称旅游产业为"朝阳产业"或"无烟产业"。但随着旅游业的发展和旅游人数的激增,人们发现旅游业不像原先标榜的那样光鲜亮丽,它也会产生污水、废气,随着时间的推移,这些污染物的积聚所产生的负面影响越来越明显,对环境产生着不良的作用,甚至危害到人类的生存。

"旅游与环境"是当今一个新的国际热点。目前有两大重要因素把它推向环境与发展领域的前沿:一是旅游已成为一个发展迅速的重要产业,旅游成为国际民间友好交往的一座重要桥梁。二是生态破坏和环境污染,既破坏了旅游业赖以生存和发展的自然资源基础,也降低了旅游质量,同时,不合理的旅游发展也带来了严重的环境问题,特别是对生物多样性保护和传统文化的保护产生了巨大的冲击,所有这一切都威胁着旅游业长远的发展,也影响了社会经济的可持续发展。

旅游产业发展的环境负外部性问题日益突现,我们必须寻求产生环境负外部性的原因,努力克服旅游环境的负外部性问题。

(一)旅游经济发展的正外部性

1. 开展旅游活动有助于保护和修复历史建筑等遗产

旅游产业的发展必须以盈利、竞争力、安全和当地居民接受为条件,同时也要置于本地区的管理和控制之下。旅游是一个依托周围环境的产业(Holder,1988),因为它的核心资源都是旅游地的自然和建筑环境。这些资源可能会被赋予社会文化或者历史价值。把这些方面结合起来就形成了一个旅游产品,因此,对于旅游产业来说,保护环境和社会文化使之在旅游活动的过程中不受损害,是旅游业发展的一个必要条件。建筑是人们按照一定的建造目的,运用一定的建筑材料,遵循一定的科学与美学规律所进行的空间安排,是物质外显与文化内涵的有机结合。换言之,建筑是空间的"人化",是空间化了的社会人生。美学家黑格尔这样赞叹建筑艺术:建筑是对一些没有生命的自然物质进行加工,使它与人的心灵结成血肉因缘,成为一种外部的艺术世界。建筑不仅仅是简单的土木制造,它同时还是美的创造,是意境的展现,是文化的结晶。优美的古老建筑提升了城市的文化品位,让生活在其中的人们有意无意地接受了历史和文化的熏陶。许多驰誉世界的名城,其辉煌正是来自历史文化的投射,那些各个时期的代表性建筑,给人们一种走进历史的感觉。靠历史和文化的长期积淀,培养出城市的精神气质,反映出城市的本质,而旅游活动的广泛开展,使人们有机会去领略不同时期不同地域的建筑风格,反过来又增强了人们保护历史建筑、深层挖掘历史建筑的意识,两者之间是有机统一的。佩吉(1995)认为旅游可以潜在地强化本国的建筑风格。格林等(1990)认为旅游发展促使废弃建筑得以重新利用、历史遗迹得到了修复和保护。

2. 旅游开发有助于当地环境的改善

在谈及旅游与环境之间的关系时,它的正外部性效应往往被人们忽视。事实上,科学合理的旅游开发有助于区域环境的改善。时至今日,旅游产业要保持可持续发展的态势,已经得到了全社会的普遍认可,而要实现旅游产业的可持续发展,必须采用综合规划方法,在旅游开发规划中必须综合考虑经济、社会与生态因素。

当旅游规划未介入当地社会、经济发展中时,经济规划对当地居民未来的生活质量以及自然环境的影响并不能得到人们的普遍认识,而且人们参与经济规划的程度也比较低。与此相反的是,旅游开发对目的地资源以及社区意愿的依赖性很强。在这种情况下,妥善处理旅游和社区愿望的关系,就显得十分重要。当地环境的普遍改善首先作为一个显性要素被提上了议事日程。旅游开发不仅是要创造现实收益,同时还要创造"现实"与"愿望"的结合。社区原始的环境状态将在很大程度上被纳入到旅游开发的体系之中,以保证各个要素的联系与整合,而不是分离式地发展,实现资源共享和协调,有利于当地环境的改善。

3. 开展旅游资源调查有助于生物的保护

旅游资源调查是旅游规划的一项重要任务。旅游资源调查系统记录了为资源配置和土地使用决策提供关键数据信息的过程。它的有效性取决于一系列因素,一是反映旅游者和旅游经销商对于一个地区的自然、文化和传统特征的重视程度及其严密程度和可信度如何。二是调查是否能够有效支持资源规划和政策制定。旅游资源调查记录了一个地区适合发展旅游的自然和文化特征,一个地区的生物特征(如植被和野生动植物)常常赋予一个地区独特的"地方气息",但是却对旅游产业的发展十分敏感。因此,开展旅游资源调查,就可以运用科学的普查指标来描述生物特征,根据这些生物特征,对其赋予一定的权重,给旅游经营者和政府部门提供相关信息。根据这些信息,旅游经营者在制定旅游规划的过程中,根据资源的承载力和适宜性科学合理地安排与设计旅游景区、景点建设,可以在最大限度内保护生物资源的多样性与完整性。

(二)旅游经济发展的负外部性

旅游产业发展具有系统性的特征,旅游活动一旦开始,它的影响就会自始至终地影响到每一个旅游因子,尤其是与旅游目的地社会、经济、文化和环境的多方面交错混杂在一起。显而易见的一个事实是,旅游活动的范畴并不仅仅指旅游者的消费活动,同时也包括旅游开发商的生产活动。消费活动与生产活动不当,均会破坏旅游环境。从消费活动来看,由于旅游消费者在市场价格既定的前提下,总会追求消费效用的最大化,造成旅游资源以及其所依托的环境的过度消费。加之旅游资源主体权利的缺失,造成事后补偿的困难,环境负外部性不可避免地就会产生。从生产活动来看,旅游开发商不顾及当地居民的社区生活、自然环境状况,一味地以市场价值为目标开发旅游目的地,最大限度地利用当地的自然和人文资源,却忽略了最重要的一个方面,就是没有进行合理的市场定位与市场细分,即对不同市场偏好进行真实可靠的信息收集。旅游开发活动在某种程度上来说,是依靠开发者对历史的、文化的、审美的标准进行生产活动。对于在开发中出现的巨大外部成本(资源破坏、环境污染、拥挤等现象)视而不见,或根本没有给予考虑。造成旅游开发者实际支付的成本(即私人成本)远远低于社会成本(社会成本＝私人成本＋外部成本),旅游商品价格低于市场价格,旅游资源的社会效益没有得到最大限度的发挥,同时由于旅游开发过程中的盲目性和误导性,使得人力资本、资金、时间、技术含量等要素都构成了外部成本。主要的表现如下。

1. 生态环境污染

由于负外部性并不通过市场的价格机制反映出来,市场机制也无法惩罚引起外部不经济的主体。此时,旅游者同质与均质化程度对于旅游者的行为控制力就显得尤为重要。旅游者的同质与均质化程度比较低时,对于环境质量的诉求度并不是很高,无法自觉意识到破坏资源环境是一种外部不经济性的表现。由此,大气污染、水污染、噪声等负面影响便显现出来。这些负外部性影响在旅游地发展的初期有着非常突出的表现。

2. 当地居民和外来游客的冲突

旅游者前往旅游目的地之前,存在一种潜在的意识形态,对旅游目的地会形成一种自我评价体系。当进入旅游目的地时,旅游者的这种自我评价体系会与客观的旅游地的形象形成偏差。当集体的同质与均质化程度比较高的时候,会客观认知这种旅游环境,不会将自我意识形态中的高端或强势文化的意识形态强加于旅游目的地,影响目的地人们的文化和交际方式,进而影响他们的社会规约、社会期望的心理。旅游者会将自我融入到异质文化领域之中,重和合、喜愉悦、注重个人修养的文化价值,提高了旅游活动的效用价值。相反,当旅游者同质与均质化的程度很低时,旅游这种跨文化交际活动,只局限于一种简单的感官认知,旅游者所遵循的规范可能因主导文化、群体文化、社会关系、情景、地理、地区、地方,乃至个人因素而异。此时,旅游者负载的旅游出发地的文化信号,会以多种视角形式及社会环境和心理环境强制介入旅游目的地,打破目的地长期形成的价值文化的稳定状态,造成当地居民和外来游客之间的冲突。

二、旅游经济发展的环境影响

（一）旅游活动与水质量

水作为旅游活动的重要载体,也是最容易受到污染破坏的生态因素。全华在其研究中指出,水体通常是最为脆弱的景观因子,水环境容量往往是环境容限值中最小分容限值。目前,我国相当一部分旅游景区是以水体为旅游基本元素而存在的,如海滨浴场、著名的湖泊水库景区、河流景区及人工水上乐园等。这些水体景区由于旅游开发普遍存在着水环境遭

到破坏和水质恶化的现状。近年来的中国环境状况公报显示,作为旅游景区的著名湖泊如滇池、太湖、白洋淀等都出现了水体富营养化问题,特别是滇池,水体已达到重度富营养化。同时有些景区大量未经过处理的生活污水肆意排放,使景区地表水景观和地下水水质遭到严重的破坏,这对游客的身体健康也是一个潜在的威胁。

(二)旅游活动与大气质量

现代旅游活动需要借助汽车、船只、火车、飞机等交通工具,这些交通工具对大气有着一定的污染,特别是景区内部为方便游客游览而开设的燃油巴士、燃油船只和燃油索道等,都会排放出对环境造成破坏的废气。这些废气中含有固体悬浮微粒、一氧化碳、二氧化碳、碳氢化合物、氮氧化合物、铅及硫氧化合物等污染物,对景区大气的污染较大。同时景区内的餐饮业排放出的油烟和以煤为主要能源结构的酒店、饭店排放出的二氧化硫、二氧化氮和尘降也对景区大气有着严重的影响。由此可见,旅游活动对景区的大气污染不容小觑。

(三)旅游活动与生物多样性

动植物资源是许多旅游景区主要的旅游吸引物,人们在欣赏它们的同时,不合理的行为也会造成对旅游地动植物资源的破坏。游人在游览时任意地对鲜花、苗木的采摘和对真菌的采集会引起物种组成的变化。人们任意地砍伐木料作为旅游基础设施建设的材料和野外旅游的燃料,不仅毁坏了大量的树木,还将改变森林的树龄结构,不利于其自身的生态恢复和抗病虫害。步行旅游者和景区汽车交通对景区植物都会产生负面影响,据李贞等对丹霞山景区的研究表明,当游客数量超过景区容量时,景区内穿行的游客对游览区域的植被产生影响,穿行区内的物种、木质和藤本、阴生种与非穿行区相比各减少20%、17%和15%。在自然环境中观看未被人为干预的野生动物获得的享受,要远远高于在城市动物园中的体验。因此大量游人进入可以观赏野生动物的景区,对景区内的野生动物造成了较大的影响。首先人类的旅游活动对野生动物的捕食和繁衍规律造成破坏,同时不加选择地狩猎和钓鱼使野生动物数量下降。其次,旅游活动会潜在地造成某类动物数量的减少,这将破坏食肉动物与被食肉动物之间的生物链关系。

(四)旅游活动与局部小气候

旅游的食、住、行、游、购、娱六大活动,虽然带来了经济效益,但伴随着有毒气体的产生,如汽车尾气、餐饮废气等,以及温室气体等。这些人为排放的有毒有害气体,日积月累将会改变或者扰乱景点原有小气候类型,这样对于环境敏感的旅游资源将造成难以估量的破坏。云南丽江玉龙雪山风景区以其"北半球最靠近赤道的终年积雪的雪山"的美誉,吸引着众多的游人前来一睹它的风采。据景区统计数据,玉龙雪山风景区2007年游客接待数量猛增至190余万人次,较景区开放之初的1994年增长了400多倍。在景区接待游客数量激增的同时,据丽江玉龙雪山冰川与环境观测站的观测数据,2002年至2007年间,玉龙雪山雪线上升50余米。虽然玉龙雪山的雪线上升与全球大的气候环境变化有关系,但也与大量的游客上山带来较多的温室气体、人为热辐射,以及距离雪山15千米的区域因旅游业而迅速扩张的城市所产生的相关效应有着一定的联系。

三、旅游经济发展的环境影响调控与治理

旅游经济的发展对生态环境既有积极的影响,也有消极的影响,针对旅游景区即将或已出现的环境问题,制定切实可行的方案进行预防和修复,可以思考和借鉴以下四方面的内容。

（一）制定游客分流措施

分流措施可以分为经济分流和外部分流。经济分流是指景区通过运用价格杠杆调节进入景区的游人数量,从而达到限制入区人数的目的,给景区自然环境休养生息的机会和空间。外部分流则是指在热点景区之外开辟新的具有不同特色的有较大吸引力的景点,引导游客参观游览其他景点,减少热点景区的入区人数,以达到调控目的。

（二）推进环保节能改造

改造措施包括对景区内原先建设的宾馆、饭店进行环保和节能改造,使其排污浓度降低,排污数量减少,还包括对景区内污染处理设施的改造。现在景区内已建的污染处理设施大部分规模较小,不能满足景区日益增加的污染物的处理,需要进行改造。据国外经验,1公顷面积的污染水处理场,每日可处理约3300人产生的生活污水。同时还应加强景区旅游巴士、船只和缆车的改造,使用清洁能源,如以电力、太阳能代替燃油等。

（三）加强环境保护监测

不同类型的旅游景区有不同环境监测方法,甚至同一景区在不同的时空条件下有不同的环境监测手段,因此加强环境监测,对于准确把握景区的整体环境状况具有重大的意义。景区内旅游业的开展,不可避免地对景区环境造成一定程度的影响。加强景区内生态环境建设,如采取植树造林、丰富物种多样性、防止水土流失等措施提高景区环境的纳污能力、自净能力和抗破坏能力,显得尤为重要。

（四）大力发展生态旅游

生态旅游的根本宗旨就是"保护旅游"和形成"可持续发展旅游"。我们需要将旅游的发展模式由原先的利益至上,逐渐按照发展生态旅游的标准和要求,转换至以可持续至上和以生态环境的良性发展为最高目标,指导旅游业的发展。不同类型的旅游资源有不同程度的旅游承载力和环境容纳量,在确定向生态旅游转换和发展的同时,必须按照旅游资源本身的资源特征,因地制宜地制定生态旅游的发展规划和实施方案,这样生态旅游的效益才能真正得以发挥和体现。

第五节 旅游经济的可持续发展

一、可持续发展的提出与发展

可持续发展是一种注重长远发展的经济增长模式,最初于1972年提出,指既满足当代人的需求,又不损害后代人满足其需求的能力,是科学发展观的基本要求之一。可持续发展

概念的明确提出，最早可以追溯到 1980 年由世界自然保护联盟(IUCN)、联合国环境规划署(UNEP)、野生动物基金会(WWF)共同发表的《世界自然保护大纲》。1987 年以布伦兰特夫人为首的世界环境与发展委员会(WCED)发表了报告《我们共同的未来》。这份报告正式使用了可持续发展概念，并对其做出了比较系统的阐述，产生了广泛的影响。有关可持续发展的定义有 100 多种，但被广泛接受、影响最大的仍是世界环境与发展委员会在《我们共同的未来》中的定义。该报告中，可持续发展被定义为：能满足当代人的需要，又不对后代人满足其需要的能力构成危害的发展。它包括两个重要概念：需要的概念，尤其是世界各国人们的基本需要，应将此放在特别优先的地位来考虑；限制的概念，技术状况和社会组织对环境满足眼前和将来需要的能力施加的限制。涵盖范围包括国际、区域、地方及特定界别的层面，是科学发展观的基本要求之一。1980 年国际自然保护同盟的《世界自然资源保护大纲》指出："必须研究自然的、社会的、生态的、经济的以及利用自然资源过程中的基本关系，以确保全球的可持续发展。"1981 年，美国布朗(Lester R. Brown)出版《建设一个可持续发展的社会》，提出以控制人口增长、保护资源基础和开发再生能源来实现可持续发展。1992 年 6 月，联合国在里约热内卢召开的"环境与发展大会"，通过了以可持续发展为核心的《里约环境与发展宣言》、《21 世纪议程》等文件。随后，中国政府编制了《中国 21 世纪人口、环境与发展白皮书》，首次把可持续发展战略纳入我国经济和社会发展的长远规划。1997 年的中共十五大把可持续发展战略确定为我国现代化建设中必须实施的战略。可持续发展主要包括社会可持续发展、生态可持续发展、经济可持续发展。

二、旅游经济可持续发展的概念与途径

旅游经济的可持续发展观是指旅游业发展要从经济、社会、文化和环境等方面利益相协调的角度出发，确保旅游业发展的资源能用来"满足当代人的需要而不危及满足今后各代人需要的能力"的发展观念。可持续发展观是世界旅游业发展历程中存在的三种类型的旅游发展观中的一种，可以称之为经济、社会、文化、环境等多种目标性发展观。随着社会的发展，旅游经济的增长方式由传统粗放式增长方式向数量、质量、效益结合性的集约式增长方式转变。传统的旅游经济增长主要靠要素投入的增长来推动，这也是以资源的高消耗为代价。这样的增长方式在短时间内满足了旅游经济增长的要求。但是从长期来看，这明显是不合理的，当旅游产业发展到了一定阶段以后，随着旅游市场的不断成熟、旅游需求的不断变化、旅游市场竞争的日益激烈、旅游产业经济的下降等，旅游产业必然要从传统粗放式向现代集约式转变，以适应市场需求的变化，从而促进旅游产业进一步发展。在市场经济体制下，旅游经济的发展同样离不开"有形的手"和"无形的手"的调控，"有形的手"说的是政府对旅游经济发展的作用，而"无形的手"就是指市场对旅游经济的调控作用。其中，市场占主导主用，旅游业的发展主要依靠市场来推动。而政府的作用是间接的，主要通过一定的市场参数来实现国家宏观调节。因为市场能够实现资源的优化配置，最大程度的减少资源的浪费。同时，市场具有盲目性、滞后性、自发性，这就需要政府来进行宏观调控，以确保旅游经济的健康有序发展。在发展旅游经济中，要实现市场的供求平衡。政府部门需要做好充分的市场调研、搜集数据、分析数据、了解旅游消费者的需求倾向，并以此作为参考依据，制定旅游发展计划，做好旅游产品的供给工作，满足旅游消费者的需要。利用好每一分资源，做到物

尽其用，获取最大经济效益，实现旅游经济的可持续发展之路。

旅游经济的可持续发展战略的基础是资源的永续利用，核心是旅游业发展中的经济效益、社会效益和环境效益的统一。也就是在发展经济获取效益的同时也要保护好旅游资源。许多的旅游资源都是不可再生资源，很多的自然奇观都是在大自然中孕育了上亿年后才展现在人类的眼前。而旅游中最重要的主体就是旅游资源。因此，如何保护利用好旅游资源，是旅游业发展历程中亟待解决的问题。在新的发展时期，应该在充分考虑旅游市场需求的变化、旅游资源的持续合理利用的前提下，适度地扩大旅游产业规模，以满足日益多样化的旅游市场需求；并且要提高旅游资源的开发层次，避免低层次、简单重复的开发，注重旅游环境的塑造和培养，提高旅游发展的环境效益。旅游产品开发时要充分考虑旅游资源和环境的承受能力，确定合理的旅游资源和环境容量，使开发对生态的破坏减少到最小，确保旅游资源永续利用。具体来说，就是要利用先进的环保技术进行保护性开发，使旅游宾馆、饭店、厕所、餐饮点等的建设符合环境保护的要求，节约能源，改变传统的消费方式，努力提高并延长旅游产品的生命周期。在旅游产业的发展过程中，做到了经济发展与自然之间的和谐共处，那么实现旅游经济的可持续发展之路也不是不可能的。旅游经济的可持续发展必定是个双赢的战略，人类在发展了旅游经济的同时也保护了旅游资源，保护了自然环境，达到了天人之间的长远协调。

在加强保护的前提下，科学合理地开发利用旅游资源，是实现旅游业可持续发展的基础。同样，旅游业的合理发展也有助于改善产业结构、改变开发和利用生态环境的方式，减轻经济发展对环境和资源的压力，增强人们保护旅游资源和环境的自觉性和积极性。因此，旅游业的可持续发展有两个方面的含义。

一是在整个经济和社会系统中，旅游业作为其中的组成部分，它的发展本身就是对其他领域可持续发展的一种促进。旅游与可持续发展之间有一种天然的耦合关系。旅游业在国民经济和社会发展中具有重要地位和多方面的作用，对推动国家可持续发展也将起到重要的作用。而国家的可持续发展又为旅游业创造了好的条件。从代价角度看，在同等产业发展条件下，相比其他多数行业，旅游业的投入和消耗的资源较少，环境代价也小，有"无烟工厂"的美誉，因此，旅游业是天然的具有可持续发展优势的产业。从可持续发展的目的来看，旅游活动产生于人的一种需要，是人类物质活动和精神活动的统一，反映了人类物质文化水平的提高，古代只有少数人形成的这种自发行为到了近现代逐步变成一种经济活动，乃至形成一种产业，但旅游产业的属性有其文化经济的特性及优势。而文化经济是最有利于可持续发展的。从这一角度来看，发展旅游业本身就是可持续发展目标体系的组成部分。

二是就旅游业本身而论，也存在一个是否可持续发展的问题。科学合理地发展旅游业当然符合社会可持续发展的要求，但违背自然、社会规律的片面发展，会导致旅游业本身不可持续的问题，如旅游吸引物的破坏，文化古迹的大量开发破坏其原有的风貌，有些开发对环境的破坏是致命的、永久的，会为后代带来难以弥补的问题。

因此，必须明确旅游业可持续发展的含义。旅游业可持续发展追求旅游开发的长期价值，以旅游开发的组合效应评价为出发点，强调旅游经济发展和自然生态以及社会承受力的综合统一，使旅游经济的发展建立在长期支撑体系上。正如联合国教科文组织、环境规划署和世界旅游组织等通过的《可持续发展宪章》所说："旅游是一种世界现象，也是许多国家社会经济和政治发展的重要因素，是人类最高和最深层次的愿望。但旅游资源是有限的，因此必须改善环境质量。"

本章小结

(1) 介绍了评估经济增长对环境影响的重要工具 IPAT 恒等式。
(2) 介绍了环境价值的内涵、特点与主要评估方法。
(3) 介绍了经济增长的 EKC 假说。
(4) 介绍了旅游经济发展过程中的外部性与环境问题,提出了相应的调控策略。
(5) 介绍了旅游可持续发展的概念与发展途径。

核心关键词

环境资源价值	environmental resource value
生态环境	ecological environment
旅游经济	tourism economy
外部性	externality
IPAT 恒等式	IPAT equation

思考与练习

1. 简述 IPAT 恒等式的含义。
2. 简述环境价值的内涵。
3. 简述环境价值评估的方法。
4. 如何理解旅游经济活动的外部性？
5. 举例说明旅游经济活动的环境影响及其治理。
6. 简述旅游经济可持续发展的内涵与途径。

案例分析

旅游业发展的环境问题

旅游业是随着人们生活水平提高、物质相对丰富而相应发展的产业。近年来开放政策和经济的高速发展为我国旅游业的发展创造了良好条件,我国旅游业得到了迅猛的发展,并由此产生了可观的经济效益。与此同时,我国旅游业资源破坏、旅游区环境质量下降的问题也日益突出。为使旅游业持续、协调发展,有必要分析旅游环境问题产生的原因、影响方式和所造成的结果。

一般意义上的旅游环境,指对于具体的旅游客体——旅游区,影响旅游活动的主体——游客的旅游行为的各种外部因素,包括社会环境、自然生态环境、旅游气氛环境和旅游资源等。这里仅指旅游区的旅游资源、自然生态及相应的旅游气氛。与之相联系,旅游环境问题指由于外界作用使上述因素受到影响和破坏,使游客旅游活动的满足程度受到影响。

旅游区的旅游资源是游客观赏的对象。对于游客而言,旅游资源本身蕴含的各种美学特征及其历史、文化、科学价值是旅游行为的直接激发者,资源的破坏将直接影响旅游者的满足程度。旅游区的自然生态环境是旅游区地貌、空气、水和动植物等生态因子的总称,这些生态的有机结合形成了旅游区环境的优美与愉悦。从人类审美的心理需求来看,自然景观美是基础,在一个空气污浊、水体污染、四周嘈杂的环境中,游客是无法去领略、欣赏、体会具体游览对象的各种美学特征的。特别是随着生产的发展和科技的进步,人们的闲暇时间逐步增加,城市居民进行旅游、回归自然,借自然环境的洁净达到锻炼和疗养身心的愿望正日益高涨。由此看来,旅游区的自然生态环境从某种意义上来说也是一种旅游资源。

旅游气氛环境指旅游区所特有的地方特色、历史、民族风情及与之相适应的外部氛围。旅游环境美是形象与意境的双重美,而每一具体的游览对象,其对游客旅游行为的激发,很大程度上是它反映出的特殊的历史、地方、民族特点或一种异国、异地的特殊情调。

所以,旅游区环境状况的好坏对旅游者旅游效果的影响是不可忽视的,游客旅游的满足程度与旅游区环境条件息息相关,直接影响旅游业持续发展,必须充分认识到保护旅游区环境的必要性与重要性。

我国旅游业目前所面临的主要环境问题有:①相当一部分热点旅游区污染严重,主要表现为水体污染,空气质量下降,局部生态环境受到破坏,旅游资源受到损害;②旅游区环境卫生状况较差,区内垃圾随意抛洒堆积,污水、污物随处可见;③一些热点旅游区超规模接待游客,旅游区人满为患,拥挤不堪,旅游气氛丧失;④旅游开发建设项目与旅游区整体环境不协调。

(资料来源:我国旅游业发展中的环境问题用其对策,《才智》,2009年,有删改。)

问题:

1. 旅游环境问题产生的原因有哪些?
2. 从旅游规划与开发、旅游经济发展的角度谈谈如何解决旅游环境问题。

第六章

旅游生态效率

学习引导

随着旅游生态经济学的发展,旅游活动对生态环境产生的影响以及旅游产业运行对环境的影响越来越受到人们关注。国外学者结合生态效率的概念提出了旅游生态效率,从而使得旅游可持续发展水平的测度成为现实。国内学者借鉴国外的研究成果,从两个视角对旅游生态效率进行了研究。一是从产业层面出发,通过研究旅游产业的投入产出来研究旅游生态效率;二是以旅游活动为中心,通过研究"食住行游购娱"旅游六要素来研究旅游生态效率。本章将首先介绍生态效率的概念及内涵,接着对生态效率的评价指标体系及主要测度方法进行说明,最后重点介绍旅游生态效率的评价以及全国应用的实例。

学习目标

- 生态内涵及概念;
- 生态效率评价方法;
- 旅游生态效率;
- 旅游产业效率。

第一节 生态效率内涵及概念

生态效率的提出与国际上掀起的可持续发展思想息息相关,可持续发展是一种全新的发展战略和发展观,但要将这种发展理念变成可操作的发展模式,就必须定量测度发展的可持续状态。在20世纪60年代初美国女生物学家卡逊发表《寂静的春天》之后,可持续发展的思想在全球掀起了一股热潮。与此同时,环境科学在世界上许多国家迅速发展起来。将人口、资源、环境和生态结合起来对经济活动进行研究得到了学界的共识。在这一时期,美国经济学家肯尼斯·鲍尔丁明确提出了"生态经济学"。1976年日本坂本藤良所著的世界第一部《生态经济学》专集出版,这标志着生态经济学成为经济学的一个重要分支。

一、生态效率内涵

(一)生态效率定义

生态效率作为生态经济学一个重要的研究领域,最早由德国学者Schaltegger和Stum于1990年提出,他们认为生态效率能更多地考察经济活动对环境的影响。**世界可持续发展工商理事会(WBCSD)** 进一步确定了生态效率的定义,即生态效率能减少物品和服务的物质或能源投入密度,减少有害气体排放,提高物质的循环利用率,延长物品生命周期,最大程度利用可再生能源以及提升物品或服务的舒适度。同时该组织还提出生态效率是从不可持续发展向可持续发展转变的主要工具之一。此外,经济合作与发展组织(OECD)、欧盟环境署、国际金融组织和其他一些相关组织与机构都对生态效率做出了定义。Raymond,Aaron对主流的生态效率定义进行了梳理,并列出了一张表(见表6-1)。Claude Fussler首次将生态效率的概念引入中国,并提出生态效率的五大要素。之后我国学者对生态效率进行了研究,并取得了一定的进展,如生态效率的评价与测度、生态效率与循环经济、生态效率差异性及影响因素以及生态效率的应用研究等。

知识关联

WBCSD是一个与联合国联系紧密的国际组织,于1995年由致力于可持续发展和环境保护事业的两家国际组织——可持续发展工商理事会和世界工业环境理事会合并成立,总部位于日内瓦。

表6-1 生态效率的定义

组织	定义
WBCSD	通过较少的物料和能源投入获得更多的价值,同时产生更少的排放
OECD	用来满足人类需求的生态资源的效率
欧洲环境署	较少的资源创造更多的福利
英国环境支持与顾问机构	从给定的物质或能源投入中获得最大化的产出
加拿大工业部	用最少的投入获得最多、成本最少价值最大化的艺术

续表

组织	定义
加拿大大西洋商业机会署	在整个产品价值链过程中通过减少资源的使用、浪费和污染来创造有质量的产品
澳大利亚环境保护署	通过提升产品或服务的价值来超越资源的使用以及污染预防
BASF 公司	在尽可能减少排放和帮助我们的消费者保护资源的同时,用尽可能少的资源来生产产品
国际金融组织	通过更有效的方法来提升资源的可持续能力

(二)生态效率的价值

国外生态文明的思潮可以追溯到 20 世纪 70 年代的可持续发展思想,至 20 世纪 90 年代后,尤其是联合国环境发展大会的召开,生态文明与可持续发展开始受到各国重视。经过近 40 年的发展,国内外已经形成包括生态伦理观、生态马克思主义与社会主义等在内的六大生态文明观。我国从党的十五大开始,可持续发展思想就不断融入我国社会主义建设当中。到十八大时,明确提出把"美丽中国"作为未来生态文明建设的宏伟目标。在生态文明建设的背景下,生态效率的价值有了新的含义。从生态效率的定义来看,生态效率的基本内涵在于以较少的投入获得更大的产出,同时对生态环境造成较小的影响。

而在我国生态文明建设的背景下,生态效率应多考虑生态文明的核心价值,从而进一步丰富生态效率的价值内涵。生态文明的核心价值应当满足经济建设、政治建设、文化建设、社会建设和自然发展五大价值诉求。通过推进生态文明社会建设实现政治深化改革、经济转型增效、文化丰富多彩、社会和谐发展和人与自然和睦相处的局面。经济建设价值诉求是生态文明社会建设的基础,经济和谐发展才能促进社会、文化、政治以及自然的和谐发展;自然发展价值诉求是生态文明社会建设的保障,为生态文明社会的可持续发展提供了条件;社会、文化、政治价值诉求是生态文明社会的上层建筑,它们为进一步促进生态文明社会的良性循环奠定了基础。图 6-1 所示为生态效率价值。

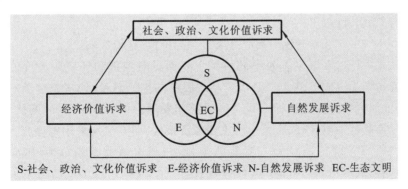

图 6-1 生态效率价值

生态文明的核心价值在于建立系统完整的生态文明制度体系,即从社会、经济、自然三大维度建立和谐社会(如图 6-2 所示)。因而基于生态文明的生态效率应从自然、社会、经济三个维度来考察投入与产出。

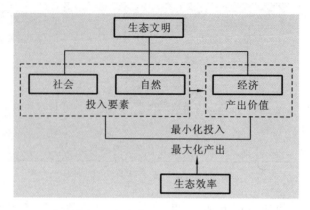

图 6-2　生态效率与生态文明关系

二、生态效率研究进展

(一)国外生态效率研究

1. 生态效率核算方法

目前国外关于生态效率的核算方法归纳起来主要有三种,即经济/环境单一比值法、指标体系法、模型法。其中单一比值法是基于"产出/投入"的基本思想,其基本表达式源于生态效率等于经济价值与环境影响的比值。指标体系法则是通过反映生态效率的各个具体指标构成一个综合评价生态效率的指标集。模型法则是将数据包络、生态拓扑等方法引入生态效率核算中。

(1) 单一比值法

从生态效率的不同定义中可知它们基本都涉及经济价值和环境影响两个方面。因此在具体计算中,大都以经济价值与环境影响比值的方式出现,例如单位环境影响的生产价值,单位环境改善的成本,单位生产价值的环境影响和单位成本的环境改善等。目前普遍接受的计算公式由 WBCSD 提出:

$$生态效率＝产品或服务的价值/环境影响$$

从这个公式中可以看出生态效率的核算主要通过对经济和环境两大价值的衡量来确定。经济价值指标的选取上,WBCSD 以产品或服务的生产总量、销售总量等一般性经济指标为主,而将增加值作为备选指标。联合国贸易和发展会议(UNCTAD)则认为,只有增加值在企业的可控制范围内,因此应该作为主要经济指标,而不建议采用销售收入等经营性指标。目前产品或服务价值的计算主要有两类方法:成本效益分析(cost-benefit analysis, CBA)和生命周期成本分析(life cycle costing, LCC)。LCC 计算了产品的整个生命周期内市场相关成本和收益,而 CBA 则除了计算市场相关成本和收益外,还包括环境外部性经济成本。

环境维度的指标选取主要有资源消耗、二氧化碳排放或其他环境影响指标等。WBCSD 给出了 5 个一般性环境指标(能量消耗、物质消耗、水消耗、温室气体排放、破坏臭氧层物质的排放)和2个备选环境指标(酸化气体排放、废物总量)。UNCTAD的报告则列举了以排放量为基础的5个环境指标,即不可再生能源消耗、水资源消耗、温室气体排放、破坏臭氧层物质的排放、固体和液体废弃物。由于各种类型的环境影响无法像经济指标那样直接相加,在集成之前需要对不同类型的环境影响赋予相应权重,Huppes,Nieuwlaar等对赋权方法进行了研究。

(2) 指标体系法

指标体系法是将一系列相互独立但又整体联系的各个指标构成生态效率指标集。指标体系可以综合反映社会、经济、自然各子系统的发展水平和协调程度,适用于分析较为复杂的对象。指标构成主要有以下几大类:物耗、能耗、水耗、土地、劳动力以及环境影响等。

国外学者 Dahlstrom,Michelsen,Van Caneghem 和 Hoffen 从企业及行业尺度方面对生态效率指标体系进行了研究。Dahlstrom 认为传统的经济输出和污染输出的比值,以及产出和投入的比值都可以作为衡量生态效率的指标;Michelsen 在分析挪威家具产品的生态效率时,选取了9个环境指标:能源消耗、物质消耗、臭氧层破坏气体排放、水耗、温室气体排放、大气中酸性气体排放、总的废物产生、光化学烟雾气体产生量、重金属排放量;Van Caneghem 在研究钢铁产业的生态效率时,从环境维度提出了以下几个指标:挥发酸、光氧化剂的形成、人类毒性、新鲜水的水生态毒性、富营养化以及水的使用所产生的总的环境影响。Hoffen 在区域生态效率分析中用到物质流分析方法构建各种指标。

(3) 模型法

数据包络分析(data envelopment analysis,**简称 DEA**)是以相对效率概念为基础,根据多指标投入和多指标产出对于相同类型决策单元,进行相对有效性或效益评级的一种系统性分析方法。近年来,DEA 分析方法被广泛应用于生态效率的研究。Dychkhoff 在传统 DEA 模型基础上,加入了优选结构;Sarkis 尝试使用六种 DEA 模型对电厂的生态效率进行计算和比较;Korhonen 运用扩展的两种数据包络分析方法,对欧洲24家发电厂的生态效率进行了评价。此外,还有学者基于帕累托最优开发出生态拓扑法,基于生态成本价值指数模型以及用物质流系数来建构生产技术同环境影响之间的关系,对生态效率进行了研究。

知识关联

数据包络法是1978年由 Charnes 和 Cooper 创建的,可广泛使用于生态效率测度。

2. 生态效率的应用

生态效率概念和方法在实践中得到了大量应用,由于研究对象层次的差别和研究目的不同,计算与评价方法也各有差异。目前的应用主要在企业、行业、区域等层面上开展。

(1) 企业层面

生态效率被广泛认可的定义是由 WBCSD 提出的,因而生态效率的研究在各大企业内部进行得也最早,如 BSF 集团、SONY 公司、DAIMLER CHRYSLER 公司、3M 公司等等。企业层面的研究已经形成了从产品设计、工艺、过程到企业整体的纵向梯度发展,力求将生态效率同企业的重大决策以及具体生产过程联系起来,从生态效率评价走向生态效率管理。Park 提出了基于生产者和消费者的生态效率;Aoe 分析了生态效率在电子电气产品中的生

态设计应用问题;Bartolomeo 对产品导向和服务导向的生态效率进行对比分析,结果表明,从产品到服务导向的转变并不总是生态有效的,且存在大量的反弹效应。

(2) 行业层面

开展行业生态效率的研究,不在于指导具体企业的生产和管理,而是在对整个行业整体技术水平把握的基础上,探讨行业生态效率的背后驱动因素,从而在政策上、管理上、技术上对整个行业提出可行的生态效率策略方案。Willison 探究了海洋渔业生物多样性同生态效率的关系;Ingaramo 选取了新鲜水使用效率、水及废水中的化学需氧量3个独立的指标分析了蔗糖产业中水及废水生态效率;Khare 对尼泊尔的铁棒产业生态效率进行了分析;Charmondusit 在 WBCSD 框架指导下,对泰国马塔府产业园中31家石油及石化组织的生态效率进行了评价;Gossling 定义旅游业的生态效率为二氧化碳排放当量同旅游收益之间的比率;Kelly 研究了不同旅游线路的生态效率。

(3) 区域层面

目前,区域以及更大尺度的生态效率评价及管理体系的研究逐渐升温。Salmi 对比分析了产业共生系统与非共生系统的生态效率;Mickwitz 提出了社会、经济、自然三个维度的区域生态效率指标体系;Nigel 建立一个总的生态效率指标作为政策制定者的参考依据;Wursthorn 尝试建立欧洲各国统一的生态效率核算统计框架;Caneghem 从环境影响与经济脱耦的视角,对比利时弗兰德地区的产业系统生态效率趋势进行了研究。

(二) 国内生态效率研究

国内生态效率的研究较国外起步较晚,最早由 Claude Fussler 将生态效率概念引入我国。目前,国内生态效率的研究也取得了积极的进展,在介绍引进国外先进的概念和理论方法的基础上,初步形成了既与国外的研究领域相同又与中国国情相适宜且不同于国外的研究方向。在与国外生态效率研究接轨上,国内学者谭飞燕、何伯述、陆钟武、张炳、程晓红和石琼等分别对企业层面的生态效率进行了研究。

不同于国外生态效率的研究集中于企业层面,我国生态效率研究主要从行业、产业以及更大尺度的省域、国家等层面出发,主要集中在生态效率的评价与测度、生态效率与循环经济、生态效率差异性及影响因素以及生态效率的应用研究。

1. 生态效率的评价与测度

生态效率评价与测度一直是国内研究热点。周国梅通过借鉴生态效率指标体系的内容,对循环经济的评价指标体系进行了初步研究和设计。邱寿丰根据德国环境经济账户中的生态效率指标设计出一套适合度量我国地区协调发展的生态效率指标,并对2005年我国各地经济发展的生态效率进行了实证研究。杨斌将数据包络分析(DEA)方法运用到生态效率的实证研究当中,从宏观角度对中国 2000—2006 年区域生态效率进行测度和评价。刘晶茹从园区作为区域可持续发展的载体、作为生态城市演化的一个特定阶段的视角,提出了复合生态效率的概念,构建了园区复合生态效率评价指标体系,并以郑州经济技术开发区为例,说明了复合生态效率指标在产业园中的应用。

2. 生态效率与循环经济

将生态效率与循环经济相结合引起了学者的广泛兴趣。诸大建引入生态效率的概念揭示循环经济的减物质化本质,提出生态效率是循环经济的合适测度,并根据德国环境经济账户中的生态效率指标构建适合度量我国循环经济发展的生态效率指标,同时还对1990—2005年我国生态效率的发展趋势进行了分析。韩瑞玲以生态效率理论为基础,对我国最早开展循环经济试点的辽宁省的循环经济发展作了综合衡量。

3. 生态效率差异性及影响因素

通过DEA方法以及回归分析对区域生态效率的差异及影响因素研究,成为近年国内的研究热点。陈傲以2000—2006年中国29个省际截面数据为样本,采用因子分析赋权的研究方法评价了中国区域生态效率的差异性,同时还进一步以区域生态效率评价值为因变量分析了环保资金投入、环境政策及产业结构对生态效率的影响。陈武新利用2006年的数据对区域生态效率影响因素进行了实证研究。王恩旭建立了基于DEA模型的生态效率投入产出指标体系,并对中国30个地区1995—2007年的生态效率测度结果按照区域进行了时空差异分析。程翠云利用基于机会成本的经济核算方法对我国2003—2010年的农业生态效率进行总体分析与评价,并利用回归分析农业生态效率的影响因素。

4. 生态效率应用研究

岳媛媛在分析生态效率的概念、内涵与基本原则的基础上,对德国大众汽车、克罗地亚的Lura集团以及葡萄牙的Parmalat公司实施生态效率措施进行分析,并提出我国从国家、企业实施生态效率的对策。夏凯旋在对经济生态效率进行了深入研究基础上提出了基于需求满足的经济生态效率的概念和计算模型。丁宇选用交通经济产出和交通生态足迹作为生态效率的指标,对深圳市交通运输业各阶段生态效率进行了详细的分析。罗能生利用中国1999—2011年省际面板数据,在测度区域生态效率的基础上,通过对IPAT模型扩展建立了面板数据计量模型,对我国区域生态效率与城镇化水平的关系进行了研究。

(三) 国内外生态效率研究述评

在核算方法上,国外已经开始从简单的评价向背后驱动力机制研究转变,并且开始对生态效率的数据质量进行探究。单一比值法、指标体系法以及模型法,各有优缺点,必须根据具体的研究对象以及研究目的选择合适的测度方法。国外在单一比值法和模型法方面,理论和应用都有较大突破,生命周期方法是进行单一比值生态效率分析的成熟工具,而生产率模型也被用于分析生态效率。我国则采用指标体系法的研究较多。在应用层面,国外重点在于研究企业及其产品系统的生态效率,开始将生态效率同产品的生态设计、关键问题辨识、系统开发等融合起来,指导企业走向可持续发展。而我国在企业尺度上应用极少,大多停留在区域及城市层次。主要原因在于,单一比值法需要大量数据支撑,如果没有企业资金和人力支持,很难完成一个比较完整的分析。

第二节 生态效率评价方法

对生态效率进行测度进而评价区域、企业生态效率的高低是生态效率的一个重要研究内容。从生态效率研究进展来看,生态效率评价方法有单一比值法、指标体系法和模型法。由于单一的指标体系核算过于简单,忽略了生态效率其他的投入要素,因此在这里不再阐述。而指标体系法与模型法在国内实践应用中往往是结合在一起。首先通过构建合理的生态效率评价体系,进而选用合适的参数或非参数化的模型对生态效率进行测算,从而得出结果。

一、生态效率评价指标体系的构建

生态效率评价指标体系的构建是基于评价对象的投入与产出,而在投入与产出上,一般以"多投入,单产出"为主要形式,即评价对象时将与对象相关的多种投入要素囊括,而产出一般只有一种,如对旅游产业效率进行评价时,旅游产业投入要素很多,包括资本、人力、土地、能源等,而产出则为旅游产业增加值。通过选取适当的投入产出指标体系,生态效率评价结果才更为科学合理。

（一）投入指标

投入指标是指与评价对象相关的各种投入要素。一般来说在进行生态效率评价时往往考虑的投入要素从以下五个方面进行：第一,资本投入,即投入了多少资本才获得了相应的产出,资本投入要素往往会用货币进行衡量。如对煤炭产业生态效率进行评价时,资本投入往往就是煤炭产业的固定资产原值。第二,人力投入,该投入要素的衡量有两种,一是直接用劳动力人口数量进行衡量,二是用人力资本进行衡量。比如在进行区域生态效率评价时,有学者习惯用区域的从业人口数衡量人力投入要素,而有的学者则从从业人口的受教育程度进行考量,进而测算出人力资本投入。然而由于数据的可获得性,尤其是进行中小尺度的生态效率评价时,以从业人口数量衡量人力投入要素依然占据主导地位。第三,能源投入,这个是生态效率评价的关键指标,也是区别于效率评价的特征之一。能源投入一般以能源消费量进行衡量,在我国现行的统计口径下表现为"吨·标准煤"。第四,土地投入,土地投入主要是衡量用地的投入面积。第五,水投入,即一定时期内评价对象的用水总量。

（二）产出指标

由于生态效率不仅要考虑经济产出,还要考虑环境产出,因而其产出指标一般分为两类,一类是合意性产出(desired output),一类是非合意性产出(undesired output)。合意性产出主要是指经济产出,主要有评价对象的产值、增加值等等;而非合意性产出主要是指环境产出,包括因生产导致的废水、废气、固体废弃物的排放等等。由于非合意性产出是越少越好,而合意性产出是越多越好,因此在实践中往往将非合意性产出作为投入要素处理。

（三）环境经济核算

国内生态效率评价指标体系的建立主要是基于德国的环境经济核算账户。德国环境经济核算体系(如表6-2所示)采用了**联合国的综合环境经济核算账户（SEEA）**(如表6-3所示)的基本理论和原则,框架结构主要是依据人类经济活动与自然环境之间相互影响、相互制约关系的原理,由环境压力、环境状态和环境反应三部分组成。

SEEA 是国民经济核算体系（SNA）的卫星账户体系,是可持续发展经济思路下的产物,主要用于在考虑环境因素的影响条件下实施国民经济核算。

表6-2 德国环境经济核算基本框架[①]

环境压力	环境状态	环境反应
流量核算（实物量）	自然资源存量核算（实物量）	环境保护价值量核算
经济范围内的原材料核算 能源核算 大气污染排放核算 废水核算 投入产出核算	建筑用地与交通用地核算 农业占地使用强度核算 森林资源核算 生态研究	环境保护支出核算 环境税费核算
部分分析报告： 交通与环境分析报告　农业与环境分析报告　私人、住户与环境分析报告		

表6-3 联合国综合环境经济核算账户

	经济活动					环境
	生产	国外	最终消费	经济资产		其他非生产自然资产
				生产资产	非生产资产	
期初资产存量				K0p. ec	K0np. ec	
供给	P	M				
经济使用	Ci	X	C	Ig		
固定资本消耗	CFC			−CFC		
国内生产净值	NDP	X2M	C	I		
非生产自然资产使用	Usenp				−Usenp. ec	−Usenp. env
非生产自然资产的其他积累					Inp. ec	−Inp. env
货币量形式的环境核算中的环境调整的总量	EDP	X2M	C	Ap. ec	Anp. ec	−Anp. env
持有损益				Revp. ec	Revnp. ec	
资产物量的其他变化				Volp. ec	Volnp. ec	
期末资产存量				K1p. ec	K1np. ec	

二、生态效率评价模型

（一）DEA模型

DEA（data envelopment analysis）模型由查尔斯、库珀和罗兹（Charnes, Cooper,

---

① 吴优. 德国的环境经济核算[J]. 中国统计, 2005(6): 46-47.

Rhodes)于论文中首先提出,即 CCR 模型,该模型以投入导向为前提,假定规模收益不变。但是由于该模型假定生产商均在最优规模状态下,这与实际情况不太一致。因此有学者如法尔、格罗斯克夫和洛根以及班克、查尔斯和库珀在对 CCR 模型进行改进的基础上提出了 BCC 模型:

$$\max_{u,v}(u'q_i)$$
$$v'x_i = 1$$
$$St: u'q_j - v'x_j \leqslant 0, j = 1, 2, \cdots, I \quad (1)$$
$$u, v \geqslant 0$$

其中,I 表示投入主体,x_i 表示第 i 个主体的投入向量,q_i 表示第 i 个主体的产出向量,u 表示产出权数的向量,v 表示投入权数的向量。

利用线性规划的对偶性,推导出式(2)

$$\min_{\theta,\lambda}\theta$$
$$St: \begin{aligned} -q_i + Q\lambda &\geqslant 0 \\ \theta x_i + X\lambda &\geqslant 0 \\ I1'\lambda &\leqslant 1 \\ \lambda &\geqslant 0 \end{aligned} \quad (2)$$

其中,X 表示所有 I 个主体的投入矩阵,Q 表示所有 I 个主体的产出矩阵,λ 表示一个 $I \times 1$ 的常数向量,$I1'\lambda = 1$ 是一个凸性约束条件。

(二) SFA(stochastic frontier analysis)模型

SFA 模型是由艾格纳、洛夫尔和施密特(Aigner, Lovell, Schmidt)以及穆森和布勒克(Meeusen, Van Den Broeck)提出的。SFA 的一般函数模型如下:

$$lnq_i = x'_i\beta + v_i - u_i, i = 1, 2, \cdots, I \quad (3)$$

式(3)中,q_i 表示第 i 个主体产出,x'_i 表示第 i 个主体的投入对数组成的向量,β 表示未知参数向量,v_i 表示统计噪声的对称随机误差项,$v_i \sim iidN(0,\delta_v^2)$。$u_i$ 表示作用于第 i 个主体的随机冲击变量,当 $u_i=0$ 时,该个体就恰好处于生产前沿上,即处于技术效率状态;当 $u_i>0$ 时,该个体则处于生产前沿下方,因而处于非技术效率状态。

$$TE_{it} = \exp(-u_{it}) \quad (4)$$
$$u_{it} = \exp[-\eta \cdot (t-T)] \cdot u_i \quad (5)$$

式(4)中,TE_{it} 表示第 t 年度第 i 个主体的生态效率水平,当 $u_{it}=0$ 时,$TE=1$,则该主体生态效率恰好处于生产前沿上,即处于技术效率状态;当 $u_{it}>0$ 时,$0<TE<1$,则该主体处于生产前沿下方,因而处于非效率状态。

式(5)中,η 是待估参数,当 $\eta>0$ 时表示生态效率随着时间的变化会以递增的速率减少;当 $\eta<0$ 时生态效率随着时间的变化会以递增的速率提升;当 $\eta=0$ 时,则表示生态效率不随时间发生变化。

Battese 和 Coelli 在 SFA 模型中通过设定方差参数 $\gamma = \delta_u^2/(\delta_u^2 + \delta_v^2)$ 来检验复合扰动项中技术非效率项所占比重,如果 γ 接近于 0 则表示模型中的误差来自于随机误差,此时不必使用 SFA 方法进行估计,只需用 OLS 方法估计即可;如果 γ 接近于 1,表示模型中的误差主要来源于技术非效率。

（三）三阶段 DEA 评价方法

三阶段 DEA 模型是由 Fried 等提出的一种能够更好地评估决策单元效率的方法。三阶段 DEA 模型主要分为三个阶段：第一阶段，通过传统的 DEA 模型计算出决策单元的效率值。但是由于传统 DEA 模型并未将外部环境因素、随机因素和管理效率三部分对效率值的影响进行区分，因此在第二阶段中用 SFA 模型，进一步从中剔除外部环境因素和随机因素的影响，同时得到调整后投入产出的数据。第三阶段则将调整后的投入产出数据代入传统 DEA 模型，进而得到的各决策单元的效率值即为剔除了外部环境因素和随机因素影响后的效率值。

三、生态效率的实践应用——以长江中游城市生态效率研究为例

（一）生态效率评价指标体系构建

生态效率评价指标体系以生态效率为基础，它由一系列相互联系而又独立的指标构成。这些指标需要综合反映产业的投入与产出状况。根据生产函数 $Y=F(K,L)$，本研究投入要素包括资本、劳动力、水、能源和土地，产出则包括经济产出和环境产出。由于环境产出是非合意性产出（undesired output），因此为便于计算，将环境相关指标作为投入要素进行处理。表 6-4 所示为生态效率评价指标体系。

表 6-4　生态效率评价指标体系

类　别	指　标	说　明	衡量单位
合意性产出	经济产出	国内生产总值	亿元
非合意性产出	环境产出	工业废水排放量	万吨
		工业 SO_2 排放量	万吨
		固体废弃物利用率	%
		工业烟粉尘排放量	万吨
投入要素	资本	固定资产投资额	亿元
	劳动力	就业人数	万人
	能源	能源消费量	万吨·标准煤
	土地	建成区面积	平方公里
	水	用水量	亿立方米

（二）生态效率评价指标选取

1. 投入指标

投入指标主要考察生产过程中投入要素的多少，为此选取了能反映投入的资本、劳动力、能源、土地和水五个子指标。其中资本用固定资产投资额进行衡量，它能反映该区域固定资产投资规模、速度与质量，能体现该区域固定资产投资效果；劳动力使用就业人数进行衡量，它能反映出某一时期区域的可用劳动力总数；能源用地区能源消费总量进行衡量，它

能体现出该区域各产业对能源的需求,以及反映区域的能源消费状况;土地用城市建成区面积进行衡量,该指标能体现区域建设用地投入量;水则采用地区用水总量进行衡量,该指标主要反映区域一定时期生产、生活与生态用水情况。

2. 产出指标

产出指标主要包含合意性产出指标与非合意性产出指标两大类。合意性产出指标主要指经济产出,即地区国内生产总值,它反映出该区域一定时期内经济的总产出,投入越少、产出越大,则说明该地区的生产效率越高。非合意性产出指标主要指环境产出,本研究采用工业三废指标,即工业废水排放量、工业 SO_2 排放量、固体废弃物利用率和工业烟粉尘排放量,它们反映出该区域一定时期内产业对环境造成的负面影响。

3. 指标处理

由于非合意性产出指标与生态效率指标呈现负相关关系,因此本研究在进行研究时将非合意性产出指标的工业废水排放量、工业 SO_2 排放量和工业烟粉尘排放量作为投入指标。固体废弃物排放量则用固体废弃物利用率替代后作为投入指标。由于湖北仙桃、潜江、天门相关指标暂缺,因此将其剔出,研究的样本量为 34 个城市。以上所有投入指标、产出指标具体数据均来自《湖北统计年鉴》(2011—2013 年)、《湖南统计年鉴》(2011—2013 年)、《江西统计年鉴》(2011—2013 年)、《安徽统计年鉴》(2011—2013 年)和《中国城市统计年鉴》(2011—2013 年)。

由于 DEA 模型各投入变量之间可能存在较强的相关性,因而会影响 DEA 的计算结果,所以本研究将先对数据各变量的相关性进行检验。如果各变量之间存在较强的相关性,将通过提取主成分的方法,建立基于主成分分析的投入产出数据库,这种处理方法既能降低变量间的相关性,又能保证各变量的信息完整,从而使得 DEA 计算结果更为科学。数据处理框架如图 6-3 所示。

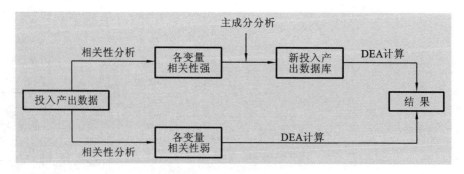

图 6-3 数据处理框架

(三) 长江中游城市群产业生态效率分析

1. 指标的相关性分析

在计算长江中游城市群产业生态效率之前,首先运用 SATA12 对长江中游城市群 34 个城市 2010—2012 年各指标的相关性进行分析。相关性分析能衡量两个变量因素的相关密切程度,相关系数越大表示变量关联越密切。

从表 6-5 可知,除 X_8(工业烟粉尘)、X_9(固体废弃物利用率)两个指标与其他指标相关性较弱,其余指标相互之间相关性较强,数据之间可能存在共线性的问题。因此,需要通过主成分分析的方法对各投入变量进行处理。

表 6-5 2010—2012 年投入产出指标 Pearson 相关系数

指标	Y	X_1	X_2	X_3	X_4	X_5	X_6	X_7	X_8	X_9
Y	1.000									
X_1	0.9623**	1.000								
X_2	0.6227**	0.5924**	1.000							
X_3	0.9228**	0.8674**	0.5212**	1.000						
X_4	0.5769**	0.5366**	0.8316**	0.4980**	1.000					
X_5	0.9308**	0.9489**	0.5292**	0.8772**	0.4425**	1.000				
X_6	0.5446**	0.4477**	0.3967**	0.6487**	0.4453**	0.5306**	1.000			
X_7	0.2476*	0.1835	0.0888	0.3496**	0.2313*	0.2604**	0.4730**	1.000		
X_8	0.1318	0.1793	0.0849	0.0563	0.1027	0.0863	0.0041	0.0127	1.000	
X_9	0.1753	0.1513	−0.0244	0.1775	0.0623	0.2119*	0.1165	−0.0122	−0.0457	1.000

注:"**"、"*"分别表示在 1% 和 5% 的水平上显著。Y——GDP;X_1——固定资产;X_2——从业人员;X_3——能源消费;X_4——用水总量;X_5——建成区面积;X_6——工业废水;X_7——工业二氧化硫;X_8——工业烟粉尘;X_9——固体废弃物利用率。

2. 主成分分析

在进行**主成分分析**之前,首先对数据进行标准化处理,具体按照 $x'_{ij} = \dfrac{x_{ij} - \min x_{ij}}{\max x_{ij} - \min x_{ij}}$ 进行无量纲化处理,处理后的数据的值全部位于 [0,1] 之间。利用 SPSS17.0,对数据进行检验,KMO 值均大于 0.7,因此可以进行主成分分析。按照特征值大于 1 标准提取,提取 2010—2012 年之间的主成分,总共有三个主成分:F_1、F_2 和 F_3,累计解释贡献率为 77%。因此可以用 F_1、F_2 和 F_3 来代表 9 个投入指标的大多数信息。

知识关联

主成分分析(PCA)是将多个变量通过线性变换以选出较少个数重要变量的一种多元统计分析方法。

通过对三个主成分得分的计算,得到 2010—2012 年各主成分的得分,但是由于主成分得分可能会出现负数,因此需要对主成分得分数据进行处理,使其全部为正以满足 DEA 计算的要求。按照 $F'_{ij} = 0.1 + 0.9 * \dfrac{F_{ij} - \min F_{ij}}{\max F_{ij} - \min F_{ij}}$ 进行处理,结果如表 6-6 所示。

表 6-6 处理后的投入数据(2010 年)

城市	F_1	F_2	F_3	城市	F_1	F_2	F_3
武汉	1.0000	0.4425	0.6304	鹰潭	0.1936	0.1371	0.2623
黄石	0.2221	0.4343	0.6592	上饶	0.1000	1.0000	0.3224
黄冈	0.2676	0.5405	0.1000	新余	0.2367	0.1700	0.5148

续表

城市	F_1	F_2	F_3	城市	F_1	F_2	F_3
咸宁	0.2436	0.1750	0.1928	抚州	0.2220	0.3646	0.3630
孝感	0.2953	0.4124	0.3047	宜春	0.2850	0.5358	0.6302
鄂州	0.2233	0.1000	0.3877	吉安	0.2996	0.5066	0.5226
长沙	0.6620	0.4021	0.3332	合肥	0.6093	0.2061	0.1415
株洲	0.3349	0.4244	0.4399	芜湖	0.3407	0.1498	0.5360
湘潭	0.3195	0.2723	0.5728	马鞍山	0.2349	0.3652	1.0000
岳阳	0.3918	0.4641	0.5174	铜陵	0.1836	0.2284	0.4610
益阳	0.2797	0.3258	0.5533	安庆	0.3362	0.4907	0.1293
衡阳	0.3220	0.6548	0.4928	池州	0.1720	0.1973	0.3363
娄底	0.3171	0.3324	0.6126	滁州	0.2653	0.2911	0.5473
常德	0.3584	0.5680	0.4340	宣城	0.2541	0.1808	0.4676
南昌	0.4887	0.3867	0.3060	六安	0.2230	0.6341	0.1179
九江	0.2457	0.6289	0.6972	淮南	0.2558	0.2971	0.9222
景德镇	0.2314	0.1607	0.3445	蚌埠	0.2916	0.2293	0.2117

3. DEA 分析

将长江中游城市群各指标投入产出原始数据代入 DEAP2.1 软件当中,采用规模效率可变模型(VRS)计算得到表 6-7。从表 6-7 中可以看出,未经处理的原始数据代入 DEAP 软件后,武汉、长沙、岳阳、常德、南昌、鹰潭、上饶、吉安八个城市 2010—2012 年的产业生态效率全部为 1,黄冈、孝感、衡阳、娄底、抚州、合肥、马鞍山七个城市至少有一年产业生态效率为 1。

表 6-7　2010—2012 年长江中游城市群产业生态效率

城市	2010	2011	2012	城市	2010	2011	2012
武汉	1.000	1.000	1.000	鹰潭	1.000	1.000	1.000
黄石	0.813	0.814	0.787	上饶	1.000	1.000	1.000
黄冈	0.870	1.000	1.000	新余	0.793	0.921	0.816
咸宁	0.727	0.612	0.602	抚州	1.000	1.000	0.984
孝感	1.000	0.977	1.000	宜春	0.913	0.821	0.832
鄂州	0.806	0.807	0.741	吉安	1.000	1.000	1.000
长沙	1.000	1.000	1.000	合肥	1.000	0.963	0.969
株洲	0.910	0.928	0.912	芜湖	0.903	0.928	0.911
湘潭	0.788	0.862	0.799	马鞍山	1.000	0.748	0.704
岳阳	1.000	1.000	1.000	铜陵	0.884	0.936	0.855

续表

城市	2010	2011	2012	城市	2010	2011	2012
益阳	0.830	0.836	0.879	安庆	0.818	0.837	0.833
衡阳	1.000	1.000	0.930	池州	0.556	0.656	0.639
娄底	0.904	1.000	1.000	滁州	0.840	0.835	0.814
常德	1.000	1.000	1.000	宣城	0.718	0.686	0.688
南昌	1.000	1.000	1.000	六安	0.837	0.853	0.820
九江	0.963	0.810	0.782	淮南	0.776	0.706	0.688
景德镇	0.947	0.918	0.892	蚌埠	0.868	0.826	0.799

将经过主成分分析处理后的投入产出数据代入DEAP2.1软件当中,采用规模效率可变模型(VRS),得到图6-4、表6-8。

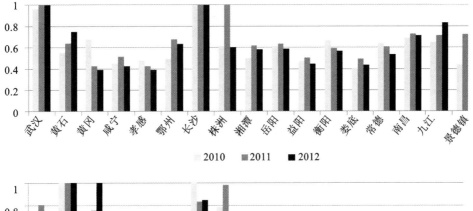

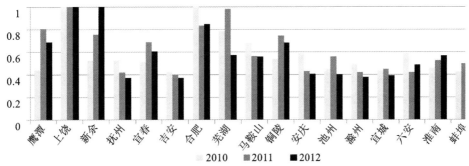

图6-4　2010—2012年长江中游城市群产业生态效率(PCA-DEA)

从图6-4可以看出2010—2012年间长沙、上饶的产业生态化效率最高,均为1,位于生产的前沿面上。武汉、合肥的产业生态化效率紧随其后,其中武汉2011年、2012年的产业生态化效率为1,合肥2010年的产业生态化效率为1。其余城市中,黄石、九江、新余、淮南四个城市产业生态化效率逐年提高,而黄冈、孝感、衡阳、常德、抚州、吉安、马鞍山、安庆、滁州九个城市产业生态效率逐年降低。可见长江中游城市群各城市产业生态效率差异较大,还需要进一步优化提升,增加城市群的整体竞争力。

表 6-8　长江中游城市群分区域产业生态效率

地区	2010年			2011年			2012年		
	TE	PE	SE	TE	PE	SE	TE	PE	SE
湖北	0.601	0.938	0.641	0.608	0.924	0.659	0.590	0.933	0.633
湖南	0.603	0.787	0.766	0.673	0.875	0.769	0.590	0.878	0.672
江西	0.581	0.861	0.674	0.690	0.914	0.755	0.683	0.939	0.727
安徽	0.581	0.924	0.629	0.588	0.936	0.627	0.526	0.932	0.564
均值	0.595	0.878	0.678	0.641	0.912	0.703	0.597	0.920	0.649

注：TE 表示综合技术效率，PE 表示纯技术效率，SE 表示规模技术效率，且 TE＝PE＊SE。

从长江中游城市群整体层面来看（见表 6-8），2011 年的产业生态效率较 2010 年有所提升，但是 2012 年产业生态效率又出现了下降。但是从纯技术效率来看，2010—2012 年长江中游城市群的平均纯技术效率从 0.878 上升到 0.920，可见产业生态效率低的原因主要是各城市规模效率较低，而非技术的无效性。从长江中游城市群各城市所属地区来看，湖北、湖南、江西、安徽四省的城市产业生态效率均是先上升后下降，其中湖北、湖南和安徽 2012 年的产业生态效率均低于 2010 年，这其中主要原因在于湖北、湖南、安徽三省各城市 2012 年的平均规模技术效率低于 2010 年。

知识活页　中国省市区生态文明水平报告

自 2009 年开始，以北京大学杨开忠教授为首席科学家的北京大学中国生态文明指数（ecology civilization index，ECI）研究小组开始对各省区市生态文明水平进行研究，并推出相关研究报告。在 2009—2013 年的中国省市区生态文明水平报告中，课题组以生态效率指数（EEI）作为核心指标，它用来衡量一个地区消耗单位生态资源所换取的经济发展程度，表征了一个地区生态资源的利用效率。该指标单纯强调经济活动对全球生态冲击程度的最小化，忽视了地方自然环境质量的好坏，不能够完全代表生态文明指数。

为适应人们对生态文明发展的新期待和国家生态文明建设的新要求，进一步体现生态文明以人为本的原则，在 2014 年中国省市区生态文明水平报告中，该研究组尝试在原有生态文明指数的基础上，在兼顾生态效率的同时，将环境质量因素纳入生态文明评价的范围，进而使生态文明指数更加完善。

2014 年中国省（直辖市、自治区）生态文明指数

排名	省（直辖市、自治区）	ECI	排名	省（直辖市、自治区）	ECI
1	福建	1	16	吉林	0.6918
2	海南	0.9531	17	江西	0.6846
3	上海	0.9220	18	天津	0.6744

续表

排名	省(直辖市、自治区)	ECI	排名	省(直辖市、自治区)	ECI
4	北京	0.9179	19	青海	0.6337
5	广东	0.8627	20	湖北	0.6286
6	浙江	0.8570	21	黑龙江	0.6210
7	江苏	0.7896	22	四川	0.6207
8	重庆	0.7775	23	辽宁	0.6167
9	云南	0.7344	24	内蒙古	0.6031
10	贵州	0.7285	25	宁夏	0.5983
11	山东	0.7278	26	河南	0.4874
12	甘肃	0.7223	27	新疆	0.4840
13	湖南	0.7085	28	陕西	0.4481
14	广西	0.6997	29	山西	0.4469
15	安徽	0.6966	30	河北	0

根据生态文明指数、生态效率指数、环境质量指数三项排名及其关系,研究组将30个省(直辖市、自治区)分为五类:综合平衡型、环境质量主导型、环境质量制约型、生态效率主导型、生态效率制约型。杨开忠通过《中国经济周刊》提出:不同类型的省份应有针对性地确定建设重点,朝着生态效率和环境质量全面提升的生态文明方向发展。

资料来源:根据《2014生态文明报告出炉 福建超越北京排名第一》整理。http://fj.qq.com/a/20140702/020117_all.htm#page2。

第三节 旅游生态效率

一、旅游生态效率内涵

关于旅游生态效率研究的思想最早可追溯到旅游可持续发展。旅游可持续发展强调在发展旅游的同时不损害后代人的利益,旅游生态效率则更注重以更小的投入获得更大的产出。国外对旅游生态效率研究具有代表性的学者是 Stefan Gossling,他以 rocky mountain national park、Amsterdam、France、Seychelles 和 Val di Merse 为例,通过计算二氧化碳排放量与旅游收入的比值得到了上述五个案例的旅游生态效率值。国内对旅游生态效率的研究以饭店、景区生态效率为主。其基本思路也是通过测算旅游者在酒店或景区的能源消费或碳排放来计算生态效率值。对于区域层面的旅游生态效率,由于不能获取能源消费数据,因而实证研究较少。

旅游生态效率实际上描述的是旅游投入与旅游产出的关系。对旅游企业来说，旅游生态效率能反映出企业在节能减排、可持续发展上的变化；对于旅游目的地来说，旅游生态效率能反映出旅游产业投入产出对环境影响的变化。

二、旅游生态效率评价指标体系

旅游生态效率评价指标体系由目标层、准则层与要素层三部分组成（如图6-5所示）。根据生态效率的定义，旅游生态效率评价指标分为投入要素指标与产出要素指标。它们均从自然、经济和社会三个角度对指标进行细化。

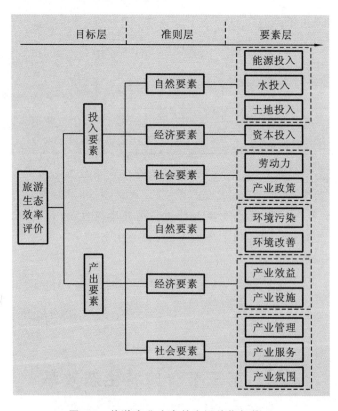

图6-5　旅游产业生态效率评价指标体系

投入要素的指标中将能源、水和土地投入纳入自然要素层，将资本投入纳入经济要素层，将劳动力和产业政策纳入社会要素层。其中资本投入主要涉及旅游固定资产投资与城市基础设施投资；劳动力投入涉及旅游从业人员及受教育程度；产业政策则包括旅游支持政策及其他相关产业支持政策。

产出要素除了借鉴生态效率指标中的自然作为废弃物和污染物的排放池和经济产出外，还将环境改善、产业效益、产业设施、产业管理、产业服务和产业氛围考虑进去。自然要素层由环境污染（自然作为废弃物和污染物的排放池）和环境改善组成。环境污染由废气、废水、固体废弃物和烟尘排放量来衡量；环境改善则通过森林覆盖率、绿地覆盖率、大气环境质量、水环境质量、土壤环境质量的变化来反映。经济要素层由产业效益与产业设施构成。

产业效益包括旅游产业总产值、旅游产业增加值、旅游品牌数量、旅游产品多样性;产业设施则包括旅游酒店数量、旅游景区数量、旅行社数量、城市综合体数量。社会要素层则由产业管理、产业服务和产业氛围组成。产业管理主要涉及产业管理目标达标率、游客反馈与投诉机制和旅游宣传教育力度;产业服务包括旅游服务质量水平和游客满意度;产业氛围则由居民出游率、居民对旅游产业认知程度和居民对旅游产业支持程度组成。

进一步分解要素层后选取了 34 个评价指标,并由此构建由目标层、准则层、要素层和指标层所构成的旅游产业生态效率综合评价体系。该指标体系第一层为目标层,即旅游产业生态效率综合评价,用符号 S 表示。第二层为准则层,包括投入要素和产出要素,分别用 A、B 来表示,投入与产出要素不同的三个维度分别用 A_{11}、A_{12}、A_{13} 和 B_{11}、B_{12}、B_{13} 表示。第三层为要素层,是对准则层的进一步细化,其中自然要素层(投入)的能源、水、土地分别用 A_{111}、A_{112}、A_{113} 表示;经济要素层(投入)的资本用 A_{121} 表示;社会要素层(投入)的劳动力与产业政策用 A_{131}、A_{132} 表示。自然要素层(产出)的环境污染和环境改善用 B_{111}、B_{112} 表示;经济要素层(产出)的产业效益与产业设施用 B_{121}、B_{122} 表示;社会要素层(产出)的产业管理、产业服务和产业氛围用 B_{131}、B_{132}、B_{133} 表示。第四层为指标层,见表 6-9。

表 6-9 旅游生态效率评价指标体系

目标层	准则层	要素层		指标层
旅游生态效率评价指标体系(S)	投入要素(A)	自然要素(A_{11})	能源投入(A_{111})	旅游产业能源消费总量(A_{1111})
			水投入(A_{112})	旅游产业水消费总量(A_{1121})
			土地投入(A_{113})	旅游产业用地总面积(A_{1131})
		经济要素(A_{12})	资本投入(A_{121})	旅游产业固定投资额(A_{1211})
				城市基础设施投资额(A_{1212})
		社会要素(A_{13})	劳动力投入(A_{131})	旅游产业从业人员数量(A_{1311})
				旅游产业人员受教育程度(A_{1312})
			产业政策(A_{132})	旅游产业支持政策(A_{1321})
				相关产业支持政策(A_{1322})
	产出要素(B)	自然要素(B_{11})	环境污染(B_{111})	废气排放量(B_{1111})、废水排放量(B_{1112})、固体废弃物排放量(B_{1113})、烟尘排放量(B_{1114})
			环境改善(B_{112})	森林覆盖率(B_{1121})、绿地覆盖率(B_{1122})、大气环境质量(B_{1123})、水环境质量(B_{1124})、土壤环境质量(B_{1125})
		经济要素(B_{12})	旅游产业效益(B_{121})	旅游产业总产值(B_{1211})、旅游产业增加值(B_{1212})、旅游品牌数量(B_{1213})、旅游产品多样性(B_{1214})
			旅游产业设施(B_{122})	旅游景区数量(B_{1221})、旅游酒店数量(B_{1222})、旅行社数量(B_{1223})、城市综合体数量(B_{1224})
		社会要素(B_{13})	旅游产业管理(B_{131})	产业管理目标达标率(B_{1311})、游客反馈与投诉机制(B_{1312})、旅游宣传教育力度(B_{1313})
			旅游产业服务(B_{132})	旅游服务质量水平(B_{1321})、游客满意度(B_{1322})
			旅游产业氛围(B_{133})	居民出游率(B_{1331})、居民对旅游产业认知程度(B_{1332})、居民对旅游产业支持程度(B_{1333})

三、旅游生态效率评价方法

(一)指标权重确定

本研究采用层次分析法(analytical hierarchy process),并引入了1~9比率标度的方法,即判断矩阵中的值根据重要程度按1~9进行赋值,通过两两逐对比较指标的相对重要性,完成参数模型(见表6-10)。选择旅游学科研究领域的专家、人口资源环境经济学教授和长期从事相关专业的具体工作者等18人共同组建专家小组,对准则层、要素层、指标层三个层面的同一层指标相互的重要性程度做出 $n(n-1)/2$ 次判断,构建出重要性判断矩阵,再利用yaahp v0.5.0软件一致性检验模块计算得出上述重要性判断矩阵构造的不一致性最大值0.0067,最小值0.00015,均小于0.01,模型构架合理,利用数据导出各指标权重(见表6-11)。

知识关联

层次分析法(AHP)是将与决策总是有关的元素分解成目标、准则、方案等层次,在此基础之上进行定性和定量分析的决策方法。

表6-10 1~9标度及其描述

标度	定义	标度	定 义
1	相同重要	9	一因素比另一因素极端重要
3	稍微重要	2、4、6、8	两相邻判断的中值
5	明显重要	倒数	权重定义与因素值不变,相应的标度次序为1/9,1/7,1/5,
7	强烈重要		1/3,1;两相邻判断的中值为:1/8,1/6,1/4,1/2

表6-11 旅游生态效率评价指标权重

目标层	准则层	要素层	权重	指 标 层	权重
旅游生态效率评价指标体系(S)	投入要素(A) 1.0	自然要素(A_{11})(0.37)	能源投入(A_{111}) 0.41	旅游产业能源消费总量(A_{1111})	1.0
			水投入(A_{112}) 0.25	旅游产业水消费总量(A_{1121})	1.0
			土地投入(A_{113}) 0.34	旅游产业用地总面积(A_{1131})	1.0
		经济要素(A_{12})(0.35)	资本投入(A_{121}) 1.0	旅游产业固定投资额(A_{1211})	0.68
				城市基础设施投资额(A_{1212})	0.32
		社会要素(A_{13})(0.28)	劳动力投入(A_{131}) 0.76	旅游产业从业人员数量(A_{1311})	0.57
				旅游产业人员受教育程度(A_{1312})	0.43
			产业政策(A_{132}) 0.24	旅游产业支持政策(A_{1321})	0.74
				相关产业支持政策(A_{1322})	0.26

续表

目标层	准则层	要素层	权重	指标层	权重
旅游生态效率评价指标体系（S）	产出要素（B）1.0	自然要素（B$_{11}$）（0.45）	环境污染（B$_{111}$） 0.67	废气排放量（B$_{1111}$）	0.26
				废水排放量（B$_{1112}$）	0.31
				固体废弃物排放量（B$_{1113}$）	0.18
				烟尘排放量（B$_{1114}$）	0.25
			环境改善（B$_{112}$） 0.33	森林覆盖率（B$_{1121}$）	0.17
				绿地覆盖率（B$_{1122}$）	0.14
				大气环境质量（B$_{1123}$）	0.20
				水环境质量（B$_{1124}$）	0.26
				土壤环境质量（B$_{1125}$）	0.23
		经济要素（B$_{12}$）（0.36）	旅游产业效益（B$_{121}$） 0.73	旅游产业总产值（B$_{1211}$）	0.36
				旅游产业增加值（B$_{1212}$）	0.31
				旅游品牌数量（B$_{1213}$）	0.19
				旅游产品多样性（B$_{1214}$）	0.14
			旅游产业设施（B$_{122}$） 0.27	旅游景区数量（B$_{1221}$）	0.30
				旅游酒店数量（B$_{1222}$）	0.26
				旅行社数量（B$_{1223}$）	0.21
				城市综合体数量（B$_{1224}$）	0.23
		社会要素（B$_{13}$）（0.19）	旅游产业管理（B$_{131}$） 0.31	产业管理目标达标率（B$_{1311}$）	0.52
				游客反馈与投诉机制（B$_{1312}$）	0.21
				旅游宣传教育力度（B$_{1313}$）	0.27
			旅游产业服务（B$_{132}$） 0.40	旅游服务质量水平（B$_{1321}$）	0.52
				游客满意度（B$_{1322}$）	0.48
			旅游产业氛围（B$_{133}$） 0.29	居民出游率（B$_{1331}$）	0.37
				居民对旅游产业认知程度（B$_{1332}$）	0.27
				居民对旅游产业支持程度（B$_{1333}$）	0.36

（二）综合评价

旅游生态效率评价指标体系中的每一个单项指标都是从各个不同侧面反映旅游生态效率。本研究采用多目标线性加权函数法即常用的综合评分法对其全貌进行综合评价，计算公式如下：

$$S = \sum_{i=1}^{m} \Big[\sum_{j=1}^{n} \Big(\sum_{k=1}^{q} M_k * W_k \Big) * N_j \Big] * P_i \tag{6}$$

借鉴世界可持续发展工商理事会（WBCSD）提出的生态效率计算公式：

$$生态效率 = \frac{产品或服务的价值}{环境影响} \tag{7}$$

基于生态文明的旅游生态效率考虑了社会、经济、自然三大维度,因而其计算公式变形为:

$$旅游产业生态效率(TE) = \frac{产出要素(SB)}{投入要素(SA)} \tag{8}$$

其中 SA 代表投入要素综合评价得分;SB 代表产出要素综合评价得分。指标体系建立后,依据此评价体系制定打分细则,按每项最高分 100 分计算,由公式(6)计算得出 SA 与 SB 的得分,其中 SA 得分通过对 9 个指标的综合评价得来,SB 通过对 25 个指标的综合评价得来。最后再由公式(8)计算出旅游生态效率。

第四节 旅游产业效率

一、旅游产业效率内涵

旅游产业效率是测度旅游产业发展水平的指标。国内关于旅游产业效率的研究主要以效率值计算及其影响因素研究为主,张根水、朱顺林、熊伯坚、朱承亮,岳宏志、陈芳分别运用 DEA 方法对我国某一地区或全国各地区的旅游产业效率进行了测算。于秋阳、冯学钢、岳宏志、朱承亮、胡丽丽、张广海、冯英梅等对旅游产业效率差异及影响因素进行了研究。

旅游产业效率是旅游产业的生产效率,它刻画的是旅游产业的投入产出比;而旅游生态效率关注的是旅游产业生产过程中对环境的影响,它除了反映旅游产业的生产效率,还反映出旅游产业的生态化、可持续发展程度。

二、旅游产业效率测算

以我国 2000—2009 年 31 个省区为研究对象,对其旅游产业效率进行测算。测算方法以 SFA 为主。根据柯布-道格拉斯的生产函数 $Y = F(K, L)$,我国区域旅游产业效率评价的模型为:

$$\ln Y_{it} = \beta_0 + \beta_1 \cdot \ln K_{it} + \beta_2 \cdot \ln L_{it} + \nu_{it} - u_{it}$$
$$TE_{it} = \exp(-u_{it})$$
$$\gamma = \delta_u^2 / (\delta_u^2 + \delta_v^2)$$
$$u_{it} = \exp[-\eta \cdot (t - T)] \cdot u_i$$

资本投入量 K 用固定资产投入量(单位:元)进行衡量;劳动力投入量 L 用旅游产业从业人员数量(单位:人)进行衡量;旅游产业产出 Y 用旅游产业总收入(单位:元)进行衡量。研究中数据均来源于中国经济与社会发展统计数据库以及《中国旅游统计年鉴》(2001—2010 年)。根据研究模型,运用 Frontier4.1 软件对我国 2000—2009 年旅游产业效率进行计算,结果如表 6-12、表 6-13、表 6-14。其中表 6-12 显示了我国区域旅游产业效率 SFA 模型估计结果;表 6-13 显示了我国各省区旅游产业效率值;表 6-14 显示了我国东中西部地区旅游产业效率值。

表 6-12 我国区域旅游产业效率 SFA 模型估计

变　量	待估参数	系　数	t 统计值
常数项	β_0	8.00	17.16
$\ln K$	β_1	0.2994	5.22
$\ln L$	β_2	0.0783	11.24
γ	—	0.8359	30.94
u	—	0.4871	5.87
η	—	0.0638	16.76
LR（最大似然估计）		353.21	

表 6-13 我国各省区旅游产业效率（2000—2009 年）

地区	旅游产业效率评价值									
	2000	2001	2002	2003	2004	2005	2006	2007	2008	2009
北京	0.524	0.545	0.566	0.586	0.606	0.625	0.643	0.661	0.678	0.694
天津	0.501	0.523	0.544	0.565	0.585	0.605	0.624	0.642	0.660	0.677
河北	0.335	0.359	0.382	0.405	0.429	0.452	0.474	0.497	0.519	0.540
山西	0.285	0.308	0.331	0.355	0.378	0.402	0.425	0.448	0.471	0.493
内蒙古	0.269	0.292	0.315	0.338	0.362	0.385	0.408	0.432	0.455	0.477
辽宁	0.407	0.430	0.453	0.476	0.498	0.520	0.541	0.562	0.583	0.602
吉林	0.253	0.275	0.298	0.321	0.345	0.368	0.391	0.415	0.438	0.461
黑龙江	0.321	0.344	0.367	0.391	0.414	0.437	0.460	0.483	0.505	0.527
上海	0.563	0.583	0.603	0.622	0.641	0.658	0.676	0.692	0.708	0.723
江苏	0.605	0.624	0.642	0.660	0.677	0.693	0.709	0.725	0.739	0.753
浙江	0.517	0.538	0.559	0.579	0.599	0.619	0.637	0.655	0.672	0.689
安徽	0.340	0.364	0.387	0.411	0.434	0.457	0.479	0.502	0.524	0.545
福建	0.445	0.467	0.490	0.512	0.534	0.555	0.575	0.595	0.615	0.633
江西	0.331	0.354	0.377	0.401	0.424	0.447	0.470	0.492	0.514	0.536
山东	0.475	0.498	0.520	0.541	0.562	0.582	0.602	0.621	0.640	0.658
河南	0.525	0.546	0.567	0.587	0.606	0.625	0.644	0.662	0.679	0.695
湖北	0.385	0.408	0.431	0.454	0.477	0.499	0.521	0.543	0.564	0.584
湖南	0.371	0.395	0.418	0.441	0.464	0.486	0.509	0.530	0.551	0.572
广东	0.551	0.572	0.592	0.611	0.630	0.648	0.666	0.683	0.699	0.715
广西	0.387	0.410	0.433	0.456	0.479	0.501	0.523	0.544	0.565	0.585
海南	0.195	0.216	0.237	0.259	0.282	0.305	0.328	0.352	0.375	0.398

续表

地区	旅游产业效率评价值									
	2000	2001	2002	2003	2004	2005	2006	2007	2008	2009
重庆	0.338	0.362	0.385	0.408	0.432	0.455	0.477	0.500	0.521	0.543
四川	0.396	0.419	0.443	0.465	0.488	0.510	0.532	0.553	0.573	0.593
贵州	0.285	0.308	0.332	0.355	0.378	0.402	0.425	0.448	0.471	0.493
云南	0.349	0.372	0.396	0.419	0.442	0.465	0.487	0.510	0.531	0.552
西藏	0.097	0.112	0.128	0.145	0.163	0.183	0.203	0.224	0.246	0.268
陕西	0.329	0.353	0.376	0.400	0.423	0.446	0.469	0.491	0.513	0.535
甘肃	0.144	0.163	0.182	0.202	0.223	0.245	0.267	0.290	0.313	0.336
青海	0.122	0.139	0.157	0.176	0.196	0.217	0.238	0.260	0.283	0.306
宁夏	0.105	0.120	0.137	0.155	0.174	0.194	0.214	0.236	0.258	0.280
新疆	0.206	0.227	0.249	0.271	0.294	0.317	0.340	0.364	0.387	0.410
标准差	0.140	0.140	0.141	0.141	0.140	0.139	0.138	0.136	0.134	0.132
变异系数	0.395	0.375	0.355	0.337	0.319	0.302	0.286	0.271	0.256	0.242

表 6-14 我国各区域旅游产业效率（2000—2009 年）

地区	旅游产业效率评价值									
	2000	2001	2002	2003	2004	2005	2006	2007	2008	2009
全国	0.353	0.375	0.397	0.418	0.440	0.461	0.483	0.504	0.524	0.544
东部地区	0.465	0.487	0.508	0.529	0.549	0.569	0.589	0.608	0.626	0.644
中部地区	0.351	0.374	0.397	0.420	0.443	0.465	0.487	0.509	0.531	0.552
西部地区	0.252	0.273	0.294	0.316	0.338	0.360	0.382	0.404	0.426	0.448

根据对 2000—2009 年我国旅游产业效率评价可以得出以下结论：

（1）由表 6-12 可知，LR 在 1‰ 的统计检验水平下显著，因此选用 SFA 进行效率评价是合适的；$\gamma=0.8359$，接近于 1，因此我国各省区旅游产业实际产出与前沿面之间的差距主要来源于技术效率的无效性；$u=0.4871$，表明我国旅游产业效率在 0 和 1 之间，与前沿面还有一定差距，因此提升空间也较大；$\eta=0.0638$，大于 0，表明旅游产业效率将会随着时间的变化以递增的速率降低。

（2）由表 6-13 可知，2000—2009 年我国各省区旅游产业效率值基本呈现上升的趋势，且各省区的旅游产业效率的差异性越来越小。

（3）由表 6-14 可知，我国区域旅游产业效率存在一定的差异性，东部地区旅游产业效率最高，中部地区次之，西部地区最低，但东中西部地区旅游产业效率均在不断提升的过程中。

本章小结

（1）生态效率作为生态经济学一个重要的研究领域，最早由德国学者Schaltegger和Stum于1990年提出，他们认为生态效率能更多地考察经济活动对环境的影响。世界可持续发展工商理事会（WBCSD）进一步确定了生态效率的定义，即：生态效率能减少物品和服务的物质或能源投入密度、减少有害气体排放、提高物质的循环利用率、延长物品生命周期、最大程度利用可再生能源以及提升物品或服务的舒适度。

（2）旅游生态效率实际上描述的是旅游投入与旅游产出的关系。对旅游企业来说，旅游生态效率能反映出企业在节能减排、可持续发展上的变化；对于旅游目的地来说，旅游生态效率能反映出旅游产业投入产出对环境影响的变化。

（3）旅游产业效率是旅游产业的生产效率，它刻画的是旅游产业的投入产出比；而旅游生态效率关注的是旅游产业生产过程中对环境的影响，它除了反映旅游产业的生产效率，还反映出旅游产业的生态化、可持续发展程度。

核心关键词

生态效率	eco-efficiency
旅游生态效率	eco-efficiency of tourism
数据包络分法（DEA）	data envelopment analysis
层次分析法	analytical hierarchy process
旅游产业效率	tourism industry efficiency

思考与练习

1. 简述生态系统的内涵及评价方法。
2. 简述旅游生态效率评价体系。
3. 简述旅游产业效率评价体系。

案例分析

澳门旅游生态效率

借鉴WBCSD关于生态效率的公式：生态效率＝产品或服务的价值／环境影响，

以及 Gossling(2005)的研究成果,本研究将旅游生态效率计算公式界定如(1)式。

$$ET = \frac{T_{CO_2}}{T_{SPEND}} \tag{1}$$

ET 表示旅游生态效率;T_{CO_2} 表示旅游活动的碳排放量;T_{SPEND} 表示旅游者旅游活动的总消费。其中旅游活动的碳排放量主要由三部分构成,分别是旅游交通的碳排放量($T_{transport}$)、旅游住宿的碳排放量($T_{accomodation}$)以及旅游活动的碳排放量($T_{activites}$)。

$$T_{CO_2} = T_{transport} + T_{accomodation} + T_{activites} \tag{2}$$

1. 旅游交通碳排放量

(1)澳门境内交通碳排放

旅游交通碳排放测算主要分为两个部分,第一部分是境外交通,即旅游者经海陆空三种方式入境所产生的碳排放量。第二部分是境内交通,即旅游者在澳门半岛、离岛因乘车、驾车等产生的碳排放量。由于澳门行政区域面积狭小,直到2013年路网总长度才为421.3 km,平均路网密度为13.95 km/km²,旅游者在境内的交通主要以汽车为主,平均交通距离为27.9 km。汽车碳排放系数为0.075,汽车碳排放等价因子为1.05,绕道因子为1.05,因此境内旅游交通碳排放量计算(以2013年为例)结果如下:

$$T_{transport境内2013} = 0.075 \times 1.05 \times 29324822 \times 1.05 \times 27.9 = 67651.8(吨)$$

(2)澳门境外交通碳排放

境外交通方式主要有四种:飞机、汽车、火车和轮船。以2013年为例计算旅游者经空路入境的碳排放量。2013年经澳门机场入境的旅游者总数为190.65万人次,其中中国内地、台湾、香港的旅游者占到76.1%。由于统计资料当中主要列出了27个客源地的旅游者数量,因此在处理其他客源地与澳门的航空距离时将取这27个客源地旅游者的平均旅行距离进行计算。飞机碳排放系数为0.12,碳排放等价因子为2.7,绕道因子为1.05,经计算得出2013年经澳门机场入境旅游者碳排放量为:244.21万吨。2013年经直升机停机坪入境的旅游者为43218人次,碳排放量为0.20万吨。因此2013年经空路入境旅游者的碳排放量为244.41万吨。

经海路入境的码头主要有外港码头、内港码头和氹仔码头。其中外港码头与氹仔码头经营澳门往返香港、深圳的水上航线;内港码头主要经营往返珠海的水上航线。轮船碳排放系数为0.07,轮船碳排放等价因子为1.05,绕道因子为1.05,澳门至香港的距离为68 km,澳门至深圳的距离为80 km,经计算得出2013年经海路入境旅游者碳排量为12.32万吨。

旅游者在到达澳门的入关处时,可以通过火车、汽车、飞机和自驾车及其他交通工具抵达,其出行比例分别为32.7%、27.9%、25%、7.7%和6.7%。客源地与澳门的平均距离通过内地31个省级行政区的省会城市与澳门距离的加权平均数计算得出,其中加权权数由该省占内地赴澳总游客数的比例确立。由于澳门统计暨普查局只公布了内地18个主要客源省份赴澳旅游者数量,其余省份的权数将取平均数。通过计算,2013年经陆路入境旅游者的碳排放量为362.33万吨。

旅游交通碳排放总量为澳门境内旅游交通碳排放量与澳门境外交通碳排放量之和。其中澳门境外交通碳排放量由经海路、空路和陆路入境三部分构成。经计算，2013年，澳门旅游交通碳排放量为625.83万吨。

2. 旅游住宿碳排放量

旅游住宿碳排放是指旅游者在旅游目的地由于使用住宿设施而产生的碳排放量。由于游客在居住过程中会使用电灯照明、消耗水以及使用其他设备，因而产生的碳排放量也是旅游活动当中重要的组成部分。在既有的研究中，由于对每个旅游者使用住宿设施的碳排放几乎不可能监测到，因此学者们一般根据住宿设施类型的不同而采用每张床位的平均碳排放量来进行计算。表1所示为住宿设施的碳排放系数。

表1　住宿设施的碳排放系数

设施类型	每床每晚能源消耗（MJ）	每床每晚碳排放（kg）
五星级酒店	110	20.6
四星级酒店	70	13.1
三星级酒店	70	13.1
二星级酒店	40	7.5
公寓	40	7.5

2013年，澳门各类住宿设施接待旅游者数量为：五星级酒店接待638万人，四星级酒店接待270万人，三星级酒店接待107万人，二星级酒店接待35万人，公寓接待16万人，其中平均逗留时间为1.4天。经计算2013年澳门旅游者住宿碳排量为26.13万吨。

3. 旅游活动碳排放量

访澳游客主要目的有度假旅游、商务旅游、探亲访友、博彩旅游以及其他五个类型。这五个类型的旅游者对应的旅游活动碳排放量依次为：1.67 kg/人、0.786 kg/人、0.591 kg/人、0.417 kg/人以及0.172 kg/人。2013年这五个类型的游客数量分别为18474638人、2639234人、3812227人、1759489人、2639234人。经计算2013年旅游者在澳门活动的碳排放量为3.66万吨。

2013年澳门总的旅游收入为5.95×10^{10}澳门元，总的碳排放量为6.56×10^{9}吨，因而其旅游生态效率值为0.1103 kg/MOP。

问题：

1. 查阅资料，试比较澳门旅游生态效率与其他地区旅游生态效率差异。
2. 查阅资料，试计算澳门2001年至2012年旅游生态效率，并比较其变化趋势。

第七章

旅游生态经济核算体系

学习引导

　　经济增长带来了环境破坏和资源消耗,而生态环境的恶化导致了人类福利的减少。因此在生态经济系统中人类要考虑整个系统的生态效益,在经济发展中必须考虑资源的耗竭和生态环境恶化的成本以及资源的再生速率,以系统的可持续发展为最终目标。生态经济核算问题是为了全面、准确地掌握生态经济系统运行过程中的价值流状况而进行的量化研究,这在生态经济系统的研究中具有重要地位,是生态经济研究不可或缺的内容。本章在分析生态经济核算成本效益的基础上,介绍了生态经济成本效益分析、绿色国民经济核算理论、生态足迹核算理论和旅游生态足迹理论与方法等几种旅游生态经济的核算方法。

学习目标

- 生态经济成本效益分析;
- 绿色国民经济核算体系;
- 生态足迹核算理论;
- 旅游生态足迹理论与方法。

第一节 生态经济成本效益分析

一、生态经济效益的概念

（一）经济效益

经济效益，是指通过商品和劳动的对外交换所取得的社会劳动节约，即以尽量少的劳动耗费取得尽量多的经营成果，或者以同等的劳动耗费取得更多的经营成果。经济效益是资金占用、成本支出与有用生产成果之间的比较。所谓经济效益好，就是资金占用少，成本支出少，有用成果多。提高经济效益，意味着生产更多的产品和提供更多的服务，从而有利于满足人们不断增长的生活所需，对于社会发展具有十分重要的意义。

（二）生态效益

生态效益，是指人们在生产中依据生态平衡规律，使自然界的生物系统对人类的生产、生活条件和环境条件产生的有益影响和有利效果，它关系到人类生存发展的根本利益和长远利益。生态效益的基础是生态平衡和生态系统的良性、高效循环。比如农业生产中讲究生态效益，就是要使农业生态系统各组成部分在物质与能量输出输入的数量上、结构功能上，经常处于相互适应、相互协调的平衡状态，使农业自然资源得到合理的开发、利用和保护，促进农业和农村经济持续、稳定发展。

（三）生态经济效益

生态效益是从生态平衡的角度来衡量效益。生态效益与经济效益之间是相互制约、互为因果的关系。在某项社会实践中所产生的生态效益和经济效益可以是正值或负值。最常见的情况是，为了更多地获取经济效益，给生态环境带来不利的影响。此时经济效益是正值，而生态效益却是负值。生态效益的好坏，涉及全局和长期的经济效益。在人类的生产、生活中，如果生态效益受到损害，整体的和长远的经济效益也难以得到保障。因此，人们在社会生产活动中要维护生态平衡，力求做到既获得较大的经济效益，又获得良好的生态效益。

生态效益和经济效益综合形成生态经济效益，生态经济效益是指在社会生产与再生产过程中产生一定的经济效益和一定的生态效益的综合与统一。在人类改造自然的过程中，要求在获取最佳经济效益的同时，也最大限度地保持生态平衡和充分发挥生态效益，即取得最大的生态经济效益。这是生态经济学研究的核心问题。长期以来，人们在社会生产活动中，由于只追求经济效益，没有遵循生态规律，不重视生态效益，致使生态系统失去平衡，各种资源遭受破坏，已经给人类社会带来灾难，经济发展也受到阻碍。在社会生产活动中，以单纯的经济观点来衡量，其短期的经济效益可能很高，但往往存在着对生态资源的掠夺和破坏问题，如森林过伐、滥捕、陡坡开荒、草场超载过牧等。这种只看当前、不顾长远的开发利用方式不利于经济的可持续发展。客观现实要求人们树立生态经济效益的观点。所以，在社会生产活动中，要对其生态效益进行评价，考虑其在生态环境方面的可行性与价值，来进行可行性分析,在此基础上决定是否开始经营项目,以求得经济效益与社会效益的统一。

二、生态经济效益的测度与指标

根据生态经济效益的基本概念,可将生态经济效益的表示方法分为两种:比率表示法和差额表示法。

(一)比率表示法

比率表示法是以比率形式表示生态经济效益的一种方法,一般表达式为:

$$生态经济效益 = 生态经济成果 / 生态经济活动的消耗$$

这种表示法的最大特点是以双计量单位表示。

(1) 如果生态经济成果以价值形式表示,劳动消耗也以价值形式表示,则生态经济效益表示为"价值/价值"的双计量单位;

(2) 如果生态经济成果以价值形式表示,而消耗却以实物形式表示,则生态经济效益表示为"价值/实物"的双计量单位;

(3) 如果生态经济成果以实物形式表示,劳动消耗也以实物形式表示,则生态经济效益表示为"实物/实物"的双计量单位;

(4) 如果生态经济成果以实物形式表示,而劳动消耗以价值形式表示,则生态经济效益表示为"实物/价值"的双计量单位。

(二)差额表示法

差额表示法是以绝对量形式表示生态经济效益的一种方法,一般表达式为:

$$生态经济效益 = 生态经济活动成果 - 生态经济活动消耗$$

或者表示为:

$$生态经济效益 = 生态经济总收益 - 生态经济总成本$$

这种方法表示的"成果"与"消耗"计量单位必须统一,即必须以价值形式表示才可以进行减法计算,这种方法简单易算,通常被视为生态经济效益的重要指标。但是,由于有时候生态经济成果受多种因素的影响,转换成价值形式计量往往差别很大,此时生态经济效益则不宜采用绝对数来表示,而一般用相对数表示会更加准确。

从上述两种表示方法可以看出,生态经济效益与人们在生态经济实践活动中所取得的成果成正相关关系,所投入的劳动消耗成负相关关系。

(三)生态经济效益的指标体系

生态经济效益指标,既区别于经济指标,也不同于生态指标。因为不同的生态利用方案或生态开发过程具有不同的经济目标和生态目标,也有不同的结构和功能,同时各地区的自然、经济、技术和管理水平也有很大差别。因此,所建立的生态经济效益指标与指标体系不可能完全相同,一般可分为三大指标体系。

1. 成果指标体系

成果指标体系包括生态成果指标、经济成果指标和社会成果指标。生态成果指标体系包括有水土保持量、水土流失治理面积、泥沙淤积量、水源涵养量、风沙抵抗力、风力、沙压面积、沙压治理面积、土壤肥力、土壤有机质含量、大气含氧量、大气污染减少量、水体污染减少

量、环境噪声减少量、二氧化碳吸收量,以及降低有毒气体浓度、减少放射性物质量等。经济成果指标体系包括矿产资源开采量、矿产资源利用量、防护农田单位面积产量、防护牧场单位面积载畜量、种苗面积、造林面积、林木生长量、森林蓄积量等。社会成果指标体系包括社会人口就业与新增就业人口,人们工作、学习、生活、环境的改善程度,社会福利、卫生、医疗条件的改善状况,水质改善状况,降低噪声状况等。

2. 消耗指标体系

消耗指标体系包括活劳动消耗指标与物化劳动消耗指标。活劳动消耗指标包括活劳动量、工资消耗、单位活劳动消耗、单位工资消耗等。物化劳动消耗指标包括土地占用费、土壤施肥量、种子消耗量、苗木消耗量、经营管理费、自然资源消耗量、机械燃料量、机械用电量等。

3. 效益指标体系

效益指标是反映生态经济活动中所取得的生态经济成果与消耗的资源总量之比的指标。这个比值的高低说明了生态经济效益的大小,它是分析比较评价各种生态经济方案优劣的标准和尺度。这类指标体系包括:

(1)生态投资效益率。生态投资效益率是指每单位生态工程投资给受益部门提供的生态、经济、社会成果的数量或价值。其表达式为:

$$生态投资效益率=生态经济成果的数量或价值/生态工程投资总额$$

(2)生态费用效益率。生态费用效益率是指每单位生态工程费用给受益部门提供的生态、经济、社会成果的数量或价值。其表达式为:

$$生态费用效益率=生态经济成果的数量或价值/生态工程总费用$$

(3)生态工资效益率。生态工资效益率是指每单位工资给受益部门提供的生态、经济、社会成果的数量或价值。其表达式为:

$$生态工资效益率=生态经济成果的数量或价值/生态工程工资总额$$

(4)生态社会效益率。生态社会效益率是指每单位生态工程投资给社会带来的全部效益,比如环境的改善、大气和水体的净化、旅游和景观价值的提高、就业人数的增加等。其表达式为:

$$生态社会效益率=以价值形式表示的全部社会成果/生态工程投资总额$$

(5)生态劳动生产率。生态劳动生产率是指在一定时间内每一个在册人员所提供的生态、经济、社会成果的数量或价值。其表达式为:

$$生态劳动生产率=生态经济成果的数量或价值/平均在册人数$$

(6)生态物质生产率。生态物质生产率是指每单位物资所提供的生态、经济、社会成果数量。其表达式为:

$$生态物质生产率=生态经济成果的数量或价值/消耗物资总量$$

(7)生态资金生产率。生态资金生产率是指每单位资金(包括固定资产与流动资金)提供的全部收益(生态系统内、外)。其表达式为:

$$生态资金生产率=内外收益总额/生态资金总额$$

(8)生态工程利润率。生态工程利润率是指生态工程带来的利润与生态工程总费用之比。其表达式为:

生态工程利润率＝（生态工程总收益－生态工程总费用）/生态工程总费用

在生态环境日益恶化和生态资源日益紧缺的情况下，要坚持走可持续发展的道路，就必须充分有效地利用生态环境或资源。把资源利用的生态经济效益的大小作为评价经济工作的一个重要标准，以促进生态与经济的协调和可持续发展。

第二节 绿色国民经济核算体系

一、国民经济核算与环境

国民经济核算就是以整个国民经济为总体的全面核算，它以一定经济理论为指导，综合应用统计核算、会计核算、业务核算，从实物资产、金融资产、物质产品和劳务等各个角度，以各种流量和存量的形式，对能反映整个国民经济状况的各种重要指标及其组成部分作系统的测定，并把各种指标组成一个系统来综合描述一国（或地区）国民经济的联系和结构的全貌。

虽然很久以来经济学家们已经理解了 GDP 作为一个经济绩效指标的局限性，但它至今仍然是一个很重要的经济绩效指标。主要因为：第一，学者们并没有很好地理解 GDP 的局限性以及准确测度 GDP 的难度，经济学家们并没有普及有关 GDP 局限性的知识；第二，有些人已经认识到了 GDP 的局限性，在这些人当中，有很多人仍然采取这样一种观点，即尽管 GDP 存在局限性，但它仍然是现有最好的指标。

在 20 世纪的最后 20 年里，人们开始从环境方面，对以人均国民收入作为衡量经济绩效的一个指标提出了批评。这些批评引起了一些列新的思考，主要表现在以下三个方面，即按照现有核算方法，人均国民收入。一是没有考虑自然资源的消耗；二是没有考虑环境退化对生命支持系统和舒适性服务的影响；三是将保护性支出纳入计算，以纠正或避免环境退化产生的影响。前两点缺陷意味着当前使用的福利指标没有考虑未来福利的消耗可以达到的程度，也就是说过高地估计了可持续的福利。第三点也是一样，即人均国民收入应该考虑个人和政府在环境退化方面必要的支出。

（一）传统国民经济核算体系的弊端

目前，世界各国的国民经济核算，基本上是按照联合国制定的国民经济核算体系（SNA）进行的。尽管目前国际上通用的 SNA 创立后经过了不断调整和完善，但是，其理论是在国民收入统计和凯恩斯的宏观经济学的基础上建立和发展起来的。由于凯恩斯的宏观经济理论是把国民生产总值作为经济统计体系的核心，所以 SNA 必然是以国民生产总值或国内生产总值为主要指标的单一投入产出核算体系。

现行的 GDP 测算方法是从国民经济运行的不同角度来进行的，随着经济社会的发展，社会各界对经济发展单一目标的过度追逐，传统国民经济核算体系的片面性、局限性和弊端逐渐显露并日益突出。这些问题主要表现在以下几个方面：一是它没有反映自然资源对经济发展的贡献和生态资源的巨大经济价值；二是它没有反映生态环境恶化带来的经济损失；三是它没有反映自然资源的耗减与折旧；四是它没有真实反映生态保护费用的支出。现行的 GDP 指标,只反映人类经济活动中造福的一面,而没有反映其造祸的一面。随着地球资源的日益短缺和生态平衡的破坏,人们越来越清楚地认识到,传统的依靠对自然资源掠夺性开发和以破坏生态环境为代价实现的经济增长已难以持续。要改变传统的经济增长方式,必须改革现行 GDP 核算指标。

(二) 自然资源核算

1. 自然资源核算的内容

自然资源核算比传统核算范畴更广,包括收入和福利核算,其目的是提供一个连接经济活动和自然资源库内资源利用变化的信息系统。环境核算旨在通过定量分析自然资源枯竭和退化来评估经济活动和经济增长的可持续性。自然资源核算将环境价值纳入传统核算范围之内,并与经济活动关联起来,以提示经济活动如何利用自然资源和影响环境。自然资源核算包括 3 部分内容:基于环境经济和经济分类的物理量核算;严格按照国民经济账户体系 SNA 数据,连接物理量账户和经济(货币)流量的混合核算;考虑 SNA 核算准则差异的货币核算。

2. 自然资源核算的发展

国内外有关自然资源/环境核算研究,大抵以 1992 年"世界环境与发展大会"作为分水岭。1992 年之前,国际社会进行了近半个世纪漫长而艰辛的探索,期间主要学术活动有:英国经济学家约翰·希克斯 1946 年首次提出了绿色 GDP 思想;西方国家 1953 年提出了国民经济账户体系(system of national account, SNA);苏联 1973 年提出了物质产品平衡表体系(system of material product balances, MPS);以及西方国家及部分发展中国家于 20 世纪 80 年代相继开展的资源环境核算研究工作。这一时期部分国家及国际组织纷纷开展了自然资源/环境核算理论、方法的研究和实施方案、法律的探索与实践。SNA 与 MPS 的提出与应用对评估与指导宏观经济运行产生了积极的作用,但二者均存在较大缺陷:MPS 以计划经济为背景,强调只有创造物质产品和增加产品价值的劳动才是生产劳动,把一切非物质性服务视为非生产性劳动,与实际经济运行不相符;SNA 只重视经济产值及其增长速度,而忽视资源基础和环境条件,造成经济发展过高估计和资源空心化现象。20 世纪 80 年代西方各国在自然资源/环境核算领域的探索工作正是在此背景下开展的。受意识形态与政治环境影响,中国一度采用 MPS,直到 80 年代末才完成了由 MPS 向 SNA 的转变。同期我国自然资源核算研究处于借鉴、仿效和摸索阶段,相关研究零星破碎,但已引起有关部门和部分学者的注意。

1992 年世界环境与发展大会的召开为环境和资源核算及国民经济账户体系的研究工作提供了新的契机。特别是 1993 年联合国统计司建立了与 SNA 相一致的、可系统地核算环境资源存量和资本流量的框架,即环境与经济综合核算体系(system of integrated environmental and economic accounting, SEEA-1993)。实际上 SEEA 概念最早是在 1991 年被提出的。SEEA-1993 是 SNA 的卫星账户体系,是可持续发展经济思路下的产物,主要用于在考虑环境因素的影响条件下实施国民经济核算,是对 SNA 账户体系的补充。2003 年,联合国修订了 SEEA-1993,简称 SEEA-2003,在概念与定义统一方面做了许多尝试。SEEA-2003 详细说明了自然资源的物理量、混合环境—经济账户及其估价方法,但未包括环境恶化的价值估价。在 SEEA 的影响下,国际社会陆续推出了《欧洲森林环境与经济核算框架(The European Framework For Integrated Environmental and Economic Accounting For Forests,IEEAF)》(IEEAF-2002)、《联合国粮农组织林业环境与经济核算指南(Manual for Environmental and Economic Accounts for Forestry:a Tool for Cross-sectoral Policy Analysis)》等,说明资源环境核算已从理论体系摸索阶段过渡到实际核算的实践阶段,如印度的森林资源核算和博茨瓦纳的水资源核算等,并对国民经济正常运行提供了重要的决策依据。2012 年,SEEA 中心框架(简称 SEEA-2012)应运而生。SEEA-2012 中心框架是联合国将其提升到国际统计标准的积极尝试,该框架增加了环境退化及相关措施和评估方法的讨论。与此同时,近 10 年来,在 SEEA 框架理论与方法指导下,中国国家统计局与国际组织、国家以及国内相关部门积极合作,包括联合国统计司、挪威统计局、加拿大统计局、中国国家环保部、国土资源部、水利部、国家林业局等,积极探索资源、环境计量与核算,在森林资源、水资源、能源资源、环境污染、矿产资源及旅游资源等领域开展了试点工作。

3. 现阶段自然资源核算的优先研究问题

自然资源核算内容明确,即包括分类实物量核算与综合价值量核算。然而,由于自然资源涉及范围广泛,且不同自然资源之间存在紧密联系,因而自然资源核算可操作性较低。在当前探索阶段,自然资源核算可优先在以下几个方面开展研究:第一,自然资源种类和性质多样且相互联系,需要评估哪些自然资源或环境类型。一般认为应先从狭义概念上的"自然资源"入手,即水资源、土地资源、森林资源和矿产资源等等。这是因为现阶段这些资源基础数据相对容易获取,也易于开展前期研究。第二,在自然资源物理量核算的基础上,自然资源价值化方法如何统一规范。物理量相对容易计量,但其量纲存在很大差异。对于单项资源的实物量可采取分类核算,但是相应的价值量则需要统一成相同度量标准,也就是需要尽快提出标准化的价值计量方法等。第三,自然资源核算账户如何设计,才能更好地与国民经济核算账户有机地联系在一起。在物理量与价值量核算的基础上,账户设计是为了更好地指导国民经济正常健康运行,将其与现有国民经济账户体系统一对丰富其内涵和避免重复计量至关重要。第四,不同区域自然资源禀赋差异巨大,自然资源价值量核算如何构建合理评估指标体系,以确保不同尺度范围的评估结果具有可对比性。建议先期开展典型部门与行政区域案例研究,并构建一般性的核算指标体系,然后结合部门与区域特征再进行调整。

4. 自然资源资产负债表编制的框架

自然资源资产负债表实质上是将不同的自然资源以资产负债表(账户)的形式来表达自然资源的使用和再生情况。主要包括两部分:自然资源资产分类实物量表与综合价值量表。建立自然资源资产负债表,就是要核算自然资源资产的存量及其变动情况,以全面记录当期(期末—期初)自然和各经济主体对自然资源资产的占有、使用、消耗、恢复和增殖活动,评估当期自然资源资产实物量和价值量的变化。

1) 从自然资源平衡表到自然资源资产负债表

自然资源平衡表是指用合计数相等的两组互有联系的自然资源项目(或指标)所组成的平衡表,反映各种经济现象间的资源平衡关系和比例关系,包括单项式平衡表、综合式平衡表和矩阵式平衡表。单项式平衡表用于表明或安排个别产品或个别生产要素的平衡关系,如煤炭平衡表、粮食平衡表、人口平衡表、劳动力平衡表和资金收支平衡表等;综合式平衡表用于表明或安排多种产品和生产要素或一系列企事业单位等的平衡关系和运动过程；矩阵式平衡表又称棋盘式平衡表，用于表明或安排产品间、部门间、地区间在生产和消耗、收入和支出、调入和调出等方面的相互联系和平衡关系。资源平衡表广泛应用于国民经济宏观管理与统计实践。自然资源资产负债表可以参考这种方法进行编制，对单项或综合自然资源分别构建多统计指标体系，以揭示自然资源资产在国民经济中的数量变化关系与比例关系。

2) 从资产负债表到自然资源资产负债表

国家资产负债表(national balance sheet)是将一个经济体视为与企业类似的实体，将该经济体中所有经济部门的资产(生产性和非生产性、有形和无形、金融和非金融)以及负债分别加总，得到反映该经济问题(存量)的报表。资产负债表是表示企业在一定时期内(通常为各会计期末)的财务状况(即资产、负债和业主权益的状况)的主要会计报表。资产负债表利用会计平衡原则，将合乎会计原则的"资产、负债、股东权益"交易科目分为"资产"和"负债及股东权益"两大区块，在经过分录、转账、分类账、试算、调整等会计程序后，以特定日期的静态企业情况为基准，浓缩成一张报表。自然资源资产负债表可以借助资产负债表，将自然资源划分为固定资产(如土地资源、矿产资源、森林资源和能源资源等)、流动资产(如水资源与大气资源)、无形资产(旅游资源与文化资源)和自然资源利用所带来的环境损益等项目，进行实物量与价值量统计，以反映某一时期内自然资源存量与流量情况。

3) 从自然资源账户到自然资源资产负债表

自然资源与环境账户旨在收集同一框架内自然资源及其演化的定性和定量资料。自然资源账户包括物理量账户和价值量账户核算，后者只有在资源价值确定之后才能编制。自然资源核算与环境核算经常可替换使用。自然资源账户的总体目标是为决策者提供自然资源利用的信息库，并促进不同层面民众和决策者对环境问题的广泛认识。

二、绿色国民经济核算理论

经济增长带来了生态环境破坏和资源耗竭，而生态环境的恶化导致了人类福利的减少。因此，在生态经济系统中人类要考虑整个系统的生态效益，在经济发展中必须考虑资源的耗竭和生态环境的恶化成本以及资源的再生速率，以系统的可持续发展为最终目标，必须改革传统国民经济核算体系，建立绿色国民经济核算体系。

（一）绿色国民经济核算的概念

所谓绿色国民经济核算体系，又称资源环境经济核算体系或综合环境经济核算体系，是关于绿色国民经济核算的一整套理论方法。旨在以原有国民经济核算体系为基础，将资源环境因素纳入其中，通过核算描述资源环境与经济之间的关系，提供系统的核算数据，为可持续发展的分析、决策和评价提供依据。自20世纪70年代以来，联合国、世界各国政府、国际研究机构和学者对传统的国民经济核算体系的改革进行了积极尝试，主要成果有联合国提出的SEEA、各学者提出的如净经济福利指标、可持续经济福利指标、国内生产净值指标、绿色GDP、人文发展指标、生态足迹指标等。

（二）绿色GDP核算体系

绿色GDP概念的正式提出，可以追溯到1993年联合国统计署正式出版的《综合环境经济核算手册》,该手册首次正式提出了"绿色 GDP"的概念。根据联合国统计署提出的绿色 GDP 的概念和核算方法,在理论上,绿色 GDP 与 GDP 的关系可以用下式表示:绿色 GDP＝GDP－固定资产折旧－资源环境成本＝NDP－资源环境成本。其中,NDP 是国内生产净值。从上式可看出,绿色 GDP 是与 NDP 相对应。绿色 GDP 是一种大众性的提法,它是与传统 GDP 的概念相对应的,比较适合被政府官员、公众和媒体接受。简单地说,绿色 GDP 就是传统 GDP 扣减掉资源消耗成本和环境损失成本以后的 GDP。正如传统 GDP 是传统国民经济核算的一个重要指标一样,绿色 GDP 是绿色国民经济核算的一个重要指标,或者说是一个被公众广泛接受的指标。

(三)净经济福利指标

20 世纪 70 年代初,经济学家就从经济福利的角度,认识到有关传统总量核算指标的不足。1963—1973 年,美国提出建立包括社会、经济、文化、环境、生活等各项指标在内的新的社会发展指标体系。其中有代表性的是詹姆斯·托宾(James Tobin)和威廉·诺德豪斯(William Nordhaus)于 1972 年共同提出的净经济福利指标(NEW)。他们主张应该把都市中的污染、交通堵塞等经济行为产生的社会成本从 GNP 中扣除,与此同时加入被忽视的经济活动,如休闲、家政、社会义工等。NEW 仍以 GNP 为基础,但做出了两大调整:一方面要排除 GNP 中许多对个人福利没有贡献的成分;另一方面将 GNP 中一些没有计入的重要项目包括到 NEW 中去。后来,诺德豪斯与保罗·萨缪尔森在合著的《经济学》中,对净经济福利指标又进行了讨论。他们指出,净经济福利是一个经过调整的国民总产品指标,它是包括对净经济福利有直接贡献的消费与投资。虽然 NEW 在经济学中还不是一个成熟的核算指标,但是其还是可以用下式进行计算:

NEW＝GNP＋闲暇的价值＋家务劳动的价值＋地下经济创造的价值－环境破坏的损失

1973 年,日本政府以托宾和诺德豪斯提出的净经济福利指标为基础,进行了类似的尝试,提出了净国民福利指标 NNW(net national welfare)。这个指标最大的突破是将主要的环境污染(水、空气等)列入指标中。日本列出每项污染的可允许标准,再调查实际污染程度和扩散范围,超过标准的,要编列改善经费,而这些改善经费必须从国民所得中扣除。

(四)可持续经济福利指标

1989 年,美国经济学家戴利(Daly)和柯布(Cobb)提出了可持续经济福利指标(index of sustainable economic welfare,ISEW)。该指标是国际上第一次进行多指标评价的尝试。这套指标在 1989 年发表后,1994 年这两位经济学家又对这套指标进行了修改。ISEW 不仅具有可持续经济发展的意义,而且有社会公平的含义。该指标包含了一些过去没有被尝试的东西,考虑了社会因素所造成的成本损失,如财富分配不均、失业率、犯罪率等对社会带来的危害;而且它更严谨地区分了经济活动中的成本与效益,如医疗支出、超时工作等属于社会成本,不能算成对经济的贡献。这套指标开始是由戴利和柯布用于计算美国的可持续经济福利的指标,目前已被一些发达国家所接受,如英国、美国、德国、瑞士、澳大利亚等国,目前正被试图用于根据这套指标来计算国家的进步状况。澳大利亚在 1997 年根据这套指标估算增长状况,发现从 1950—1996 年间,澳大利亚人均 GDP 从 9000 澳元增至 23000 澳元,但是,按可持续经济福利指标衡量,1996 年澳大利亚人均经济福利只有 16000 澳元,大约相当于 GDP 的 70%。

(五)国内生产净值指标

1989 年美国学者罗伯特·卢佩托(Robert Repetoo)等人提出了国内生产净值指标(net domestic product,NDP)。它是目前对自然资源耗损与经济增长率之间关系最重要的研究成果之一。他们认为经济开发活动中的石油耗损、木材量减少、因伐木引起的土壤流失等,都应该作为财富的损失从 GDP 中扣除。卢佩托等人选择了印度尼西亚作为研究对象,因为它是世界上重要的木材、石油出口国,是一个典型的自然资源丰富的国家。他们认为如果要计算一个国家的持续收入,就要将这个国家自然资源的耗损状况与经济增长率一并考虑,即在考虑一个资产增加收入的同时考虑另一个资产的下降。他们用自然资源的净变化对印度尼西亚 1971—1984 年的 GDP 进行了调整。通过计算发现,印度尼西亚在 1971—1984 年间,GDP 年增长 7.1%,但如果扣除掉自然资源的损耗成本,增长率只有 4%。卢佩托等人在研究中只选择木材、石油、土壤三项资源,是因为这三项资源有市场价值,可以用货币衡量。因此,这些指标未来使用的难点就是如何涵盖更多的自然资源指标,并且对资源进行定价。

三、环境与经济综合核算体系(SEEA)

(一)环境与经济综合核算体系的提出与发展

传统国民经济核算体系由于忽视了人类社会的经济活动、不合理的生产和消费方式造成的自然资源耗减和环境质量下降,从而影响人类的健康和福利,并危及经济社会的可持续发展。为了把环境因素并入经济分析,在 1993 年,由五大国际组织(联合国、世界银行、国际货币基金组织、经济合作与发展组织、欧洲共同体委员会)在 SNA-1993 中心框架基础上建立了环境与经济综合核算体系,将环境资源因素纳入其中,作为 SNA 的附属账户(卫星账户)。1993 年公布了 SEEA 临时版本,2000 年公布了 SEEA 操作手册,目前 SEEA-2003 版本也已正式公布。SEEA-2003 对环境与经济综合核算体系进行了全面阐述,详细说明了将资源耗减、环境保护和环境退化等问题纳入国民经济核算体系的概念、方法、分类和基本准则,构建了综合环境经济核算的基本框架;其宗旨在于以环境调整的国民财富、国内生产总值、国内净产出和资本积累等宏观经济指标支持社会、经济和环境综合决策,是衡量可持续发展、为实施可持续发展战略提供信息支持的基本手段。

SEEA 的发展主要经历了 3 个发展阶段:

(1) 从 20 世纪 70 年代初到 80 年代初,做前期准备工作。这一阶段从环境角度研究了环境统计的方法与模式,编写了《环境统计资源编制纲要》,确认了环境的构成部分,对统计资料进行了分类。

(2) 从 1983 年到 1988 年,正式发展了环境核算的研究工作。提出了要在现行的 SNA 中,引入包含环境调整的国内生产净值(EDP)和国内净收入(EDI),以便更好地核算经济活动带来的环境损失以及剔除环境预防开支费用的观点,初步确立了环境核算与国民经济核算体系的关系。

(3) 从 1989 年至今,提出了环境与经济综合核算体系的初步框架。1992 年联合国环境与发展大会通过的主要文件《21 世纪议程》中,通过了建立卫星账户系统的提议,将环境因素纳入 SNA 体系中进行研究;提出了环境与经济综合核算体系;出版了关于环境与经济核算的 SNA 手册,并以卫星账户的形式纳入了 1993 年由五大国际组织联合修订的新 SNA。至此,环境核算正式列入了国际上通行的国民经济核算体系。

(二) SEEA 的核算方法与基本框架

1. 核算方法

目前,环境资源核算主要有三种方法:自然资源实物核算、货币量核算和福利核算。这三种方法的功能、特点和适用范围各不相同,可以综合运用和相互补充。自然资源实物核算注重记录非生产性自然资源的平衡信息,而没有明确涉及相应的费用计算;货币量核算注重环境调整的国内生产净值的计算,主要考虑耗减问题;福利核算主要用于环境调整的国民收入,而该收入反映了所得的免费环境服务的实物转移和遭受的损失。

2. 基本框架

SEEA 的基本框架是对 SNA 的扩展,主要体现在两个方面:第一,在 SNA 总框架的基础上增加了一列内容,即列出了未包括在经济资产中的自然资源和生态环境,将 SNA 的资产范围扩展为包括全部自然资源和生态环境;第二,在国内生产净值项后增加了非生产自然资产的使用和非生产自然资产的其他积累两项内容,基本框架如表 7-1 所示。

表 7-1 联合国环境与经济综合核算体系(SEEA)的基本结构

		经济活动					环境生态
		生产	国外	最终消费	经济资产		非经济自然资产
					生产资产	非生产资产	
		1	2	3	4	5	6
期初资产存量	1				$K0_{p.ec}$	$K0_{np.ec}$	
产品供给	2	P	M				
产品使用	3	C_i	X	C	I_g		
固定资产消耗	4	CFC			$-CFC$		
国内生产净值	5	NDP	$X-M$	C	I		
非生产资产使用	6	U_{np}				$-U_{np.ec}$	$-U_{np.env}$
非生产资产积累	7					$I_{np.ec}$	$-I_{np.env}$
环境调整指标	8	EDP	$X-M$	C	$A_{p.ec}$	$A_{np.ec}$	$-A_{np.env}$
资产持有损益	9				$R_{p.ec}$	$R_{np.ec}$	
资产外生变化	10				$V_{p.ec}$	$V_{np.ec}$	
期末资产存量	11				$K1_{p.ec}$	$K1_{np.ec}$	

在表 7-1 中,阴影部分为 SNA 的核算内容。其他指标意义表示如下。

$K0_{p.ec}$ 和 $K1_{p.ec}$:期初和期末生产资产;$K0_{np.ec}$ 和 $K1_{np.ec}$:期初和期末经济性非生产资产;P:总产出;M 和 X:产品进口和产品出口;C_i:中间消耗;CFC:固定资产消耗;C:总消费;I_g 和 I:总投资和净投资;NDP:国内生产净值;$U_{np.ec}$:经济性非生产资产的使用(耗减和降级);$U_{np.env}$:非经济自然资产的使用(耗减和降级);U_{np}:全部非生产资产的使用($U_{np}=U_{np.ec}+$

$U_{np.env}$);$I_{np.env}$：非经济自然资产向经济资产的转移；$I_{np.α}$：经济性非生产资产的积累；$A_{p.α}$：生产资产的净积累($=I$)；$A_{np.α}$：经济性非生产资产的净积累($=I_{np.α}-U_{np.α}$)；$A_{np.env}$：非经济自然资产的总变化($=U_{np.env}+I_{np.env}$)；$R_{p.α}$和$V_{p.α}$：生产资产的持有损益和外生数量变化；$R_{np.α}$和$V_{np.α}$：经济性非生产资产的持有损益和外生数量；EDP：环境调整后的国内生产净值。

（三）SEEA的特点与弊端

1. SEEA的特点

与传统的SNA相比，SEEA具有以下四个特点。

（1）资产的范围扩大。除原有的生产资产外，还增加了两项：一是非生产自然资产（处于人为控制下的自然资产，包括土地、矿藏和森林等），二是其他非生产自然资产（没有处于人为控制下的自然资源，包括海洋、鱼类资源、原始森林、空气等）。在SEEA中，将因经济活动引起的这类资产的变化也计入成本。

（2）提出了环境成本的概念，并区分了两种类型的环境成本。一类是自然资源耗减和恶化的虚拟成本，另一类是环境保护支出形式承担的实际成本（即环境保护服务支出）。

（3）在考虑虚拟环境成本的条件下，SEEA对SNA中的国内生产净值（NDP）指标进行了修正，提出了生态国内产出（EDP）指标。EDP是在考虑国民经济各部门对包括自然资产在内的所有资产在经济适用情况下，衡量一国社会总体发展水平的指标，是在SNA的国内生产净值基础上减去经济活动的虚拟环境费用而得出的。

（4）对货币化环境核算的资本积累内容进行了调整。从概念上讲，SEEA中的资本积累同SNA中的资本形成类似，包括由经济决策引起的再生产中使用的资本存量变化，不同的是SEEA的变化不仅包括传统生产资本的变化，而且还包括由耗减和降级引起的资本存量的减少，以自然资产作为经济资产被合并以及由与生产活动相联系的经济决策引起的自然资产在经济使用中的转移。

2. SEEA的弊端

虽然SEEA对SNA进行了扩展和创新，在SNA体系中对资产、费用概念上进行了扩展，在经济环境的综合核算方面进行了有益的尝试，但还是存在一些弊端，主要变现为以下方面。

（1）SEEA所提出的环境与资源核算范围太大，核算程序复杂，数据质量要求过高，实施难度很大，对发展中国家来说更是如此。因此，一个国家必须结合本国实际情况设计一个合理的环境经济核算体系。

（2）SEEA对环境费用的处理遵循了自然资产折旧的原则，仅仅对国内生产净值指标进行了环境因素的调整，而GDP却保持不变，因此未能体现自然资产的耗减和降级。事实上，现行SNA体系中，由于固定资产折旧难以计算，国内生产净值指标尽管在理论上有意义，但在实践中缺乏可操作性。所以在现行的SNA体系中通常使用GDP而很少使用NDP。因此，在进行环境经济核算时仅对NDP修正还不够，还应对GDP进行修正。

（3）SEEA中尽管建议对各部门用于环境保护的实际支出予以外部化，以反映其防治污染的实际投入情况，但由于这部分费用是防护性的，并不能带来社会福利水平的真正增加。所以，经常出现这样的情况，国家通过过度开采资源和污染环境发展经济，使GDP快速增加,然后为了阻止环境进一步恶化,又投入大量的人力、物力和财力消除污染,又引起 GDP 的增加,两者的双重推动导致了 GDP 呈现出不真实的增长。

(4) SEEA 中将自然资产的耗减和降级作为资产折旧来处理,即将经济部门对自然资产的使用与对固定资产的使用同等看待。但是这两者之间是有很大区别的,前者一般归社会共有,后者往往归部门拥有。一些生产者通过无偿使用自然资产获得利益,这在不同程度上削弱了其他消费者享有自然资产的权利。生产者的利润实际上来自对自然资源由实物量形式向价值量形式的转化,并没有产生增加值,所以不应包括在 GDP 中。

虽然 SEEA 存在着以上弊端,但人们普遍认为它代表了国民经济核算体系的改革方向,并为这一改革提供了思路与基本框架,因此各大研究机构和国家以及许多学者都进行了积极的尝试。

第三节 生态足迹核算理论

一、生态足迹理论的提出

在人类经济系统迅速发展的今天,产生的生态环境问题也越来越突出。因此,当人类反思其发展方式时,不得不考虑整个自然环境和地球的容纳能力和人类的未来。1992 年联合国环境与发展大会后,可持续发展指标体系便成为国际上可持续发展研究的热点和前沿。随着研究的深入,各种指标体系不断提出,各国都努力探寻能定量衡量国家或地区发展的可持续性指标。1996 年,加拿大英属哥伦比亚大学的 William Rees 和 Mathis Wackernagel 教授创造了一套"生态足迹"的计算方法,对综合承载力的计算难题作出了相当大的贡献,后来生态足迹理论就成为比较有代表性的一种。生态足迹通过测定现今人类为了维持自身生存而利用自然的量来评估人类对生态系统的影响,它显示在现有技术条件下,指定的人口单位内(一个人、一个城市、一个国家或全人类)需要多少具备生物生产力的土地和水域,来生产所需资源和吸纳所衍生的废物。

William Rees 和 Mathis Wackernagel 于 1996 年出版了著作《我们的生态足迹》(Our Ecological Footprint),此后有 20 多个国家利用生态足迹指标来计算各类承载力问题,世界自然基金会(World Wide Fund for Nature,WWF)和 Redefining Progress 两大非政府机构自 2000 年起每两年公布一次世界各国的生态足迹资料。虽然这些指标的应用和表示方法不同,但它们的出发点和目标都是相同的,即定量表示人类对自然的利用,使人类了解自身的生存和发展对自然的威胁状况,以促进和实现人类减少对自然的毁坏性影响。

二、生态足迹的概念

生态足迹(ecological footprint,EF)也称为生态空间占用,是一种衡量人类对自然资源利用程度以及自然界为人类提供的生命支持服务功能的方法,是一种计量人类对生态系统需求的指标,计量的内容包括人类拥有的自然资源、耗用的自然资源,以及资源分布情况。该方法通过计算维持人类的自然资源消费量和人类产生的废弃物所需要的生态生产性空间面积大小,并与给定人口区域的生态承载力进行比较,来衡量区域的可持续发展状况。

生态足迹将每个人消耗的资源折合成为全球统一的、具有生产力的地域面积,通过计算区域生态足迹总供给与总需求之间的差值——生态赤字或生态盈余,准确地反映了不同区域对于全球生态环境现状的贡献。生态足迹既能够反映出个人或地区的资源消耗强度,又能够反映出区域的资源供给能力和资源消耗总量,也揭示了人类生存持续生存的生态阈值。它通过相同的单位比较人类的需求和自然界的供给,使可持续发展的衡量真正具有区域可比性,评估的结果清楚地表明在所分析的每一个时空尺度上,人类对生物圈所施加的压力及其量级,因为生态足迹取决于人口规模、物质生活水平、技术条件和生态生产力。

生态足迹指标具有很强的应用意义,通过生态足迹需求与自然生态系统的承载力(亦称生态足迹供给)进行比较,即可以定量地判断某一国家或地区目前可持续发展的状态,以便对未来人类生存和社会经济发展做出科学规划和建议。该指标的提出为核算某地区、国家和全球自然资本利用状况提供了简明框架,通过测量人类对自然生态服务的需求与自然所能提供的生态服务之间的差距,就可以知道人类对生态系统的利用状况,可以在地区、国家和全球尺度上比较人类对自然的消费量与自然资本的承载量。

三、生态足迹的指标体系

生态足迹的指标体系包括如下三种。

(一)生态容量与生态承载力

传统研究中采用的生态承载力以人口规模为基础。它反映在不损害区域生产力的前提下,一个区域有限的资源能供养的最大人口数。目前,这种计算方法已经很难衡量生态经济系统发展。1991年,Hardin进一步明确定义生态容量为在不损害有关生态系统的生产力和功能完整的前提下,可无限持续的最大资源利用和废弃物产生率。生态足迹研究者接受了Hardin的思想,并将一个地区所能提供给人类的生态生产性土地的面积总和定义为该地区的生态承载力,以表征该地区的生态容量。

把生态容量的概念引入到旅游活动中,就得到了旅游容量(旅游承载力)的概念。旅游容量指在可持续发展前提下,旅游区在某一时间段内,其自然环境、人工环境和社会经济环境所能承受的旅游及其相关活动在规模和强度上极限值的最小值。旅游容量包括三种基本类型:一是旅游心理(感知)容量,指旅游者在某一地域从事旅游活动时,在不降低旅游活动质量的条件下,该地域所能容纳的旅游活动最大量。二是旅游资源容量,指在保持旅游资源质量的前提下,一定时间内旅游资源所能容纳的旅游活动量。三是旅游生态容量,指在保证生态系统不致退化的前提下,一定时间内旅游场所所能容纳的旅游活动量。

(二)人类负荷与生态足迹

人类负荷指的就是人类对环境的影响规模,正如前面所提到的,它由人口自身规模和人均对环境的影响规模共同决定。生态足迹分析法用生态足迹来衡量人类负荷。它的设计思路是:人类要维持生存必须消费各种资源、产品和服务,人类的每一项最终消费的量都追溯到提供生产该消费所需的原始物质与能量的生态生产性土地的面积。所以人类系统的所有消费理论上都可以折算成相应的生态生产性土地的面积。

在一定技术条件下,要维持某一物质消费水平下的某一人口的持续生存必需的生态生产性土地的面积即为生态足迹。它既是既定技术条件和消费水平下特定人口对环境的影响规模,又代表既定技术条件和消费水平下特定人口持续生存下去而对环境提出的需求。从前一种意义讲,生态足迹衡量的是人口目前所占用的生态容量;从后一种意义讲,生态足迹衡量的是人口未来需要的生态容量。由于考虑了人均消费水平和技术水平,生态足迹涵盖了人口规模与人均对环境的影响力。

(三)生态赤字与生态盈余

一个地区的生态承载力小于生态足迹时,出现生态赤字,其大小等于生态承载力减去生态足迹的差数;生态承载力大于生态足迹时,则产生生态盈余,其大小等于生态承载力减去生态足迹的余数。生态赤字表明该地区的人类负荷超过了其生态容量,要满足其人口在现有生活水平下的消费需求,该地区要么从地区之外进口欠缺的资源以平衡生态足迹,要么通过消耗自然资本来弥补收入供给流量的不足。这两种情况都说明地区发展模式处于相对不可持续状态,其不可持续的程度用生态赤字来衡量。相反,生态盈余表明该地区的生态容量足以支持其人类负荷,地区内自然资本的收入流大于人口消费的需求流,地区自然资本总量有可能得到增加,地区的生态容量有望扩大,该地区消费模式具相对可持续性,可持续程度用生态盈余来衡量。

知识活页　　生态赤字日

全球性的人口急剧膨胀,自然资源短缺,生态环境日益恶化,使人与自然的关系越来越不和谐,大规模的、无序的人类活动已打破了自然界的生态平衡和生态结构,正深刻地影响和改变地球生态系统的演化路径和方向,地球生命支持系统正在发生着有史以来最剧烈的生态退化和"景观破碎",直接造成人类陷入"生态赤字"、"生态贫困"和"生态灾难"之中,对人类生存、发展与安全构成了极其严峻的挑战。当一个地区的生态承载力小于生态足迹时,即出现生态赤字,其大小等于生态承载力减去生态足迹的差数,生态赤字的出现表明该地区的人类负荷超过了其生态容量,要满足其人口在现有生活水平下的消费需求,该地区要么从地区之外进口欠缺的资源以平衡生态足迹,要么通过消耗自然资本来弥补收入供给流量的不足。为了更清晰地表达全球"生态赤字"的发展态势,科学家们提出了"生态赤字日"的概念。所谓"生态赤字日"是指人类将地球为满足一整年的用度而产出的资源消耗殆尽的时间节点,在"生态赤字日"之后的该年度其余时间内,人类是向地球及后代子孙索要资源以"吃老本"的透支方式来维持当前的生活方式。1987年,人类首度进入生态赤字的状态,当年的生态赤字日为12月18日,而2007年的生态赤字日已经提前到10月6日,这无疑表明人类蚕食地球环境资源的脚步正持续加快,人类的可持续发展受到挑战。

四、生态足迹的计算方法

生态足迹的计算是基于两个假设:一是人类可以确定自身消费的绝大多数资源、能源及其所产生的废弃物的数量;二是这些资源和废弃物能折算成生产和消纳这些资源和废弃物物流的生物生产面积或生态生产面积。因此,任何已知人口(某一个人、一个城市或一个国家)的生态足迹就是其占用的生产这些人口所消费的资源和消纳这些人口所产生的废弃物所需要的生态生产土地和水域的总面积。一般来说,生态足迹的计算包括以下步骤。

(一) 生物生产面积类型及其均衡化处理

在生态足迹计算中,各种资源和能源消费项目被折算为耕地、草场、林地、建筑用地、化石能源土地和海洋(水域)等 6 种生物生产面积类型。耕地是最有生产能力的土地类型,提供了人类所利用的大部分生物量。草场的生产能力比耕地要低得多。由于人类对森林资源的过度开发,全世界除了一些不能接近的热带丛林外,现有林地的生产能力大多较低。化石能源土地是人类应该留出用于吸收 CO_2 的土地,但目前事实上人类并未留出这类土地。出于生态经济研究的谨慎性考虑,在生态足迹的计算中,考虑了 CO_2 吸收所需要的化石能源土地面积。由于人类定居在最肥沃的土壤上,因此建筑用地面积的增加意味着生物生产量的损失。

由于这 6 种生物生产面积的生态生产力不同,要将这些具有不同生态生产力的生物生产面积转化为具有相同生态生产力的面积,以汇总生态足迹和生态承载力,需要对计算得到的各类生物生产面积乘以一个均衡因子:

$$r_j = d_j/D, \quad j = 1,2,3,\cdots,6$$

其中,r_j 为均衡因子;d_j 为第 j 类生物生产面积类型的平均生态生产力;D 为所有各类生物生产面积类型的平均生态生产力。通常采用的均衡因子为:耕地、建筑用地为 2.8,森林、化石能源土地为 1.1,草地为 0.5,海洋为 0.2。

(二) 计算人均生态足迹分量

人均生态足迹分量的计算公式为:

$$A_i = (P_i + L_i - E_i)/(Y_i \cdot N), \quad i = 1,2,3,\cdots,m$$

其中,A_i 为第 i 种消费项目折算的人均生态足迹分量(hm^2/人);Y_i 为生物生产土地生产第 i 种消费项目的年平均产量(kg/hm^2);P_i 为第 i 种消费项目的年生产量;L_i 为第 i 种消费项目年进口量;E_i 为第 i 种消费项目年出口量;N 为人口数;i 为消费项目数。在计算煤、焦炭、燃料油、原油、汽油、柴油、热力和电力等能源消费项目的生态足迹时,将这些能源消费转化为化石能源土地面积,也就是以化石能源的消费速率来估计自然资产所需要的土地面积。

(三) 计算生态足迹

生态足迹的计算公式为:

$$EF = N \cdot ef = N \cdot \sum(aai) = \sum r_j A_i = \sum (c_i/p_i)$$

其中,EF 为总的生态足迹;N 为人口数;ef 为人均生态足迹;c_i 为第 i 种商品的人均消费量;p_i 为第 i 种消费商品的平均生产能力;aa_i 为人均第 i 种交易商品折算的生物生产面积;i 为所消费商品和投入的类型;A_i 为第 i 种消费商品折算的人均占有的生物生产面积;r_j 为均衡因子。

（四）计算生态承载力

在生态承载力的计算中,由于不同国家或地区的资源禀赋不同,不仅单位面积耕地、草地、林地、建筑用地、海洋（水域）等的生态生产能力差异很大,而且单位面积同类生物生产面积类型的生态生产力也差异很大。因此,不同国家和地区同类生物生产面积类型的实际面积是不能进行直接对比的,需要对不同类型的面积进行标准化。不同国家或地区的某类生物生产面积类型所代表的局地产量与世界平均产量的差异可用"产量因子"表示。某个国家或地区某类土地的产量因子是其平均生产力与世界同类土地的平均生产力的比率。同时出于谨慎性考虑,在生态承载力计算时应扣除 12% 的生物多样性保护面积。

生态承载力的计算公式如下：
$$ec = a_j \times r_j \times y_j, \quad j = 1,2,3,\cdots,6$$

其中,ec 为人均生态承载力（hm^2/人）;a_j 为人均生物生产面积;r_j 为均衡因子;y_j 为产量因子。

（五）计算生态盈余或赤字

区域生态足迹如果超过了区域所能提供的生态承载力,就会出现生态赤字;如果小于区域的生态承载力,则表现为生态盈余。区域的生态赤字或生态盈余,反映了区域人口对自然资源的利用状况。

五、生态足迹的计量单位

生态足迹的计量单位是"全球性公顷",即 gha（global hectare）,并非通常的土地面积公顷。一个单位的全球性公顷,相当于 1 hm^2 具有全球平均产量的生产力空间。比如,假设全世界只有两个国家,甲国和乙国,每个国家各有 8 位居民,又假定全世界只有 4 hm^2 农田,生产 4 种农作物（A、B、C、D）;某年,全球总共生产 A 作物 40 kg,B 作物 30 kg,C 作物 20 kg,D 作物 10 kg,4 种作物总和为 100 kg,于是可以说全球共有平均产量 25 kg 的 4 个 gha。又假定甲国消费 75 kg 的农作物,使用 3 个 gha,平均每人使用 0.375 gha,而乙国使用 1 个 gha,平均每人使用 0.125 gha。如果甲乙两国生物性生产面积相同,甲国比乙国多使用 1 个单位的 gha,如果甲国的生物性生产面积是乙国的 1/2,那么甲国多使用了 2 个单位的 gha。因此,利用生态足迹指标可以判断资源分配的公正性,另一方面,生态足迹指标还可以检视供给的可持续性,如果某地的可使用生物性面积小于生态足迹,其差值即为生态赤字。

第四节 旅游生态足迹理论与方法

一、旅游生态足迹的概念与发展

旅游生态足迹（tourist ecological footprint,简称 TEF）是生态足迹在旅游研究中的应用,是指在一定时空范围内,与旅游活动有关的各种资源消耗和废弃物吸收所必需的生物生产土地面积。即将旅游过程中旅游者消耗的各种资源和产生的废弃物吸收,用被人容易感知的面积观念进行表述,这种面积是全球统一的、没有区域特性的,具有直接的可比较性。Wackernagel 在 2000 年首先对国际旅游业的生态足迹作了初步分析;Colin Hunter 在 2002 年首先提出了旅游生态足迹的定义,以及旅游生态足迹在旅游可持续发展研究中的可能应用;Cole Victoria 在 2002 年对喜马拉雅山附近的一个小村庄的旅游生态足迹进行了研究;Stefan Gössling 等在 2002 年以非洲塞舌尔为例构建了旅游目的地生态足迹计算模式,并对该国 2000 年旅游业的生态足迹计算进行了实证分析。在我国,杨桂华、席建超、章锦河等最先对旅游生态足迹展开相关研究。

旅游业涵盖的行业和对象很多,需要对旅游生态足迹进行进一步分类和界定,才能明确研究对象,以便有利于进一步认识和分析不同对象的生态足迹。按照研究对象覆盖的范围,可将旅游生态足迹分为 5 种类型。

（一）旅游产业生态足迹

旅游产业生态足迹是把一定区域范围内的整个旅游业作为一个整体,计算其一定时期内消耗的生物产品和产生的废弃物吸收所必需的生物生产土地面积。由于旅游业是一个综合的产业,涵盖交通业、酒店业、食品业等诸多行业,也涉及如机场、道路等公用事业,旅游产品也是复杂多样的,对整个旅游产业的生态足迹进行计算具有一定难度。

（二）旅游部门生态足迹

每个区域的旅游业由若干特定旅游部门组成,旅游部门生态足迹就是计算指定区域、某一个特定组成部门的各种资源和废弃物吸收所必需的生物生产土地面积。部门旅游生态足迹就是把特定的组成部门(如全世界、某个国家、某个地区所有的酒店业)看作一个整体,对其生态消耗进行计算。

（三）旅游目的地生态足迹

旅游目的地承载了旅游者的吃、住、行、游、购、娱等多个方面消费,旅游者在目的地形成一定的生态需求。一年中,旅游目的地所有旅游者消耗的生物产品和产生的废弃物吸收所必需的生物生产面积就是旅游目的地生态足迹。目前已有的国内外的旅游生态足迹实证研究大多是对某一确定的旅游目的地而言。

（四）旅游企业生态足迹

旅游企业是构成整个旅游产业的基础,任何旅游企业的建设和运营都有资源消耗和废弃物产生。旅游企业生态足迹对单个旅游企业一定时期内的生态需求进行分析,计算其生物生产土地面积。

（五）旅游产品生态足迹

旅游产品是一个跨行业的组合产品,旅游者在旅游活动各个环节上都有一定的生态消耗。旅游产品生态足迹是旅游者在消费旅游产品过程中,消费生物产品和产生的废弃物吸收所必需的生物生产土地面积,主要包括食、住、行、游、购、娱等要素,如观光线路旅游产品、度假旅游产品等。

但要注意的是,对于旅游产业、旅游部门、旅游目的地、旅游企业的生态足迹,时间尺度大多以年为计量单位。对于旅游产品而言,其时间尺度只能以旅游产品的具体消费时间为计量单位,而不能以年为计量单位。

二、旅游生态足迹的计算方法

旅游生态足迹的计算方法可以借用生态足迹较为成熟的方法。按照不同的数据获取方式,生态足迹计算方法分为两种。第一种是综合法,自上而下地根据地区性或全国性的统计资料,查取地区各消费项目的有关总量数据,再结合人口数得到人均的消费量值,适合于大尺度生态足迹的计算;第二种是成分法,以人类的衣食住行活动为出发点,自下而上地通过发放调查问卷、查阅统计资料等方式先获得人均的各种消费数据,适合于小尺度生态足迹的计算。旅游生态足迹的计算一般采用成分法,以旅游产品的生态足迹为例,其计算的步骤和具体方法如下。

(一)计算旅游消费项目的人均消费量

根据不同的情况和旅游活动的特点,对旅游活动的消费项目进行划分,并计算每个消费项目的人均建筑占地和人均消费量。在旅游产品生态足迹计算中,将旅游产品的资源消耗按旅游活动的6要素分为食、住、行、游、购、娱6类。"食"的生态足迹是指旅游者在旅游过程中食品方面消费和相关能源消耗量所需的土地面积。"宿"的生态足迹包括建筑所需的资源和能源消耗所需土地面积。建筑用地指酒店、宾馆等接待设施的住房、花园等设施的占地面积;能源消耗主要用于加热、制冷、烹饪、照明、洗涤等方面占用的土地面积。"行"的生态足迹指所有与旅行有关的交通设施所需的资源和能源消耗占用的土地面积,包括往返目的地的交通和所有在目的地的交通设施(公路、铁路、停车场、飞机场等)的占地面积和交通工具的能源消耗。由于基础设施被旅游者和当地居民所公用,计算旅游生态足迹时应该考虑非旅游因素。"游"的生态足迹指在旅游目的地进行的各类游览活动时所占用的资源和能源消耗所需土地面积。这些地点主要指旅游吸引物,如旅游景区、博物馆、植物园等。对于不同的旅游景区,其生态足迹计算应该根据实际情况进行处理,如山岳型景区的占地用林地处理、游乐场用建筑地处理,包括建筑用地、林地和能源消耗。"购"的生态足迹是指旅游者采购的旅游商品在生产、加工、运输和出售时所需的资源和能源消耗占用的土地面积。由于生态足迹主要考虑净消费额,在讨论旅游产品的生态足迹时,这部分可以忽略不计;如果讨论目的地的旅游生态足迹,应该纳入贸易调整范围。"娱"的生态足迹涉及旅游接待地的所有娱乐项目,如酒吧、舞厅等休闲场所和游泳馆、高尔夫球等康体场所,"娱"的生态足迹指这些场所占地面积和在这些场所的能源消耗所需土地面积。

(二)计算生产性土地面积

在获得各个消费项目的人均建筑占地和人均消费量后,要将生物资源消费和能源消费转换为生产性土地面积。

1. 生物资源消费转换成生产性土地面积

旅游活动中消耗的生物资源包括农产品、动物产品、水果等几类,可以利用生产力数据,将各项资源或产品的消费折算为一定数量的生态生产性土地面积。其计算公式如下:

$$S_i = C_i/P_i$$

其中，S_i 为 i 种生物所使用的土地；C_i 为 i 种生物资源的消耗量；P_i 为 i 种生物资源的平均产量。

2. 能源消费转换成生产性土地面积

旅游活动中的能源消费主要涉及煤、石油液化气、汽油、柴油和电力。能源消费量转化为化石燃料生产土地面积时，采用世界上单位化石燃料生产土地面积的平均发热量为标准，将当地能源消费所消耗的热量折算成一定的化石能源土地面积。化石能源用地是人类应该留出用于吸收 CO_2 的土地：

$$S_i = (C_i \times f)/GM$$

其中，S_i 为 i 种能源用地；C_i 为 i 种能源消耗量；f 为 i 种能源的折算系数；GM 为 i 种能源消耗量的全球平均能源系数。

3. 计算旅游生态足迹

将食、住、行、游、购、娱活动的资源和能源消耗转换成生产性的土地面积后，还需转换成生态足迹。由于可耕地、林地、草地、化石燃料土地、建筑用地和水域等类型的用地，其单位面积的生物生产能力差异很大，因此在计算生态足迹的需求时，为了使这几类不同的土地面积和计算结果可以比较和汇总，要在这几类不同的土地面积计算结果前分别乘上一个相应的均衡因子，以转化为可比较的生物的生产土地均衡面积，其计算公式如下：

$$ef = \sum S_i \times e_i$$

其中，ef 为人均生态足迹，e_i 为均衡因子。

三、旅游生态足迹的特征

根据旅游生态足迹概念，旅游生态足迹特征包括如下四个方面。

（一）生态消耗性

旅游活动中，旅游者的食、住、行、游、购、娱等各方面都需要消耗一定的自然资源（如土地、能源等），在消耗这些自然资源的同时，又将产生一定的废弃物（如垃圾、CO_2 等），降解和吸收这些废弃物又需要一定的资源（如土地、森林等）。这是一种生态消耗，既包括旅游活动直接消耗的资源，也包括旅游活动间接消耗的资源。

（二）主体确定性

旅游活动的主体是旅游者，旅游生态足迹是对旅游活动的资源需求和产生的废弃物进行定量描述，所以旅游生态足迹描述的主体是旅游者。旅游生态足迹最终反映旅游者在旅游活动过程中的生态需求和实际生态消耗。

（三）标准统一性

旅游活动生态消耗所形成的生物生产土地面积，通过均衡处理以后得到的旅游生态足迹，其面积是全球统一的，消除了地域差异，因而可以对不同方式、不同地域的旅游活动的生态消耗在全球范围直接比较。

（四）时空有限性

所有的旅游活动均发生在一定的时空范围内，所以必须界定旅游活动的时空范围才能有效测度旅游活动的生态消耗,不同的时空范围对应着不同的旅游生态足迹。

四、旅游生态足迹的功能

旅游生态足迹的功能就是建立一种可持续的旅游方式的测度方法,利用这种新方法,可以更加科学地测度旅游活动的生态需求和环境影响,对旅游业做出更加真实、全面、正确的评价,实现旅游可持续发展。旅游生态足迹可以在旅游产业、旅游产品、旅游目的地、企业生态、旅游者及大众旅游6个方面发挥其测度可持续性的功能。

(一) 测度旅游业的功能

1. 比较旅游业与其他产业间的可持续性

旅游生态足迹可以将旅游产业与其他产业进行比较。国际旅游是整个旅游产业的一个重要组成部分,根据Wackernagel的分析,国际旅游的生态足迹占用超过了全球生态足迹的10%,同时国际旅游业创造了全球10%左右的收益、提供了全球9%左右的就业机会,这说明国际旅游业的资源消耗水平和社会贡献率与其他产业的社会平均水平基本一致。

2. 评价交通方式的可持续性

通过对航空、铁路、汽车等不同运输行业生态足迹的计算,可以比较各种运输方式之间生态足迹的差异,评价不同运输方式的生态需求。交通方式生态足迹的大小可以反映出交通工具对环境的污染程度。

(二) 评价旅游产品的生态性功能

不同的旅游产品其旅游资源、旅游设施、旅游服务、旅游购物品和旅游交通方式等都是不同的。由于旅游产品的构成要素不同和旅游者的消费水平不同,旅游者的生态需求有很大的差别。同样是度假旅游产品,由于提供的设施和服务不同,其生态足迹就有很大的差异。通过对不同旅游产品的生态足迹进行计算,可以比较不同旅游产品的生态需求和自然资源消耗,从而可以找出旅游可持续发展的合适形式。

(三) 测度旅游目的地的功能

生态足迹能够反映旅游活动对目的地的资源和能源消耗的影响。对于一些旅游业比较发达的地区或城市,旅游业的生态足迹对目的地居民人均生态足迹有重大影响,如果不充分考虑旅游生态足迹,旅游者的一部分生态足迹就会被统计到当地居民头上,目的地居民的生态足迹计算就会出现失真。因此在计算旅游目的地的生态足迹时,必须充分考虑旅游业的影响。生态足迹还能反映旅游目的地对其他地区的依赖程度。许多旅游业发达的目的地其生态承载力是有限的,为了维持当地生态系统,其能源、食品、水源甚至旅游纪念品都依赖进口,这些生物产品和能源产品同样需要一定的生产性土地面积。通过贸易方式,旅游目的地的生态负担被转嫁到其他国家或地区,这种被转嫁的生产性土地,称之为生态腹地,生态腹地大小反映出旅游目的地对其他地区的依赖程度。

(四) 评价旅游企业的功能

作为生态旅游和可持续旅游认证体系指标的一部分,生态标识是指内容与环境有关的标识,它可以是自然或者社会环境在某一个特定时间和地点的状态,也可以是环境管理或者

表现的衡量指标,是用于确定某旅游产品或服务在特定旅游产品或服务类别中具有基于生命周期考虑的总体环境优势的标识。可持续旅游认证体系是主要或完全以性能为基础的体系,采用独立的审计员与诸多利益相关者商议拟订的多层面的调查问卷,然后根据审计与调查结果,参照可持续旅游认证标准认定合格而授予相应标识,为生态旅游产品和经营者提供一套工作框架,从环境和社会表现等方面对其进行达标评估和认证,促使其持续改进。对旅游企业开展生态旅游和可持续旅游认证具有很大现实意义,也是旅游业发展的紧迫要求和趋势。在生态旅游和可持续旅游认证中,由于生态足迹具有容易量化的特点,可以将生态足迹评价标准具体化(如饭店的房间大小、装修质量、照明、噪音、温室气体排放等均可以用生态足迹来表示),作为认证和评价指标体系的一部分,对企业的生态需求进行评价。通过不同企业生态足迹大小的比较,可以清楚地知道不同类型企业之间生态需求的差别。

（五）对旅游者的生态教育功能

旅游生态足迹概念和分析方法都比较简单,尤其是用土地面积的大小来描述旅游过程的资源消耗和产生的废弃物,形象直观,容易被普通旅游者接受、感知和认识。旅游者是旅游可持续发展的重要参与者和实践者,他们的旅游行为方式和消费习惯是否健康、合理、生态,对旅游可持续发展至关重要,而旅游者行为方式和消费方式是受旅游者的环境和生态意识所决定的。利用旅游生态足迹概念,可以有效对旅游者进行环境和生态教育,有利于提高旅游者的生态意识,可以倡导旅游者养成健康、合理、生态的旅游行为和消费习惯,推动可持续旅游可持续发展。

（六）对大众旅游的评价功能

一直以来,许多人把生态旅游和旅游可持续发展等同起来,而把大众旅游看成具有天生的不可持续性。生态足迹分析方法的提出,在一定程度上证明了这种看法的片面性。例如,对于英国旅游者而言,按照现有的观点,到马约卡岛和塞浦路斯旅游是传统的大众旅游,到塞舌尔旅游是生态旅游。但采用生态足迹分析,可以发现,同样的停留时间,到塞舌尔旅游的生态足迹人均为 1.8564 hm^2,而到马约卡岛旅游的生态足迹人均只有 0.300 hm^2,到塞浦路斯旅游的生态足迹人均只有 0.700 hm^2,主要是因为英国与塞舌尔的距离远,英国与马约卡岛、塞浦路斯的距离近。对于英国旅游者而言,到塞舌尔旅游的生态需求大大超过了到马约卡岛和塞浦路斯大众旅游的生态需求,生态需求越大意味着环境的负面影响越大,只不过是这种影响不仅仅局限于旅游目的地和旅游景区,而是影响整个生物圈和全球生态环境。

随着研究的不断深入,旅游生态足迹的功能还将进一步显现,对于旅游业的发展,旅游生态足迹对旅游业的发展也有一定的指导意义。通过生态足迹分析,旅游活动对于全球环境影响是难以忽略的,也不是所谓的无烟工业,旅游业必须对全球环境变化负责。从生态足迹的视角来说,减小和控制旅游生态足迹的新增是减小旅游业对全球环境影响的主要途径。旅游活动是人类生活水准提高的表现,不能为了减少旅游生态足迹的产生就限制旅游业的发展和旅游活动的开展。但是,必须在技术允许的范围内,考虑在旅游者实际承受能力的前提下,合理控制旅游生态足迹的新增。必须根据旅游生态足迹的研究进展,寻找减少旅游生态足迹的有效途径。

我国现有旅游产品就存在着观光旅游产品居多,度假旅游产品较少;基本旅游消费比例过大,非基本旅游消费比例过小;物质资料消费多,精神资料消费少等结构性问题。从旅游生态足迹的角度来看,这种产品结构具有以下特色:以生态消耗为基础的硬需求过多,以服务为基础的软需求过少,容易造成旅游生态足迹的新增。同时,旅游产品结构的不合理,又影响旅游消费数量,增加企业经营成本,减少旅游企业的经济收入,势必降低旅游业和旅游企业的生态效率,不利于实现旅游可持续发展。旅游业和旅游企业应该站在全球环境保护的高度,增强创新能力,大力改善产品结构,改变以往单纯依靠消耗资源实现旅游总收入的传统经营方式,减少旅游产品对资源的依赖,降低生态消耗,提高整个旅游产业的综合绩效。

本章小结

(1) 在生态经济核算成本效益的基础上,介绍了生态经济成本效益分析的主要思想。
(2) 介绍了绿色国民经济核算理论的相关内容。
(3) 介绍了生态足迹核算利用的相关内容,并重点阐述了旅游生态足迹理论与方法的内容及其应用。

核心关键词

生态经济	ecological economy
成本效益	cost benefit
核算体系	accounting system
生态足迹	ecological footprint
旅游生态足迹	tourism ecological footprint

思考与练习

1. 简述如何平衡生态效益和经济效益间的关系。
2. 简述传统国民经济核算方法的意义与局限性。
3. 简述绿色国民经济核算的主要方法与指标。
4. 简述生态足迹的内涵与计算方法。
5. 简述旅游生态足迹的含义及计算方法。
6. 简述旅游生态足迹的应用意义。

案例分析

生态效益与经济效益的双赢——若尔盖的生态旅游开发

　　川西少数民族边缘地区大多生态环境脆弱,经济社会发展水平低下,而长期传统粗放的经济发展模式更加剧了对生态环境的破坏,进一步恶化了当地生产生活环境,导致保护生态环境与发展社会经济的两难。若尔盖县地处四川西北部,县境东北部和东南部系秦岭西部余脉和岷山北部尾端,山高谷深,地势陡峭,小河流众多,占全县总面积的30%左右。该部分水土流失严重,是泥石流、滑坡等自然灾害多发区。县境西南部和中部则是高寒草甸草原,占全县面积70%左右。该部分由于过度放牧、疏干沼泽、气温升高等人文和自然因素影响,导致湿地退化、草原沙化严重。长期以来,不合理的粗放式经济模式使得若尔盖县本来脆弱的生态系统日趋恶化。生态系统恶化使灾害破坏力进一步增大,原本脆弱的工业、农牧业生产环境频频受到破坏性影响,农田遇灾减产、甚至绝收的情况屡屡发生,极易发生农牧民因灾致贫和返贫的情况,当地居民的生产生活陷入生态经济恶性循环。

　　若尔盖县旅游资源丰富而独特,既有黄河九曲第一湾、热尔大草原、国家级湿地保护区、梅花鹿自然保护区、包座原始森林等自然景观,又有八七会议遗址、包座战役遗址、古潘州遗址等人文景观,是大九寨国际旅游区的核心组成部分。同时,由于边缘地带的过渡性特点,若尔盖县的特色农产品和中药材丰富,工业污染少,具备发展绿色农产品和生态旅游的比较优势。

　　对于经济和环境均不占优的四川西部边缘地区来说,旅游业的经济效益、社会效益和生态效益与传统产业相比都很显著。生态旅游业的发展有助于川西少数民族边缘地区传统型经济模式向生态友好型生态经济模式的转变,减轻边缘地区脆弱的生态环境压力;有利于农村剩余劳动力向非农产业的转移,改变农牧民传统的生产生活方式,增加农牧民收入,提高农牧民的生活水平,缓解农村粗放的经营方式所带来的生态破坏,改善区域生态环境。若尔盖县大力发展生态旅游业,是在资源配置与经济发展模式上的转变,充分发挥了当地旅游资源的比较优势,紧紧抓住了绿色生态旅游业发展机遇,培育了新的经济增长点,有力地推动了人民脱贫致富和全面小康社会的建设。自发展生态旅游以来,若尔盖县旅游业对地区经济发展的贡献率迅速提高,尤其是在2000年将生态旅游业确定为支柱产业后,增势更加明显。到2006年,若尔盖县共接待游客约32.16万人次,旅游总收入达12687万元,全县旅游收入占地区生产总值的比重达到26.94%。与此同时,在就地解决了大量景区农牧民就业的情况下,共计安排了2000余人进入旅游行业工作,既解决了他们脱贫致富的问题,也有利于社会的稳定与和谐发展。若尔盖县通过发展生态旅游业,带动了地区产业结构升级,在带来经济效益的同时,其环境友好的产业特性具有非常明显的生态效益。随着旅游业的发展,若尔盖县广大干部群众认识到了生态环境保护对旅游业发展的重要性,积极响应国家和省政府的退耕还林还草号召,草原面积和森林覆盖率不断提高,为进一步开发生态旅游奠定了坚实的基础,实现了生态经济的可持续发展。

(资料来源:川西少数民族边缘地区生态旅游模式与效益分析——以四川省若尔盖县为例,《农村经济》,2008年第3期,有删改。)

问题:
1. 试阐述生态环境与经济效益的协调统一。
2. 若尔盖县为什么选择生态旅游业作为支柱产业?其经验有什么发展启示?

第八章

旅游生态补偿

学习引导

随着环境问题的日益突显,通过生态补偿促进环境保护与优化的呼声越来越高。生态环境在旅游中的重要性也逐渐提升,一方面,生态环境成为旅游地重要的吸引要素,成为旅游发展的重要生态资本;另一方面,旅游活动带来的生态环境破坏,影响生态文明建设和整体生态服务价值的增值。旅游生态补偿在平衡旅游生态产品生产和消费的过程中具有十分重要的意义。根据不同的划分标准可将旅游生态补偿划分为多种类型,明确旅游生态补偿的主体与对象,确定旅游生态补偿的标准,选择合理的生态补偿方式,构建有效的生态补偿机制,是旅游生态补偿的主要内容。本章从旅游生态补偿的类型、主体、标准、方式以及机制与政策体系等方面来探讨旅游生态补偿的相关内容。

学习目标

- 旅游生态补偿的类型;
- 旅游生态补偿的主体;
- 旅游生态补偿的标准;
- 旅游生态补偿的方式;
- 旅游生态补偿的机制与政策体系。

第一节 旅游生态补偿的类型

一、旅游生态补偿的概念

近年来,生态补偿已经成为协调经济发展和生态保护的重要措施,生态环境在旅游中的重要性也日益突出。因此,旅游生态补偿作为生态文明建设的重要途径之一,也逐渐受到了重视。

（一）生态补偿

生态补偿(ecological compensation)是当前生态经济学界的热点问题,随着我国生态环境的不断恶化,人们逐步关注到生态环境的保护与建设问题。国际上与生态补偿的概念类似有生态/环境付费(payment for ecological / environmental service,PES)、生态/环境服务补偿(compensation for ecological /environmental services)。使用较为广泛是的PES。[①] 生态补偿的核心价值诉求是为了促进经济社会的可持续发展,而不是用经济资源换生态服务。因此,生态补偿可以界定为:为了促进生态环境优化并支持人类社会的持续发展,通过各种人为手段对生态环境本身以及与生态环境密切相关的利益相关者进行补偿,调节生态系统服务生产者与消费者利益关系的有意识的行为的总和。[②]

（二）旅游生态补偿

旅游生态补偿(tourist eco-compensation)则是将旅游发展与生态补偿相结合,旅游生态补偿作为一种调节旅游生态环境各利益相关者之间关系的一种有效工具,在平衡各旅游生态产品的生产和消费过程中发挥着十分重要的作用。

目前,国内外关于旅游生态补偿的研究并不多,所以关于旅游生态补偿的概念还没有一个明确的界定。吴耀宇认为旅游生态补偿是以保护和可持续利用旅游地生态系统服务为目的、以经济手段为主要方式,调节利益相关者彼此间关系的制度安排。张一群等认为旅游生态补偿是指采用经济手段调节旅游开发经营所涉及的生态利益相关者之间利益关系的制度安排,主要目的是保护旅游地生态系统,促进旅游业可持续发展。杨桂华根据生态补偿的一般性内涵提出旅游生态补偿是指采用经济手段调节旅游开发经营所涉及的生态利益相关者之间利益关系的制度安排,主要目的是保护旅游地生态系统、促进旅游业可持续发展。[③]

从现有的研究成果来看,人们关注更多的是旅游发展对于生态环境的负面影响,因此多将旅游作为生态补偿的一种主体。旅游业作为一种资源消耗较少、环境破坏较小的产业在生态补偿的过程中应发挥更大的作用。生态补偿的最终目的是获得人类社会的可持续发展,而旅游业对于社会、经济发展的拉动作用已被实践所验证。因此,科学的旅游发展不仅是生态补偿的主体,更多的应该是充当生态补偿的中介,通过对旅游发展的支持,间接地实

---

① 刘敏,刘春凤,胡中州.旅游生态补偿:内涵探讨与科学问题[J].旅游学刊,2013(2).
② 胡孝平,马勇,史万震.基于旅游产业发展视角的生态补偿模式创新研究[J].江苏商论,2011(4).
③ 张一群,杨桂华.对旅游生态补偿内涵的思考[J].生态学杂志,2012(2).

现对生态系统的改善。基于此,这里将旅游生态补偿定义为:将旅游发展作为生态补偿的一种中介,以获得更大的生态改善的制度安排。旅游生态补偿属于生态补偿的一部分,其实施的最终目的也是为了促进生态环境的改善,并形成生态补偿的长效机制。

旅游生态补偿与一般生态补偿的最大差别在于将旅游业的发展作为生态补偿的一种重要中介,而不是简单地作为生态补偿的主体。旅游生态补偿是对现有生态补偿模式的创新,将使生态补偿产生更好的效果。

二、旅游生态补偿的意义

旅游生态补偿作为一种调节旅游生态环境和旅游生态服务生产与消费的积极尝试,对于保障旅游生态保护与经济利益的协调发展、促进地区之间以及利益相关者之间的公平性和社会的和谐性等具有十分重要的意义。

(一)实现经济社会可持续发展

随着旅游人数的不断增加以及旅游地居民对生活水平提升的需求,在没有形成良性产业格局的情况下,往往加大了对现有旅游资源的消耗量。这种格局一方面导致了对当地各种旅游资源需求的急剧增加,另一方面会排放更多的污染物,从而给旅游环境造成巨大压力。在需求与排污的双重压力下,旅游生态环境本身在物理状态上会呈现出无法自我调节的特征,如旅游地水土流失、水质下降等。旅游生态环境状态的下降不仅对旅游地居民的生活质量产生不良影响,也影响到了相关区域的经济社会发展,导致不同区域间的矛盾,甚至影响到人类社会的可持续发展。而相应的旅游生态补偿政策、措施的出台并实施正是为了改变这种不良影响,对政府、企业等主体实施压力,要求其改善旅游生态环境,最终实现经济社会的可持续发展。

(二)扭转旅游生态恶化趋势

尽管目前我国旅游环境状况总体评价较好,但是由于经济技术手段落后,大部分区域还是采取了资源掠夺性的粗放型生产方式,而且由于很多地方承接了高污染高能耗产业转移,导致旅游环境破坏现象十分严重。然而,由于资金缺乏,很多被破坏的旅游生态环境并没有采取有效手段进行修复,而且随着对经济发展需求的不断增强,大部分地区的旅游生态环境还有进一步恶化的趋势。而旅游生态补偿的实施有利于扭转这种恶化的趋势。因此,为了解决资金缺乏等生态保护的瓶颈问题,遏制生态环境的进一步恶化,必须借助旅游生态补偿加以调节。

(三)调节区域利益冲突

部分旅游地由于发展基础薄弱,交通建设不完善,经济社会发展已经受到了很大的制约,区域的旅游生态环境保护的高要求不仅不能使它们很快地摆脱贫困,反而在很多方面限制其产业经济发展机会的选择,使当地与周边发达地区经济社会发展的差距越拉越大,利益冲突也越来越明显。而旅游生态补偿的实施不仅能够缓解发达地区与落后贫困地区由于缺乏旅游生态补偿所导致的冲突和摩擦,还可以缓解发达地区之间由于相互竞争所导致的摩擦与冲突。例如,发达地区由于不愿意因为旅游环境保护和旅游生态建设而放慢发展速度或丧失竞争优势。旅游生态补偿能够有效促进区际的协调发展,使它们意识到要改变生产

方式,加强旅游生态建设,巩固生态屏障和生态安全,让更多旅游生态保护的受益者参与进来,调节利益冲突,从而促进区域间的公平公正与和谐发展。

(四)实现跨越式发展的需求

许多旅游区域需要利用其丰富的生态旅游资源优势和生态环境破坏较小的有利条件,转变增长方式,发挥后发优势,从而实现跨越式发展。而这一目标的实现必须以良好的旅游生态环境作为基础。在现有的发展方式下,旅游地的当地居民不可能完全自愿地在牺牲自我发展利益的基础上单方面地进行旅游环境保护。所以,必须借助一定的环境管制工具使更多的人参与到旅游生态环境的保护与建设中来,而旅游生态补偿正是对旅游生态服务产品生产与消费进行调节、调动人们对旅游生态环境保护积极性的有效工具。因此,旅游生态补偿的实施是旅游地实现跨越式发展需求的必要条件。

三、旅游生态补偿的类型

旅游生态服务系统由于其属性的不同,旅游生态补偿的方式也会存在很大差别,为了使旅游生态补偿更加具有针对性,需要对旅游生态补偿的类型作出科学划分,并且依据不同的旅游生态补偿类型确定相应的旅游生态补偿主体、方式、核算标准等具体的实施路径。

根据不同的划分标准,旅游生态补偿可划分为不同的类型。按照旅游生态补偿主体的不同将旅游生态补偿分为政府补偿、市场补偿和其他补偿三种类型,政府补偿是目前我国旅游生态补偿的主要补偿主体,市场补偿与其他补偿也逐步得到重视,将在旅游生态补偿的主体这一部分对这三种类型进行详细的介绍。

按照旅游生态补偿对象的不同可以将旅游生态补偿划分为对人的补偿和对物的补偿。其中,对人的补偿主要是指对在旅游生态保护中做出贡献的人给予补偿、对在旅游生态破坏中的受损的人进行补偿以及对减少旅游生态破坏的人给予补偿,而对物的补偿主要是指对旅游生态环境的补偿,后面也将会有详细介绍。

按照旅游生态补偿方式的不同可以分为政府补偿和市场补偿。政府是补偿主体的代表,代表旅游生态服务受益者进行补偿,或代表旅游生态破坏者进行赔偿[①]。政府补偿是最重要的补偿方式,同时也是较为容易的补偿方式。市场补偿是旅游生态服务受益者与旅游生态服务者通过谈判、协商,运用市场机制对旅游生态服务者进行直接补偿的一种方式。随着补偿机制的日益成熟,市场补偿的地位也逐渐得到提升。

按照旅游生态补偿条块分为纵向补偿和横向补偿。纵向补偿是中央对地方的一种补偿,主要是通过中央财政纵向转移支付的方式展开,例如"退耕还林还草"、"天然林保护工程"等;而横向补偿则是发生在经济与旅游生态关系密切的区域之间,是由旅游生态受益者向旅游生态提供者支付一定的资金或者以其他方式进行的补偿。简单来讲,就是由旅游富裕地区直接向旅游贫困地区进行转移支付,通过横向转移改变旅游区域间的利益格局,以实现区域间旅游公共服务水平的均衡发展。与纵向旅游生态补偿相比,横向旅游生态补偿较少,目前只有少数经济较为发达的省份进行了探索以及实施。

---

① 孙志峰,高小萍.《生态补偿条例》编制中的若干关键问题探讨[J].行政事业资产与财务,2011(1).

从政府介入程度可以划分为强干预旅游生态补偿与弱干预旅游生态补偿。强干预旅游生态补偿是指通过政府的转移支付实施旅游生态保护的补偿机制。由于旅游生态资源具有公共物品属性,生态问题的外部性、滞后性及社会矛盾复杂性等因素,使得旅游企业在许多领域和场合根本无法补偿。同时,旅游生态效益的评估十分困难,交易成本也较高,可采取由政府购买生态效益、提供补偿资金这样一种政策手段来提高生态效益。弱干预补偿是指在政府的引导下实现生态保护者与生态受益者之间自愿协商的补偿。政府虽然是旅游生态效益的主要购买者,但竞争机制依然可以在旅游生态效益补偿政策的实施过程中发挥重要的作用。政府提供补偿并不是提高旅游生态效益的唯一途径,政府还可以利用经济激励手段和市场手段来促进旅游生态效益的提高。因此,政府的强干预补偿是必不可少的,但随着市场化程度的提高,政府的弱干预补偿也越来越重要。

而按照空间尺度大小可以分为国际旅游生态补偿与国内旅游生态补偿。国际旅游生态补偿包括全球、区域和国家间的旅游生态补偿,国际旅游生态补偿的内容主要包括全球森林和生物多样性保护、污染转移、温室气体排放、跨界河流等,一般采取的补偿方式是多边协议下的全球购买、区域或双边协议下的补偿,全球、区域和国家之间的市场交易等。国内旅游生态补偿包括旅游流域生态补偿、旅游生态系统服务补偿、重要旅游生态功能区补偿和旅游资源开发补偿。其中,重要旅游生态功能区是指为人类经济、社会发展提供重要旅游生态服务功能的区域,主要包括水源涵养区、生物多样性保护区、防风固沙区、土壤保持区级调蓄防洪区等。采取的补偿方式一般是中央、地方补偿,国家补偿财政转移支付,生态补偿基金,市场交易,企业与个人参与,NGO 捐赠等等。

知识关联

NGO 是非政府组织（Non-Governmental Organizations）的英文缩写,NGO 通常是非营利组织,他们的基金至少有一部分来源于私人捐款。

INGO——国际非政府组织（international NGO）

按照旅游生态补偿效果的不同可划分为输血型补偿和造血型补偿。输血型补偿是指政府通过颁布法律法规等方式对水源地的各项经济活动进行严格的管制,同时以转移支付的形式提供直接经济补偿。政府或补偿者将筹集起来的补偿资金定期转移给被补偿方。这种支付方式的优点是被补偿方拥有极大的灵活性,缺点是补偿资金有可能转化为消费性支出,不能从机制上帮助受补偿方真正做到"因保护生态资源而富"。造血型补偿是指政府或补偿者运用项目支持的形式,将补偿资金转化为技术项目安排到被补偿方,帮助生态保护区群众建立替代产业,或者对无污染产业的上马给予补助以发展生态经济产业,补偿的目标是增加落后地区的发展能力,形成造血机能与自我发展机制,使外部补偿转化为自我积累能力和自我发展能力。支持项目包括对各种生态环境保护与建设项目、生态环境重点保护区域替代产业和替代能源发展项目、农民教育项目、循环经济工业区项目以及生态移民的支持。[①] 保护造血型生态补偿机制通常是与扶贫和地方发展相结合的,优点是可以使被补偿方可持续发展,缺点是被补偿方缺少了灵活支付能力,而且项目投资环境还得有合适的主体。

---

① 沈满洪,陆菁.论生态保护补偿机制[J].浙江学刊,2004(4).

第二节 旅游生态补偿的主体

一、旅游生态补偿的补偿原则

旅游生态补偿的前提条件是明确旅游生态补偿的主体和对象,即弄清楚谁补偿谁的问题。而在确定旅游生态补偿的主体与受偿对象之前需要明确旅游生态补偿的补偿原则。温家宝总理在第六次全国环境保护大会上提出了"谁开发谁保护,谁破坏谁恢复,谁受益谁补偿,谁污染谁付费"的生态补偿基本原则,这一原则也是确定旅游生态补偿主体与对象的基本原则。除了遵循这一基本原则外,旅游生态补偿还应遵循以下四个具体原则。

(一)破坏者付费原则

破坏者付费原则(简称 DPP)主要是针对行为主体对公益性的旅游生态环境产生不良影响从而导致旅游生态系统服务功能的退化的行为进行的补偿。旅游生态资源是宝贵的财富,对于旅游生态环境的破坏,应当由破坏者进行付费赔偿。破坏者付费原则主要针对旅游者而言,旅游者前往生态旅游地为获得生态体验而对生态旅游地造成一系列的生态破坏应承担责任。这一原则适用于区域性的旅游生态问题责任的确定。

(二)使用者付费原则

旅游生态资源属于公共资源,具有公共属性,应该按照使用者付费原则,由旅游生态环境资源占用者向国家或公众利益代表提供补偿。这样,一方面,有利于形成对旅游生态供给者的长效激励机制;另一方面,也有利于形成对旅游生态受益者的约束机制,改变以往受益者普遍存在的"搭便车"心理,帮助其树立"谁使用,谁就必须付费"的生态消费观念。该原则可应用在旅游资源和旅游生态要素管理方面。

(三)受益者付费原则

在旅游区域之间或者流域上下游间,应该遵循受益者付费原则,即受益者应该对旅游生态环境服务功能提供者支付相应的补偿。例如国家级旅游自然保护区与国家级旅游地质遗迹或自然与文化遗产的保护,受益范围是整个国家乃至世界,国家应当承担其保护与建设的主要责任;同时国际社会也应承担相应的责任。区域或流域内的公共旅游资源,由公共旅游资源的全部受益者按照一定的分担机制来承担补偿的责任。

(四)保护者得到补偿原则

对旅游生态建设的保护做出贡献的集体和个人,对其投入的直接成本和丧失的机会成本均应给予相应的补偿和奖励。在旅游生态补偿的过程中除了要使得破坏者、使用者及受益者承担相应的责任外,同时还要平衡受害者以及保护者的权益,缓解各方的矛盾,达到社会和谐。

二、旅游生态补偿的补偿主体

总的来说,旅游生态补偿的主体可以分为三类:生态资源的使用者、生态服务的受益者和生态环境的破坏者。但在不同情况下,旅游生态补偿的主体可能会不同,也可以是受益的旅游企业、个人或者特定的旅游区域、受益的全体公民以及区域公民利益的代表——各级政府(包括中央政府和各级地方政府)。除此之外,众多环保组织和相关人士出于环境改善和社会持续发展的考虑,很多时候也会成为旅游生态补偿的非强制性主体。

根据旅游生态产品属性的不同,各类型的旅游生态补偿主要的补偿主体在不同的生态功能区的补偿过程中发挥作用的大小也有很大差别。一般而言,对于旅游生态服务功能受益面较大、旅游生态服务功能在消费上不易排他和不具竞争性的旅游生态功能区的旅游生态补偿一般以政府公共购买模式为主,即政府部门在旅游生态补偿的过程中承担主要责任。

具体而言,旅游生态补偿的主体有以下三类。

(一)政府主体

政府主体包括中央政府、地方政府、从旅游生态保护获益的其他地区政府、旅游景区的各级上级管理部门(如水利风景区归水利部管理、国家风景名胜区归建设部管理等)。《中华人民共和国环境保护法》中指出,地方各级人民政府,应当对本辖区的环境品质负责,采取措施改善环境品质,并建议明确地方人民政府是生态赔偿和补偿的主体。政府主体在旅游生态补偿的过程中扮演着重要的角色。

(二)市场主体

市场主体包括旅游生态环境的破坏者、相关的旅游企业经营者、从旅游中获益的个人(如旅游者)和企业;市场主体是旅游生态补偿的微观实施主体,主要是指直接与旅游生态资源发生关系的各关系人。从与旅游生态资源的关系角度看,可以分为旅游生态资源的破坏者、培育者和维护者三类,不同的主体应该支付或享受的补偿金额、渠道和方式都应该是不同的;从旅游生态补偿的利益关系角度看,可以分为旅游生态受益者、旅游生态受损者及公共主体的利益分享者。受益者包括从生态环境中获益的相关政府、企业和个人,应支付补偿费用,而受损者则应获得补偿费用。

(三)其他主体

其他主体主要包括各类旅游环保组织和NGO及相关基金会。各类旅游环保组织与相关基金会主要对旅游生态补偿活动起到监督、舆论的作用。其中,非政府组织(NGO)通常是非营利组织(NPO),它们的基金至少有一部分来源于私人捐款。另外,有一部分是按照当年旅游收益的一定比例提取的旅游生态环境改善专项基金。

三、旅游生态补偿的受偿对象

旅游生态补偿的受偿对象的界定可以从两个层面加以理解:一是从"人—物"角度考虑,可以知道旅游生态补偿最本质的对象就是旅游生态环境本身;二是从"人—人"的角度考虑,则"人"也是旅游生态补偿的重要对象,而且很多时候对于"物"的补偿往往需要通过"人"这一中介才能顺利进行。旅游生态补偿受众两个层面的具体关系表现为"人—物"是旅游生态补偿实施的终极目标,而"人—人"则更多地表现为生态补偿的一种手段,通过对人的补偿最终实现对生态环境的改善。①

基于此,旅游生态补偿的受偿对象可以分为两类。

(一) 对旅游生态环境的补偿

这里旅游生态环境不仅是旅游活动的环境背景,也是重要的旅游吸引物。对旅游生态环境的补偿即对在旅游发展过程中面临破坏威胁的旅游生态环境进行保护,对遭受破坏、自然补偿无法还原的旅游生态系统进行恢复与重建。对旅游生态环境的补偿要以保护旅游生态环境、促进人与自然和谐为目的,根据旅游生态系统服务价值、旅游生态保护成本、旅游区域及旅游地居民发展机会成本,综合运用行政手段和市场手段,调整旅游生态环境保护和建设相关的旅游环境经济政策,一般是通过调节人类旅游行为来达到旅游生态环境保护的目的。值得注意的是,作为生态补偿外部补偿的一种方式,旅游生态补偿应保持与生态补偿内部补偿之间的平衡性,即与自然生态系统由于外界活动而遭受干扰、破坏后的自我调节、自我恢复的能力之间的平衡性。

(二) 对人的补偿

对人的补偿主要包括旅游带来的生态破坏的受损者、由于发展旅游导致传统依赖环境生活且现在丧失部分生计条件的旅游地居民、旅游生态环境的治理者和维护者。② 对在旅游生态破坏中的受损者和部分旅游地居民进行补偿,是因为他们往往是旅游生态破坏中的受害者,给受害者以适当的补偿是符合一般的经济原则和伦理原则的。旅游生态破坏中的受害者又可以分成性质不同的两种受害者:一种是旅游生态破坏过程中的受害者,另一种是旅游生态治理过程中的受害者。对为旅游生态环境的治理者和维护者进行补偿,是因为他们是旅游生态保护的贡献者。旅游生态保护是一种公共性很强的行为,如森林绿化、内河治理、旅游生态环境科学研究、旅游生态环境信息等,完全按照市场机制是不可能提供市场所需要的那么多数量的,这就需要另外一种机制来解决,通过补贴那些提供旅游生态保护这种公共物品的单个的经济主体,来激励他们的积极性。

从本质而言,对人的补偿最终还需要体现在对环境的补偿上。旅游生态补偿的最终目的是改善旅游生态环境、促进人类的可持续发展。因此,旅游生态环境本身应是旅游生态补偿的最终对象。二者的关系表现为对受损者、居民、维护者的补偿是实现对旅游生态环境的改善的一种手段,即通过对人的补偿最终实现对旅游生态环境补偿的终极目标。通过环境经济手段可调节旅游生态环境中的不公正行为,对由于旅游业的发展需要、资源利用方式受到限制或资源使用权利被剥夺的当地社区,以及为旅游地生态保护和生态建设作出贡献者进行补偿。当旅游地生态资源的使用者获得旅游生态补偿后,将通过限制自身的资源依赖型的生活生产方式,来减少和降低对旅游生态环境的影响,最终体现在对旅游生态系统和服务功能的补偿中。而旅游生态保护和建设者也可通过生态补偿使保护成本得以弥补,以更大的热情投入到旅游地的生态环境保护和建设活动中来。因此,需要将旅游生态系统与人直接的互动联系起来,以真正实现旅游生态补偿。

---

① 马勇,胡孝平. 鄂西生态文化旅游圈生态补偿模式创新对策研究研究——以神农架为例[J]. 湖北社会科学,2010(10).

② 刘敏,刘春凤等. 旅游生态补偿:内涵探讨与科学问题[J]. 旅游学刊,2013(2).

第三节 旅游生态补偿的标准

一、补偿标准确定的基本思路

确定了旅游生态补偿的主体和受偿对象,需要确定具体的旅游生态补偿标准,旅游生态补偿标准的确定是旅游生态补偿的核心问题。旅游生态补偿标准的核算首先需要确定生态补偿标准的构成,从而针对不同的补偿内容来确定不同的核算方法。核算旅游生态补偿标准有两种思路:一是旅游生态服务功能价值评估;二是机会成本的损失核算。

从生态资产理论角度出发,旅游生态服务功能价值应该是确定旅游生态补偿标准的唯一依据,包括旅游生态环境保护与建设成本都只是生产旅游生态产品所导致的一部分生产成本。所以,从严格意义上讲,只要能计算出旅游生态服务功能价值来,并明确其生产主体与消费主体,则旅游生态补偿标准就是生态产品的交换价值。但是在现实社会中,旅游生态服务功能价值的计算几乎是一件不可能的事,而且其核算结果往往与GDP等经济数据差别太大,难以直接作为补偿依据。相对而言,运用机会成本的损失核算旅游生态补偿标准则是较为现实的途径,但是机会成本只是考虑到了旅游生态产品生产者所放弃的原本就存在的收益,显然这只是旅游生态产品生产者损失的一小部分,无法调动旅游生态产品生产者的积极性。因此,在确定旅游生态补偿标准的过程中要综合考虑以上两种补偿核算思路,按照一定的比例确定最终的补偿标准。

二、补偿标准的构成内容

在理清旅游生态补偿标准核算的两种思路后,需要确定补偿标准构成,再针对不同的补偿内容确定不同的核算方法。总体而言,旅游生态补偿的标准构成包含四个部分:一是在旅游生态修复过程中对当地居民造成损失的补偿;二是对旅游生态建设与维护中形成成本的补偿;三是对旅游生态保护过程中当地政府和居民发展机会成本的补偿;四是对旅游生态环境本身所固有的生态服务价值的补偿(见图8-1)[①]。

(一)旅游生态修复过程中对当地居民造成损失的补偿

旅游地在生态修复的过程中会对旅游地居民造成不同程度的损失,这种损失主要表现在:一是由于旅游生态保护过程造成的居民的损害,比如野生动物对农民农作物和牲畜的损害;二是由于部分地区生态修复导致的生态移民生活方式转变费用。旅游地居民受到的损失应该得到相应的补偿。

(二)旅游生态建设与维护中形成成本的补偿

对旅游区内生态环境造成破坏的,要进行相应的补偿,比如污水、废气的排放。旅游生态环境的建设只是旅游生态保护的起点,要使旅游生态补偿达到预期的效果,还必须强调对

---

① 胡孝平,马勇,史万震.基于旅游产业发展视角的生态补偿模式创新研究[J].江苏商论,2011(4).

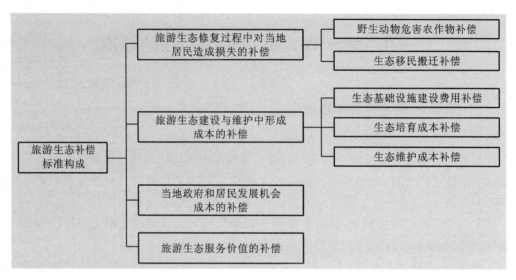

图 8-1　旅游生态补偿的标准构成

旅游生态环境的维护,而且其维护成本也应纳入旅游生态补偿的范畴内。主要包括旅游生态修复成本、旅游生态建设成本以及旅游生态维护成本等。旅游区内的生态建设及维护的相应建设费用主要包括:生态基础设施建设费用的补偿,现有旅游生态环境(如森林、湖泊)维护导致的各种费用的补偿。除此之外,旅游生态环境的改善同样应给予相应的补偿奖励。

(三)旅游生态保护过程中当地政府和居民发展机会成本的补偿

由于旅游开发造成了居民的生存及发展机会丧失,由此需进行相应的补偿。除此之外,某些区域的旅游生态补偿还应考虑的一个重要内容就是,长期以来旅游地为了保护旅游生态环境所形成的机会成本正是因为旅游生态环保对生产方式和产业选择的高要求,使得旅游地的经济发展水平一直以来落后于同一区域的其他地区,而由此形成的发展机会成本理应得到补偿。在发展旅游的过程中需要解决好当地居民的再就业以及生活水平提升等问题,并且在旅游发展取得收益后根据一定的比例直接用于改善生态环境,以此形成旅游生态补偿的长效机制。旅游业作为补偿主体对当地居民的补偿需考虑到旅游业发展为生态要素富集地居民提供的就业机会以及带动相关产业发展的贡献。

(四)旅游生态服务价值的补偿

一直以来,旅游生态服务没有被计价,旅游生态服务产品的外部性将会导致旅游生态服务的稀缺性愈加明显。因此,为了平衡旅游生态系统服务产品的供需平衡,有必要对旅游生态服务价值进行生态补偿。旅游生态服务价值的评估着眼点不应是生态服务价值总体的评估,而应该是由于某种价值增强而带来的其他服务价值变化的评估。旅游开发带来的环境生态变化实际上有损失的方面,同时也有增加的方面,因此需要分析其损益情况。目前由于这种损益情况分析不足,造成了部分旅游生态服务价值核算重复计算。

三、补偿标准的核算方法

在基本界定了旅游生态补偿标准的构成之后,针对不同的补偿对象需要采用不同的核算方法,并形成旅游生态补偿标准核算的科学方法体系。目前,针对旅游生态补偿标准的核算方法研究较为零散,具体有以下四种核算方法。

(一)旅游生态修复过程中对当地居民造成损失的补偿标准的核算

马勇在研究神农架旅游生态补偿实施系统构建时认为在旅游生态修复过程中对当地居民所造成的损失以农作物的经济损失与居民的搬迁费用来衡量;李丽娟在研究森林旅游生态补偿机制时认为这一部分的损失应按原有的收入补偿或按当地的平均收入水平来进行补偿。

生态修复导致的生态移民生活方式转变费用包括很多方面,为了计算的便利,可以考虑主要将居民搬迁费用作为生活方式转变费用的替代变量,实际的生活方式转变的补偿额应不低于搬迁费。

(二)旅游生态建设与维护中形成成本的补偿标准的核算

郑敏在研究山地旅游资源生态补偿机制构建时基于保护成本确定生态补偿的标准,按照实施保护管理所需要的人力、物力进行成本核算,并以此确定补偿标准,来进行山地旅游资源生态补偿,提出了旅游生态建设与维护中所形成的成本基本是实际建设支出,包括生态设施的费用和人工费用。在旅游生态建设与维护过程中的生态补偿主要包括三个方面的内容:一是旅游生态基础设施建设费用的补偿;二是旅游生态培育费用的补偿;三是对现有旅游生态环境维护导致的各种费用的补偿。旅游生态维护成本主要包括各种维护设施的配备和维护人员的培训、管理成本等。

(三)旅游生态保护过程中当地政府和居民发展机会成本的补偿标准的核算

旅游业作为补偿主体对当地政府和居民的补偿标准需要根据旅游产业发展的实际情况而定,而且需考虑到旅游产业发展为生态要素富集地居民提供的就业机会以及带动相关产业发展的贡献。

目前对于发展机会成本的计算主要有两种思路:一是由于旅游生态保护的需要,旅游生态环境保护地放弃原有产业所形成的直接的经济损失;另一种是以旅游生态环境保护地人均收入与全省人均收入的差距为基准,并根据当地人口数量核算发展机会成本的补偿标准。

(四)旅游生态服务价值的补偿标准的核算

旅游生态服务价值的补偿不是旅游生态系统服务价值的全部的补偿,也不是旅游生态系统服务价值中游憩价值的评估,而应该是变化量的评估与补偿。

对于这一部分的补偿标准核算,谢高地在对我国 200 名生态学者进行问卷调查的基础上,提出了当量因子法的生态系统服务价值的评估方法,将生态系统服务价值分为气体调节、气候调节、水源涵养、土壤形成与保护、废物处理、生物多样性维持、食物生产、原材料生产、休闲娱乐共 9 类;马勇在核算神龙架旅游生态服务价值的补偿标准时参照了谢高地<u>当量因子法</u>,确定神农架林区生态效益补偿标准为生态系统服务

知识关联

当量因子是在特定时期,某种类型土地(如耕地、林地、草地)的世界平均潜在生物生产力相对于所有类型土地的世界平均潜在生产力的比值,是一个相对稳定的数。

功能价值的 1/10;而李丽娟在计算森林旅游生态服务价值的补偿标准时首先用生产函数法、避免成本法、替代/恢复成本法、旅行成本法、享乐价格法、条件价格法计算,然后计算支付比例系数。

旅游生态服务价值的补偿可以是由于旅游开发造成了游憩价值增加而带来其他价值减少的差额。可采用当量因子法计算出旅游生态系统单位面积价值,然后计算出整个区域旅游生态系统服务价值。

知识活页   神农架旅游生态补偿标准的核算

根据国内外对生态补偿标准研究的理论成果,并结合神农架林区生态环境和发展现状的特点,对神农架旅游生态补偿标准进行核算:

1. 生态修复过程中当地居民损失的补偿标准

2006 年全区野生动物损毁的农作物经济损失为 150.4 万元,且按年 10% 的速度增长,2010 年经济损失达 220 万元,"十二五"期间补偿总额达 1477.434 万元。而居民搬迁每户平均补偿 9.43 万,2009 年居民搬迁补偿 1706 万,2010 年及"十二五"期间完成全部搬迁,费用总计为 11787.5 万元。

2. 生态建设与维护过程中的补偿标准

国家级自然保护区基础设施建设费约为 2.34 元/公顷,且按年 10% 的比例增长,到 2010 年其费用达到 6.07 元/公顷。按照公式(1)可得神农架林区 2010 年生态基建费为 19.75 万元。另外,神农架林区"十五"期间共投入 575.75 万用于改善护林站、维修所、道路等基础设施,基建费按年 10% 的比例增长,则 2010 年应拨生态基建专项资金 185.45 万元。"十二五"期间的生态基建补偿总额应达 1378.045 万元。

$$\text{生态基础设施建设费} = \text{神农架林区面积} \times \text{单位生态基础设施建设标准(6.07 元/公顷)} + \text{政府专项拨款} \quad (1)$$

此外,生态建设补偿费的一个重要方面就是造林育林的费用。长江上游地区人工造林费用为 3000 元/公顷,封山育林的补偿标准为每年 210 元/公顷。神农架林区现有生态效益补偿森林面积 23.83 万公顷,"十二五"生态公益林面积将达到 25.8 万公顷,则其生态造林育林的补偿费总计为 27090 万元。

$$\text{生态育林补偿费} = \text{神农架林区生态公益林面积} \times \text{单位生态育林补偿标准} \quad (2)$$

神农架林区生态维护成本主要包括各种维护设施的配备和维护人员的培训、管护成本。自然保护区的管护成本不低于每年 30 元/公顷。根据公式(3)可得 2010 年神农架生态维护成本为 735 万元,"十二五"期间用于生态维护的补偿总额为 3870 万元。

$$\text{生态维护补偿费} = \text{神农架林区生态公益林面积} \times \text{单位生态维护补偿标准} \quad (3)$$

3. 生态保护形成发展机会成本的补偿标准

2007年神农架人均可支配收入为5077元,湖北省人均可支配收入为7716元,神农架人口总数为8万人。根据公式(4)可知2007年神农架发展机会损失的补偿标准为21112万元。按年10%的增长比例,2010年神农架发展机会损失为28100万元,"十二五"期间神农架发展机会损失的补偿总额为188708.6万元。

$$\begin{matrix}发展机会成本\\补偿标准\end{matrix} = \left(\begin{matrix}湖北省人均\\可支配收入\end{matrix} - \begin{matrix}神农架林区人均\\可支配收入\end{matrix}\right) \times \begin{matrix}神农架林区\\总人口数\end{matrix} \quad (4)$$

4. 生态系统服务价值补偿标准

2010年神农架提供的总生态服务价值为74.104亿元,取1/10为系数,即2010年神农架林区对生态效益的补偿标准为7.41亿元,按年5%的增长比例计算,"十二五"期间神农架林区生态效益的补偿总额应为42.99亿元,生态补偿的最低标准为230382.4万元,最高补偿标准(包括生态效益补偿)为66.03亿元。

资料来源:马勇,胡孝平.神农架旅游生态补偿实施系统构建[J].人文地理,2010(6).

第四节 旅游生态补偿的方式

一、从实施主体的角度划分

旅游生态补偿的关键问题是如何实现旅游生态补偿主体和补偿对象之间的有效连接,**旅游生态补偿方式**和具体补偿途径的选择成为一个十分值得关注的问题。目前国内旅游生态补偿过程中运用比较多的是按照实施主体与运行机制的差异将旅游生态补偿方式分为政府补偿和市场补偿两大类型。

(一)政府补偿

政府是生态补偿主体的代表,代表旅游生态服务受益者进行补偿,或代表旅游生态破坏者进行赔偿。从全国性基本公共产品的角度考虑,需要中央政府制定方向性政策,对那些对旅游生态环境有影响的生态服务提供区进行补偿。根据我国目前的实际情况,政府补偿是开展旅游生态补偿最重要的形式,也是比较容易启动的补偿方式。政府补偿方式是以国家或上级政府为实施和补偿主体,以区域、下级政府为补偿对象,以国家旅游生态安全、社会稳定、区域协调发展等为目标,以财政补贴、政策倾斜、项目实施和人才技术投入等为手段的补偿方式。政府部门在旅游生态补偿实践中,应发挥两个方面的作用:首先,投入资金购买基本的旅游生态服务,提供生态公共产品;其次,根据旅游生态服务的公共性程度,适当引

知识关联

我国主要的生态补偿方式有10种,①中央财政转移支付;②专项基金;③地方政府财政转移支付;④资源税、费;⑤排污收费;⑥排污权交易;⑦水权交易;⑧税收优惠;⑨经济合作政策;⑩国际组织捐赠。

入市场机制,通过搭建市场交易平台,实现更高水平的旅游生态服务供给。政府补偿方式中包括以下几种:财政转移支付,差异性的区域政策,旅游生态保护项目实施,旅游环境税费制度等。

其中,财政转移支付是一种迅速且有效的旅游生态补偿方式。财政转移支付也称财政转移支出,是以各级政府之间所存在的财政能力差异为基础,以实现各地公共服务水平均等化为主旨,而实施的一种财政资金转移或财政平衡制度。转移支付的模式主要包括三种:自上而下的纵向转移、横向转移、纵向与横向转移的混合。① 自上而下的纵向转移是国家对地方的补偿,这种补偿方式主要用于广泛的旅游生态受益者,不易明确责任主体,以及旅游生态问题严重,需要立刻解决的情形;横向转移支付一般是旅游生态的受益地区直接向旅游生态的保护地区进行财政转移支付,主要应用于旅游生态受益地区明确的情形;纵向与横向转移混合则是应用在有较为明确的旅游生态受益地区,但仅依靠旅游生态受益地区的资金难以充分补偿旅游生态保护地区的情形。财政转移支付这种补偿方式能够有效解决旅游生态补偿资金来源的问题,同时也能够平衡好各地区之间的经济利益与旅游生态利益。

实施差异性的区域政策是另外一种有效的政府补偿方式。实施差异性的区域政策是为鼓励旅游生态保护地区的经济社会发展,对旅游生态保护地区实行政策优惠从而弥补其因旅游生态保护受到的损失。普遍的补偿方式有以下几种:实施税收减免优惠的税收政策,增加对当地的财政转移支付力度,优先安排重要旅游生态功能区的基础设施和旅游生态环境保护项目投资,鼓励绿色旅游产业的发展,实施旅游生态优先的政绩考核政策。

(二) 市场补偿

市场补偿是旅游生态服务受益者与旅游生态服务者通过谈判、协商,运用市场机制对旅游生态服务者进行直接补偿的一种方式。在旅游生态补偿过程中,交易平台建设的好坏,直接影响着旅游生态补偿资金的收支绩效。同时,交易平台中形成的交易机制,如双方谈判、协商、补偿标准的确定等,在一定程度上决定着旅游生态补偿资金的质量。因此,需要搭建交易平台,并根据区域的实际情况,合理使用旅游生态补偿资金,通过各项环境经济政策的运用来实现旅游生态服务的价值。交易的对象可以是旅游生态环境要素的权属,也可以是旅游生态环境服务功能,或者是旅游环境污染治理的绩效或配额。通过市场交易或支付,兑现旅游生态服务功能的价值。市场补偿机制主要包括下面几个方面:公共支付,市场贸易,一对一交易,生态标记等。市场补偿是一种补偿制度的创新,同时也是政府补偿的有效补充,随着补偿制度的日趋完善与成熟,市场补偿方式应该发挥其成本低、方式灵活的优势,在旅游生态补偿中起到应有的作用。

公共支付是政府通过向提供旅游生态系统服务的土地所有者及其他提供者实施旅游生态补偿项目基金或直接对其投资来进行补偿,这也是最普通的生态补偿方式。公共支付这种补偿方式的特点是旅游生态环境服务提供者与旅游生态环境服务受益众多且不明确,尺度范围大,且这种支付方式具有无形性。市场贸易是以政府或者公共部门确定的环境公共标准为基础,通过市场自由交易来进行补偿。其特点是旅游生态环境服务可被标准化为可分割、可交易的商品形式,因而能够建立起市场交易体系。一对一交易是自发组织的市场补

---

① 江秀娟.生态补偿类型与方式研究[D].青岛:中国海洋大学,2010.

偿,通常被称为资源补偿或者资源市场,其特点是交易的双方基本确定,旅游生态环境服务的受益者较少且较为明确,旅游生态环境服务提供者在可控范围内,尺度范围小。生态标记是旅游生态环境友好型的产品进行标记,将这一种产品减少污染、保护旅游生态环境的行为以及所产生的旅游生态服务价值以产品附加值的形式体现在产品的价格上,从而通过社会公众购买这种产品实现消费者对生产者的补偿。生态标记能为以旅游生态环境友好方式生产的产品提供可信的认证服务,从而间接获得补偿,通常包含对可持续生产、发展方式的补偿。

就我国现阶段而言,应坚持政府补偿与市场补偿相结合,在补偿方式的选择中以政府调控为主,通过财政转移支付(包括上下级的纵向转移支付和地区间的横向转移支付)、税收、补贴、专项资金以及项目合作、政策倾斜等形式将从旅游生态补偿主体处获取的补偿资金和各类资源转移到旅游生态补偿对象的手中。此外,要有意识地加强通过市场机制进行旅游生态补偿以提高旅游生态补偿的效率。

知识活页 国际市场化运行的几种生态补偿方式

绿色偿付。绿色偿付的中心内容是享受保护成果的人们向提供保护服务的人们付费。在美国,绿色偿付是各州(市)实现上下游之间的生态效益平衡、共享以及主要河流和水源地保护的重要生态补偿方式之一。美国纽约市向哈德逊河上游施行土壤侵蚀控制、洪水预防及水资源保护等生态环境保护措施的社会团体或个人给予经济补偿以保证其清洁水源的生态补偿模式是绿色偿付的典型案例。

配额交易。美国环境信用额度交易是建立在法律约束和总量控制基础上的配额交易制度。实行这一制度的前提是法律规定了明确的保护目标,如水质不能恶化,湿地、耕地数量不能减少。在上述目标下,法律、法规、规划或者许可证又为环境容量和自然资源用户规定了使用的限量标准和义务配额,超过限额或者无法完成义务配额的用户,就要通过市场购买相应的信用额度。

生态标签。为鼓励在欧洲地区生产及消费"绿色产品",欧盟于1992年出台了生态标签体系。欧盟生态标签制度是一个自愿性制度,欧盟建立生态标签体系的初衷是希望选出各类产品中在生态保护领域的佼佼者,予以肯定和鼓励,从而逐渐推动欧盟各类消费品的生产厂家进一步加大生态保护力度,使产品从设计、生产、销售到使用,直至最后处理的整个生命周期内都不会对生态环境带来危害。生态标签同时提示消费者,该产品符合欧盟规定的环保标准,是欧盟认可并鼓励消费者购买的"绿色产品"。

国际碳汇交易。哥斯达黎加利用在国际市场上转让或销售温室气体补偿权的手段获取生态保护所需资金支持。哥斯达黎加统计国内林业碳汇总量,并将额外的碳汇作为国家碳汇储备,适时出售给别国企业,所得收入大部分补偿给林主。目前,哥国在碳汇量认证及碳汇贸易等方面对世界各国影响很大。

资料来源:徐永田.我国生态补偿模式及实践综述[J].人民长江,2011(11).

二、从非经济的角度划分

除此之外,很多学者也在不断地寻找新的补偿方式,从非经济的角度提出了资金补偿、实物补偿、技术补偿、政策补偿等手段,并且根据旅游生态环境服务的特点将主要的旅游生态补偿方式与旅游生态补偿类型进行了匹配,从空间尺度大小的角度提出了旅游生态环境要素补偿、流域补偿、区域补偿和国际补偿等。以下就几种新的补偿方式给予简要说明。

(一)资金补偿

资金补偿是指补偿责任主体通过向被补偿者支付货币的形式补偿后者因保护旅游生态环境而受到的损失。资金补偿是当前最常见的补偿方式,也是最迫切、急需的补偿方式。资金补偿补偿普遍适用于所有类型的生态补偿,相对于其他类型的补偿方式,资金补偿最为直接,操作起来也比较方便。资金补偿常见的方式有补偿金、赠款、减免税收、退税、信用担保的贷款、补贴、财政转移支付、贴息、加速折旧等。

(二)实物补偿

实物补偿是指国家通过向被补偿者拨付实物的方式进行补偿。实物补偿既是一项维护被补偿者根本权益的补偿方式,也是一项维护被补偿地区社会稳定的措施。[①] 实物补偿补偿者运用物质、劳力和土地等进行补偿,解决受补偿者部分的旅游生产要素和生活要素,实物补偿有利于提高物质使用效率,改善受偿者的生活状况,增强其生产能力。

(三)政策补偿

政策补偿是中央政府对省级政府、省级政府对市级政府的权利和机会补偿。受补偿者在授权的权限内,利用制定政策的优先权和优惠待遇,制定一系列创新性的政策,促进发展并筹集资金。[②] 某一旅游区域的全部居民、企业等或者受补偿者的经济权利、发展权利等均受到很大限制,如若采用货币补偿或实物补偿的方式,不仅耗资巨大而且见效甚微。在这种情况下,可采用政策补偿方式。

(四)技术补偿

技术补偿也可称为智力补偿,指的是中央和当地政府以技术扶持的形式对生态环境的综合防治给予支持。如开展技术服务,培训技术人才和管理人才等。技术补偿可以从根本上解决被补偿者的生存发展问题,也是被补偿地区持久发展的动力。技术补偿可以提供无偿技术咨询和指导,培养受补偿地区或群体的技术人才和管理人才,输送旅游专业人才,提高受补偿者生产技能、技术含量和管理组织水平。

在旅游生态补偿的实施过程中应根据不同旅游生态服务的特点,坚持多种方式、多种途径相结合,形成多样化的旅游补偿方式,以增强补偿的适应性和灵活性,进而增强补偿的针对性和有效性,同时积极探索新的补偿途径,形成全方位的旅游生态补偿体系。

---

① 江秀娟.生态补偿类型与方式研究[D].青岛:中国海洋大学,2010.
② 洪尚群,吴晓青等.补偿途径和方式多样化是生态补偿基础和保障[J].环境科学与技术,2001(2).

第五节 旅游生态补偿的机制与政策体系

一、旅游生态补偿的目标

旅游生态补偿模式必须有所侧重，着力解决补偿主体、补偿标准和补偿方式三大问题，实现以下三大目标。

（一）补偿主体多层次

"谁开发谁保护，谁破坏谁恢复，谁受益谁补偿，谁污染谁付费"是旅游生态补偿基本原则，建立多层次的旅游补偿生态主体是确保补偿资金多元化的重要保障。但在现实的旅游生态补偿过程中，很多旅游区域由于体制机制方面的原因，一直以来都只是单纯依靠纵向财政转移支付，而由于补偿主体的单一性直接导致了旅游生态补偿资金不足的问题。因此，旅游生态补偿模式必须让更多的受益者、开发者、破坏者、污染者成为旅游生态补偿的主体，特别是要强化区域间、部门间的横向财政转移支付和以相关企业为主体的市场补偿。

（二）补偿标准合理化

补偿标准的确定是旅游生态补偿的核心问题，补偿标准是否合理将直接影响到实施进度和实施效果。如果补偿金额不足，补偿标准就不尽合理，就很难调动旅游生态保护地居民的积极性。因此，在确定旅游补偿标准时要充分考虑旅游生态建设与保护过程中的各项成本、费用及收益。旅游生态补偿的最低标准应该包括旅游生态保护者的直接投入和实施旅游生态保护导致的机会成本，以及旅游生态保护过程中的组织管理费用、旅游生态破坏的恢复成本。旅游生态补偿的最高标准应包括旅游生态系统服务所创造的价值，可以按照一定的比例将旅游生态系统服务价值的部分收益返还给旅游生态保护地政府和居民。

（三）补偿方式多元化

补偿方式的选择是影响旅游生态补偿效果的重要因素，通过多元化的旅游生态补偿方式可以提高旅游生态补偿的灵活性，且不同区域、不同阶段应该选择不同的补偿方式。从许多区域现有的旅游生态补偿方式来看，主要是以现金补偿为主。但从长远来看，单纯的资金补偿这种方式并不是一种持续的、能够根本改善旅游生态状况的方式。在旅游生态补偿方式的选择过程中，应将补偿的重心逐渐由"输血型"补偿转变为"造血型"补偿，在资金补偿的基础上加大政策补偿、智力补偿和产业补偿等的力度。

二、旅游生态补偿的模式

目前我国在旅游生态补偿的过程中，更多的采用的是政府补偿模式，而市场补偿模式采用较少，大多数旅游生态补偿均由各级政府承担。同时，在补偿方式上以由中央政府主导向地方政府的纵向补偿为主，旅游生态补偿的模式比较单一。因此，需要有多样化的旅游生态补偿模式。

（一）政府主导市场推动的补偿模式

旅游生态系统服务价值的公益性特点，要求有一个具备协调旅游生态系统服务价值各利益相关者的主体在旅游生态补偿中发挥主导作用。从目前情况来看，只有政府有资格接受旅游生态补偿金并保证将其用于旅游生态补偿。因此，需要中央政府、省政府和地方政府多层次的行政权力保障以及政府财政的有力支持。同时，要不断探索将旅游生态成本内置为企业内部的成本，通过减免税、优惠政策性贷款等激励机制和征收生态税费等约束机制的建立，逐步完善市场主体在旅游生态补偿中的作用。

（二）区域联动共建共享的补偿模式

自然旅游资源环境及其所提供的旅游生态服务具有公共物品属性，很难真正消除旅游生态服务的非排他性和非竞争性。所以，在旅游资源保护和享用权属不清的情况下，可以建立一种区域联动共建共享的旅游生态补偿模式。该模式主要适用于跨区域的旅游生态补偿，特别是跨省或跨市的流域旅游生态补偿。不同行政区域间在协商一致的基础上，制定整个共建共享区的规划目标，明确指定各方的责权利，建立和完善共建共享旅游区域环境共保、资源共享、经济共赢、发展共促的长效机制。

（三）项目带动重点突破的补偿模式

由于旅游生态补偿涉及内容广泛，在实施的过程中不可能一蹴而就。因此，针对重点区域的专项旅游项目建设成为一种不错的选择。在该补偿模式下，首先要加大力度建立旅游生态建设与旅游生态保护项目库，整合各地区、各部门上报的各类项目，形成完整的项目体系，集中力量解决旅游生态补偿过程中的关键问题，实现重点突破。

三、旅游生态补偿的机制

旅游生态补偿作为一种新型的、对行政依赖性较强的环境调控工具，其运行效果的好坏在很大程度上依赖于健全的体制机制。

（一）管理机制

旅游生态补偿不可能由某一部门或某一地区单独完成，必须有相应的组织管理机制。加强部门内部和行政地域内的旅游生态补偿工作，整合有关旅游生态补偿的内容，对于跨部门和跨行政地区的旅游生态补偿工作，上级部门应给予协调与指导。可由政府部门设立旅游生态补偿领导小组，负责旅游生态补偿的协调管理，领导小组由发改委、财政厅、环保厅、林业厅、水利厅、农业厅、旅游局等相关部委领导共同组成，行使旅游生态补偿工作的监督、仲裁、奖惩等相关职责。领导小组下设办公室，作为常设办事机构。同时建立由相关专家组成的技术咨询委员会，负责相关政策和技术的咨询。

（二）责任机制

旅游生态保护区的生态保护不仅与旅游地居民有关，旅游地政府参与旅游生态建设的积极性与主动性对于旅游生态建设的效果有着更大的影响。因此，旅游生态补偿的行政激励机制的建立是十分必要的，积极启动绿色 GDP 国民经济核算研究，将旅游资源与旅游环境成本纳入国民经济发展的评价体系，作为衡量旅游区经济发展水平的重要指标。改革完善现行党政领导干部政绩考核机制,将万元 GDP 能耗、万元 GDP 水耗、万元 GDP 排污强度、群众满意度等指标均纳入考核指标,并逐渐加大其在考核体系中的权重,建立健全特殊旅游生态价值地区领导干部政绩考核的指标体系,调动旅游生态保护区政府参与旅游生态保护的积极性与主动性。

(三)保障机制

旅游生态补偿作为一项协调不同利益主体关系的行为,不能完全依靠行政手段加以约束,还必须具有健全的旅游生态补偿法律保障机制。根据外部性理论,旅游生态补偿的解决思路包括政府干预(包括税收与一般性收费)和明晰生态产品产权,但是目前这两种解决思路在我国都还没有法律支持。因此,建议有关部门在现有法律、法规的基础上,根据旅游生态补偿实践中出现的各种新问题,进一步加强法制建设,调整并细化旅游生态补偿的相关法律法规,明确谁补偿谁、如何补偿、补偿多少等一系列问题;作好相应的配套制度建设和标准制定工作,明晰旅游生态资源的产权归属,把旅游生态补偿的基本制度法定化,使之具有普适性和强制性;努力提高工作人员的执法水平和社会方面的监督力度,依法进行旅游生态补偿的各项工作。

四、旅游生态补偿的政策体系

完善的旅游生态补偿机制由一系列机构与组织构成,为确保旅游生态补偿活动有条不紊、健康有序的开展,必须综合利用法律、经济、技术与行政手段,建立严格的监督保障机制。

(一)投融资体系

要想实现旅游生态保护和旅游生态改善的目标,旅游生态补偿就必须长期坚持下去,且需要大量的资金作为支撑。因此,必须创建旅游生态补偿投融资体系,逐步建立政府引导、市场推进、社会参与的旅游生态环境补偿和旅游生态环境建设投融资机制,积极引导国内外资金投向旅游生态建设和保护;推动完善资源补偿税收制度,推动建立社会化的生态旅游发展基金,提高生态旅游发展资金使用的效益;按照谁投资谁受益的原则,支持鼓励社会资金参与旅游生态建设、环境污染整治的投资;利用国债资金、开发性贷款及国际组织和外国政府的贷款,努力形成多元化的资金筹集格局。

(二)政策保障体系

政策补偿作为旅游生态补偿方式中的一种重要形式,对旅游生态补偿的效果有着重大影响。在制定相关的旅游生态补偿政策过程中应注意两个方面的问题:一是注重旅游环境的保护与修复,要根据不同旅游生态保护区域的特点制定相应的财政政策,加大旅游生态补偿的横向财政转移支付;二是要促进新的旅游生态经济发展模式的建立,通过综合运用各项税收政策、税费政策、经济合作政策等手段创建一种新型的旅游生态经济发展模式,加大对清洁能源开发和减排技术创新,大力发展低碳旅游生态经济和绿色旅游生态经济,彻底改变先污染后治理的旅游生态发展模式,走出一条以维护人类生存环境、合理保护资源与能源、有益于人体健康的旅游生态经济发展新模式。

(三)法律制度体系

由于旅游生态资源具有公共性,旅游生态资源价值补偿不仅存在一个市场经济基本规则的运作问题,更存在一个公平负担或平等对待的实现问题。在区际环境关系中,某一地区进行旅游生态建设却自身承担了经济上的不利后果,受益的则可能是经济发达的其他区域。

在立法条件还不成熟的情况下,可以在局部区域内形成专门的政策文件推动旅游生态补偿的建设,在不触及现有法律的基础上做到专事专章;完善《环境保护法》等基础法律对旅游生态补偿制度的法律规定,加强基础法律建设,使旅游生态补偿工作有法可依;同时,在中长期要努力争取将建立旅游生态补偿机制纳入到《环境保护法》或其他相关法律之中,形成旅游生态补偿的长效保障机制。

旅游生态补偿作为一种新型补偿方式,突破了以往生态补偿缺乏成长机制的瓶颈,更注重生态补偿资源的有效利用。旅游生态补偿涉及生态系统内部各要素以及生态系统与别的经济社会系统的相互作用和相互影响。在推动我国旅游生态环境改善的过程中,旅游生态补偿将发挥越来越重要的作用,我们需要综合考虑旅游业的发展特点以及与环境的互动关系,形成旅游业发展带动生态保护、生态保护促进旅游业发展的良好局面,从而真正实现旅游生态补偿推进经济社会持续健康发展的核心价值诉求。

本章小结

(1) 综合不同视角旅游生态补偿的定义,将旅游生态补偿定义为:将旅游发展作为生态补偿的一种中介,以获得更大的生态改善的制度安排。旅游生态补偿属于生态补偿的一部分,其实施的最终目的也是为了促进生态环境的改善,并形成生态补偿的长效机制。

(2) 旅游生态补偿作为一种调节旅游生态环境和旅游生态服务生产与消费的积极尝试,对于保障旅游生态保护与经济利益的协调发展,促进地区之间以及利益相关者之间的公平性和社会的和谐性等具有十分重要的意义。

(3) 根据不同的划分标准,旅游生态补偿可以划分为不同的类型。

(4) 旅游生态补偿的前提条件是明确旅游生态补偿的主体和对象,旅游生态补偿的主体有政府主体、市场主体和其他主体,旅游生态补偿的受偿对象可以分为对旅游生态环境的补偿和对人的补偿。

(5) 目前国内旅游生态补偿过程中运用比较多是按照实施主体与运行机制的差异将旅游生态补偿分为政府补偿和市场补偿两大类型。同时,还从非经济的角度分为资金补偿、实物补偿、政策补偿和技术补偿。

核心关键词

生态补偿	ecological compensation
旅游生态补偿	tourism ecological compensation
补偿标准	compensation standard
补偿机制	compensation mechanism
政策体系	policy system

思考与练习

1. 简述旅游生态补偿的现实意义。
2. 简述旅游生态补偿的概念。
3. 简述旅游生态补偿的各种类型。
4. 简述旅游生态补偿的补偿主体与受偿对象。
5. 简述旅游生态补偿的原则。
6. 简述旅游生态补偿的标准。
7. 简述旅游生态补偿的方式。

案例分析

苏州市出台旅游景区条例,建立生态补偿机制

苏州市拥有面广量大而颇具特色的风景名胜区,总面积达到了836平方公里,占全市总面积的10%。除了国家级太湖风景名胜区的东山、西山、木渎、石湖、光福、甪直、同里、虞山8个景区和虎丘山、枫桥2个省级风景名胜区(总面积519平方公里,占苏州总面积的5.8%)以外,还有在《苏州市城市总体规划》中明确提及的苏州市盘门,昆山市阳澄湖、淀山湖,常熟市沙家浜,张家港市香山、双山岛、凤凰山、东渡苑,太仓市浏河,吴江市东太湖等10个未定级的景区(总面积317平方公里)以及穹窿山、白马涧等其他风景名胜资源,《苏州市风景名胜区条例》明确了市县级风景名胜区的概念。

为了保护生态环境,在风景区及其周边地区,有许多生产、建设项目不能发展,使风景名胜区所在地的政府和百姓实质性地失去了许多发展机会,增加了生态保护成本和发展机会成本。有的风景区名胜区所在地的财政收入和百姓收入都明显低于本市其他的地区。在《苏州市风景名胜区条例》中规定,由市和县级市(区)政府建立风景名胜区生态补偿机制,设立生态补偿资金,通过加大财政转移支付力度,实施对当地政府和百姓的生态补偿。

《苏州市风景名胜区条例》明确规定,市、县级市(区)风景名胜区主管部门履行行政监督管理职责,风景名胜区(点)日常管理机构具体负责风景名胜区(点)的保护、利用和日常管理工作,风景名胜区主管部门与政府其他的有关部门应当加强沟通,及时相互通报风景名胜区的监督管理动态信息。

(资料来源:江苏旅游资讯:《苏州出台风景名胜区条例 建立生态补偿机制》,http://news.cncn.com/85458.html)

问题:
1. 结合本章知识,分析我国旅游地生态补偿的方式与途径。
2. 苏州出台《苏州市风景名胜区条例》,建立生态补偿机制对我国旅游景区的发展有何启示?

第九章

低碳旅游

学习引导

随着中国经济发展进入战略转型期,以节能减排为核心的循环经济、低碳经济已逐步上升为国家层面战略。低碳旅游作为转变旅游经济发展方式、实现旅游可持续发展的重要途径,正日益成为全球各国政府和旅游学界关注的焦点。本章主要介绍低碳旅游的基本概念和特征,进而全面介绍低碳旅游的发展模式、发展路径与价值提升策略等内容。

学习目标

- 低碳旅游的概念体系;
- 低碳旅游的发展模式;
- 低碳旅游的发展路径与价值提升策略。

第一节 低碳旅游的概念体系

一、低碳旅游的发展起源和意义

(一) 低碳旅游的发展起源

1. 气候问题日益突出

社会经济的快速发展,尤其是在发达国家工业化进程中,无节制地大量使用化石能源,导致了全球能源和气候问题的日益严重。近百年来,全球地表的平均温度上升 0.74 ℃,海平面上升 0.17 m。预计到 21 世纪末,全球地表温度可上升 1.1 ℃~6.4 ℃,海平面将升高 0.18 m~0.59 m[①],这些都将直接导致冰川消融,海平面升高,并进一步促使自然灾害频发,给人类生产、生活和健康带来严重威胁。目前,中国正处于工业化的高速发展时期,能源消耗巨大。由于我国的能源消耗以煤为主,占总能耗的 70%,所以二氧化碳的排放量高,环境污染严重。近五年来,二氧化硫和二氧化碳的排放量均居全球第一,酸雨区已占国土面积的三分之一。根据我国海洋局专家的预测,未来我国海平面上升将大于全球平均值。到 2030 年海平面将上升 0.1 m~0.4 m,2050 年将上升 0.3 m~0.6 m,2100 年将达 0.4 m~0.9 m。政府间气候变化专门委员会(IPCC)全球气候变化研究第四次评估报告测算:要实现控制全球温度上升的目标,2050 年的碳排放量水平必须低于目前的排放水平甚至减半。这对世界各国社会经济发展均提出了严峻的挑战,亟须节能减排对策。

2. 低碳经济席卷全球

低碳经济(low carbon economy)一词最早出现在 2003 年 2 月由英国前首相布莱尔发表的《我们能源的未来:创建低碳经济》这一白皮书中。该书指出,英国将在 2050 年将其温室气体排放量在 1990 年的水平上减排 60%,从根本上把英国变成一个低碳经济的国家。事实上,以丹麦为代表的欧洲国家在过去的 17 年中,创造了 GDP 增长 45%、能源消耗仅增长 7%,同时二氧化碳排放削减 13% 的发展奇迹。这也充分证明:节能减排不但不是负担,反而可助推经济发展。之后日本、美国等也纷纷给予了积极评价,并采取了相似的战略。联合国环境规划署还把 2008 年世界环境日的主题定为"戒除嗜好!面向低碳经济",以提醒人们改变生活生产方式,促进节能减排。尽管如此,欧美发达国家的低碳发展战略并不仅仅

知识关联

低碳经济是指在可持续发展理念指导下,通过技术创新、制度创新、产业转型、新能源开发等多种手段,尽可能地减少煤炭、石油等高碳能源消耗,减少温室气体排放,达到经济社会发展与生态环境保护双赢的一种经济发展形态。

---

① 林宗虎.低碳技术及其应用[J].Chinese Journal of Nature,2011(2).

是为了应对全球气候变暖和节能减排,而更多地是着眼于寻求新的经济增长动力。由此可见,现阶段低碳发展已经超越了"生态话题",俨然成为关乎各国经济长远发展的"政治议题"。甚至有很多学者认为,低碳经济是继农业文明、工业文明和信息化之后的第四次浪潮即低碳化浪潮,他们认为低碳经济浪潮会像工业革命那样席卷全球,并最终改变世界经济发展的格局。

3. 旅游产业的特殊性带动低碳旅游一触即发

低碳旅游是低碳经济的一种形式,其概念的提出,最早见于 2009 年 5 月世界经济论坛《走向低碳的旅行及旅游业》的报告。旅游产业作为低能耗、污染少、快产出的"无烟工业",作为具有极强带动性的关联产业,作为扩大开放的友好产业,本身就具有低碳的特性,其关联效应、带动效应、"无烟"特质,最终决定了它不仅仅是带动经济腾飞的重要助推器,而且还是目前最适合发展低碳经济的领域。同时,旅游产业还具有较强的融合性,能够较好地与其他产业产生良性替代,形成互动发展格局,因而也能起到促进其他相关产业节能减排的重要作用。在国务院常务会议审议通过的《关于加快发展旅游业的意见》中,明确提出要推进节能环保,倡导低碳旅游方式。可以看出,国家已经把发展低碳旅游提到了一个相当重要的战略高度。而不少专家学者也一致认为,旅游产业不仅具有低碳发展的巨大优势,而且可以并能够成为促进中国低碳经济发展的先导产业和示范产业。

(二)低碳旅游发展的重要意义

1. 发展低碳旅游是适应旅游国际化潮流的必然选择

在当今这样一个国际化的时代,国际化也是旅游业的潮流,有分析预测,中国将在 2020 年超过法国、西班牙、美国而成为世界上第一旅游目的地和第四大客源国。由此可见,中国的旅游业走向国际化是一个必然趋势。然而怎么样去适应这一大趋势呢?是豪华的高标游?或是奢侈的品质游?答案是否定的。在经济日益发达的今天,旅游不再仅仅只是一种肤浅的奢侈享受,而是在不影响旅游质量的前提下,去追寻一种健康、自然、环保、时尚的出游方式。低碳旅游就是这种时尚的代名词。在国外,低碳旅游早已起步,研究和发展都比较成熟,并且越来越受到旅游者的青睐;在中国,低碳旅游才刚刚起步,对其发展与研究都有待提升与探讨。踏上时代发展的浪尖,适应国际化旅游的潮流,发展低碳旅游是必然选择。

2. 发展低碳旅游是响应我国节能减排政策的最佳手段

随着全球能源危机和环境问题的加剧,我国更加重视"节能减排",并相继出台许多政策。而在减排的长期过程中,旅游业将大有作为。有分析预测,中国将在 2020 年超过法国、西班牙、美国而成为世界上第一旅游目的地。同时,我国在哥本哈根气候大会上承诺 2020 年单位国内生产总值二氧化碳减排 40%~45%。可见,旅游业的低碳发展是我国实现节能减排目标的重要手段,低碳旅游势在必行。对于旅游业的环保发展,国家也有相关政策支持。2008 年 11 月 4 日,国家旅游局正式发布了《关于旅游业应对气候变化问题的若干意见》,指出气候变化是长期渐进的过程,旅游业要积极适应气候变化趋势,充分把握可利用因素,因势发展,顺势发展。而发展低碳旅游正是旅游业应对气候变化问题的必然选择,是对该意见的最佳响应形式。此外,2009 年年底国务院通过的《关于加快发展旅游业的意见》提出推进节能环保,倡导低碳旅游方式。有关专家指出,该《意见》就是在减排的大背景下,国家为配合低碳经济发展而进行产业结构调整的一个信号,而旅游业将成为最大的受益行业。这表明发展低碳旅游无疑是响应我国节能减排政策的最佳手段。

3. 发展低碳旅游是保证中国旅游业可持续发展的重要形式

一方面,低碳旅游以减少二氧化碳的排放为核心,通过控制碳排放量来获取旅游经济、环境、社会等多重效益,其本身就属于可持续旅游的范畴,必然会促进旅游业的可持续发展。另一方面,我国旅游业发展带来的负面影响尤其是对生态环境的负面影响日益突出。旅游资源盲目开发,造成滥砍滥伐、水土流失等生态问题;旅游经营模式中造成的资源浪费也对环境造成了污染;公众环保意识缺乏更使得旅游活动中产生大量垃圾,碳排放量随之增加。这些无疑对旅游业的可持续发展构成了威胁。要改变这种现状,必须选择一种健康的、环保的旅游方式,引导旅游者牢固树立这种理念。旅游业是一个综合体,低碳旅游是低碳经济的有机组成部分,其综合性、开放性、集约式发展和公众环保意识的不足,说明发展低碳旅游是中国旅游业可持续发展的必然选择。

二、低碳旅游的概念体系

随着低碳旅游概念的诞生和旅游企业节能减排压力的不断加大,迫切需要进一步深入地对低碳旅游进行研究,而理清低碳旅游的基本概念体系和逻辑关系,是进行低碳旅游理论与实践研究的首要步骤,如图 9-1 所示。

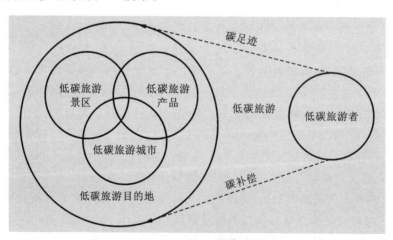

图 9-1 低碳旅游概念体系

(一)低碳旅游

蔡萌,汪宇明等认为,低碳旅游是指在旅游发展过程中,通过运用低碳技术、推行碳汇机制和倡导低碳旅游消费方式,以获得更高的旅游体验质量和更大的旅游经济、社会、环境效益的一种可持续旅游发展新方式。刘啸认为低碳旅游是借用低碳经济的理念,以低能耗、低污染为基础的绿色旅游,在旅游过程中通过食住行游购娱的每一个环节来体现节约能源、降低污染的理念,以行动来诠释和谐社会、节约社会和文明社会的建设目标。蔡萌对低碳旅游主要是从实现低碳旅游的手段及途径的角度出发而对之进行定义的,刘啸对低碳旅游的定义主要是从低碳旅游的特征出发而界定的。[①] 吴莹认为低碳旅游是指在低能耗、低污染、低排放的基础上开展相应的旅游活动,尽可能减少碳足迹与温室气体(CO_2)的排放,从而使游客的旅游体验质量与旅游的经济、社会、环境效益获得共同提高。[②] 黄文胜认为,低碳旅游是在低碳经济的大背景下产生的一种新的旅游形式,是旅游业持续发展的目标。文章中介绍了台湾坪林低碳旅游景区并对低碳旅游的意义进行了初步探讨。[③]

本研究依据低碳旅游的基本特征,认为低碳旅游可以定义为,旅游要素供给者通过采用各种低碳技术和低碳管理理念,在保证旅游者高质量的旅游体验情况下,引导和鼓励旅游者在其旅游活动中尽可能地减少二氧化碳的排放量,以实现旅游经济、社会、环境效益相互统一的一种可持续的旅游方式。

(二)低碳旅游景区

旅游景区(tourist attraction)具有明确的区域范围和功能定位,并配备了较为齐全的旅游服务设施,能够满足旅游者的多种旅游需求。旅游景区是一个相对完整的、独立的管理区域,通过计算其碳排量的大小,将低碳旅游景区分为零碳型和低碳型。零碳型旅游景区是指从景区的规划、设计到建设、运营、管理等整个过程都严格执行零碳标准,碳排放量为零的一类旅游景区。除此之外,还有一类特殊的旅游景区,我们也将之称为零碳型旅游景区,这类景区尽管在运营过程中产生了一定的碳排放,但是通过各种碳补偿活动,已经中和了其在运营过程中产生的碳排放。低碳型旅游景区是指那些碳排量相对较低的旅游景区,这些景区能够提供相对有限的低碳旅游服务。如提供一定数量的可供游客选择的节能型住宿设施、环保型出游工具、轻便化的旅游装备等等。目前,我国的低碳旅游景区大多数都属于这一类。如在2010年,经《国家地理》杂志联合国内100多名旅游摄影记者评选出的中国三大低碳旅游景区是云南香格里拉、东北大兴安岭、贡嘎山燕子沟。[④]

(三)低碳旅游产品

低碳旅游产品是低碳旅游研究的重要组成部分。它是指旅游经营者凭借着低碳旅游吸引物、低碳交通和低碳旅游设施,向旅游者提供的用以满足其旅游活动需求的全部服务。它既可以是单个旅游景区提供的低碳旅游服务,也可是由旅游产品组合设计而成的低碳旅游线路。对低碳旅游产品的限定主要以"低能耗、低污染、低排放"即"三低"作为基本的判定标准,它主要由低碳旅游活动、节能低碳型住宿产品、低碳环保型交通工具、低碳饮食产品、低碳旅游商品等组成,是可以满足低碳旅游者消费意愿的旅游产品。

(四)低碳旅游城市

低碳旅游城市是未来旅游城市建设与发展的新方向,是旅游城市应对气候环境恶化、转变发展方式、提升城市功能的一种积极响应,是基于生态文明和"两型社会"的旅游城市发展模式创新,是城市整体性节能减排的重大实践举措。鉴于此,我们认为,低碳旅游城市是基

[①] 刘啸.论低碳经济与低碳旅游[J].中国集体经济,2009(13).
[②] 吴莹.倡导推行低碳旅游——旅行社发展的新契机[J].管理与财富,2010(3):100-101.
[③] 黄文胜.论低碳旅游与低碳旅游景区的创建[J].生态经济,2009(11).
[④] http://bbs.tiexue.net/post_4042652_1.html.

于节能减排技术,在综合分析城市旅游产业发展现状的基础上,按照"三低(低能耗、低污染、低排放)"、"三高(高效能、高效率、高效益)"、"三新(新技术、新面貌、新生活)"的要求,盘活城市旅游资源存量,创新城市低碳旅游产品,完善城市低碳基础设施,提升城市整体旅游功能,优化城市三大产业结构,倡导城市居民低碳生活新方式,促进城市成为旅游功能综合化、旅游生产-消费低碳化、旅游服务质量提升持续化、旅游发展方式集约化的低碳旅游宜居新城市。

(五)低碳旅游目的地

低碳旅游目的地是低碳旅游活动得以进行的现实载体,是低碳旅游活动中最重要的组成部分。依据低碳旅游景区、低碳旅游城市的概念以及低碳旅游自身的特征,我们认为,低碳旅游目的地由低碳旅游交通、低碳旅游接待中心城市、低碳旅游服务设施及机构、低碳旅游景区和低碳社区旅游环境共同组成。由于旅游目的地按照空间范围的大小,可以分为目的地国家、区域性旅游目的地、城市旅游目的地和景区等四种。与之相对应,低碳旅游目的地也可以依据空间范围尺度进行划分。

(六)低碳旅游者

低碳旅游者是随着旅游消费者节能环保意识不断提高而形成的特殊旅游者群体,是低碳旅游活动的主体。低碳旅游能否得以快速发展,最终还是取决于低碳旅游者的数量及其支持力度。因此,明确低碳旅游者的概念对于研究低碳旅游至关重要。但是目前学术界对于低碳旅游者还没有一个统一的界定。我们认为低碳旅游者是指那些自愿选择低污染、低能耗、低排量的旅游产品,并主动承担一定的节能减排责任,在自身的旅游行为中为缓解气候变化、促进环境保护和实现可持续发展做出一定贡献的旅游者,例如自行车旅游者、徒步旅游者等等。

(七)碳足迹

碳足迹也是我们在进行低碳旅游研究时,经常会提到和用到的一个重要概念。"碳足迹(carbon footprint)"的概念起源于"生态足迹",国外对于碳足迹的研究主要集中在碳足迹概念界定、测算方法以及计算案例等方面,而国内对于碳足迹的研究还处在萌芽阶段,目前国内外学术界对于"碳足迹"的确切定义还没有统一,各国学者都有自己不同的理解与认识,见表9-1。

表 9-1 碳足迹的定义

来源	定义
BP(2007)	碳足迹是指人类日常活动过程中所排放的 CO_2 总量
Energetics(2007)	碳足迹是指人类在经济活动中所直接和间接排放的 CO_2 总量
ETAP(2007)	碳足迹是指通过人类活动过程中所排放的温室气体转化的 CO_2 等价物,来衡量人类对地球环境的影响
Hammond(2007)	从功能和含义上看,碳足迹应称之为个人或活动所释放的碳重量,所以碳足迹应改为"碳重量"或其他相关词汇

续表

来源	定义
WRI/WBSCSD	将碳足迹定义为三个层面：第一层面是来自机构自身的直接碳排放；第二层面将边界扩大到为该机构提供能源的部门的直接碳排放；第三层面包括供应链全生命周期的直接和间接碳排放
Carbon Trust(2007)	碳足迹是衡量某一种产品在其全生命周期中(原材料开采、加工、废弃产品的处理)所排放的 CO_2 以及其他温室气体转化的 CO_2 等价物
POST(2006)	碳足迹是指某一产品或过程在全生命周期内所排放的 CO_2 和其他温室气体的总量，后者用每千瓦时所产生的 CO_2 等价物来表示
Wiedman&Minx (2007)	碳足迹一方面为某一产品或服务系统在其全生命周期所排放的 CO_2 总量；另一方面为某一活动过程中所直接和间接排放的 CO_2 总量，活动的主体包括个人、组织、政府以及工业部门等
Global Footprint	碳足迹是生态足迹的一部分，可看作化石能源的生态足迹
Grub&Ellis(2007)	碳足迹是指化石燃料燃烧时所释放的 CO_2 总量

从旅游业的角度而言，我们认为，碳足迹是指旅游者在其旅游活动中所产生的二氧化碳排放总量。也就是旅游者旅游活动所产生的二氧化碳越多，"碳足迹"就越大，反之"碳足迹"就越小。

（八）碳补偿

碳补偿活动在我们日常生活中随处可见，也是一种十分有益的低碳旅游活动，因此有必要将其纳入低碳旅游的基本概念体系，对之进行界定。一个单位碳补偿是指通过在其他地区减少1吨 CO_2e（CO_2 当量）的排放量而抵消或补偿某地的1吨 CO_2e 的排放量，或者是通过吸收来消除存留于大气层中的 CO_2e。

碳补偿，即 carbon offset，也叫碳中和。"碳补偿"就是现代人为减缓全球变暖所作的努力之一。人们计算自己日常活动直接或间接制造碳补偿的二氧化碳排放量，并计算抵消这些二氧化碳所需的经济成本，然后个人付款给专门企业或机构，由他们通过植树或其他环保项目抵消大气中相应的二氧化碳量，从而达到环保的目的。

知识活页　　　碳减排评估

碳汇一般是指从空气中清除二氧化碳的过程、活动、机制。森林碳汇是指森林植物吸收大气中的二氧化碳并将其固定在植被或土壤中，从而减少该气体在大气中的浓度。

气候变化被认为是全球十大环境问题之首，严重影响着人类的生存环境。为了应对气候变化，国际社会积极行动，先后制定了《联合国气候变化框架公约》和《京都议定书》，使得世界各国在减缓气候变暖上做出了实质性的行动。《京都议定书》建立的强制减排机制,推动了温室气体减排,尤其是森林碳汇服务交易的市场化发展进程。

我国作为《京都议定书》非附件1国家,本身并不承担强制减排义务,但作为一个负责任的大国,我国政府向国际社会做出了庄严的自愿减排承诺,但依然受到来自西方发达国家的巨大压力,不得不面对其可测量、可报告、可核查的"三可"要求。

在碳减排的"三可"问题上,在行业主管部门的指导和支持下,可由中介机构来核查、评估和对外发布报告。中介机构开展碳减排工作具有以下几点优势。一是作为中介机构,其独立、客观、公正的第三方地位易于被国际社会、各部门、各参与方认可和接受;二是评估行业在技术储备等方面具备了碳减排评估工作的条件和能力;三是评估行业有理论和人才储备,可以承担相关的研究工作和评估工作。

由中介机构来开展碳减排评估工作,既可以减轻我国政府层面的直接压力,推动国际碳减排谈判工作的进行,又可以在国内开展碳减排领域的评估,使各地方、各企事业单位及国家实施相关项目的节能减排工作得到独立的第三方测量、核查与报告,为国家提供科学、客观的决策和考核依据。同时为评估行业开拓新的评估领域、做大做强做优创造机会。

资料来源:中国生态评估网,2011-02-26。

三、低碳旅游的主要特征

低碳旅游是一种以低能耗、低污染、低排放为特征的旅游发展方式,是旅游业应对气候变化,实现可持续发展的有效手段。发展低碳旅游的关键在于技术创新、理念创新和管理创新。低碳旅游具有低碳环保性、教育示范性、参与普及性和技术科技性四大特征。

(一)低碳环保性

低碳及低碳旅游的概念本身就源于全球环境问题的日益严峻背景,因而低碳环保性就成了低碳旅游的题中之义,也是低碳旅游最基本、最核心的特征。从旅游六要素的角度看,低碳旅游的低碳环保性体现在食住行游购娱的各个环节。从旅游产品供给与消费的角度来看,低碳环保性主要体现在:一是旅游资源开发的低碳环保性,通俗地说就是要利用低碳技术开发旅游资源,用低碳材料建设旅游项目,用清洁能源规划旅游交通等等,充分保障各项旅游服务设施、旅游产品的低碳环保性;二是旅游运营的低碳环保性,低碳环保性还体现在旅游企业的日常运营管理过程中,低碳旅游要求旅游企业管理者在保证旅游资源环境承载量的范围内开展经营活动,并积极杜绝高碳旅游项目的展开,强调经济效益与环境效益的协调发展;三是旅游消费的低碳环保性,低碳旅游的低碳环保性要求旅游者在旅游消费过程中,将保护生态环境、文化环境,减少自身旅游活动的排放量变成为一种自发的、主动的行为。

(二)教育示范性

低碳旅游从其诞生之初,便具有显著的教育示范性、引导带动性。低碳旅游的教育示范性是指在低碳旅游活动中借助于一定的教育手段提高各利益相关者的节能减排以及环境保护意识,使其认识到自身与外界环境之间的关系,了解到气候变化的严重性与复杂性,增强节能减排、低碳环保的责任感、使命感与自觉性,并进一步发挥示范作用,积极带动自己周围的人参与到各种低碳活动中来。教育示范性是低碳旅游的重要特征、重要前提,它不仅有助于在全社会传播低碳理念,延长旅游产品的生命周期,而且有助于提高全民道德素质,增强人们的环境保护素养,改变人们日常生活方式。教育示范性是旅游资源开发者、运营者以及政府部门在从事低碳旅游的开发与管理过程中必须深入思考的问题。通过低碳旅游活动的展开,教育旅游者认识到气候变化所带来的危害,形成寓教于乐、寓教于游的氛围。

(三) 参与普及性

低碳旅游的高参与度和高普及性,可以通过与生态旅游进行比较而总结出来。具体表现有以下三点。第一,参与人员的大众化。生态旅游对旅游者有较高的要求,一般来说是具有较高的教育背景或文化素养的人,他们大多知识广博,文化品位、生活品位较高,且具有较为可观的收入,而低碳旅游则是一种大众化的旅游方式,是在大众旅游的基础上发展起来的,具有较好的群众基础,能够涵盖各个不同层次的游客群体。第二,参与形式的多样性。生态旅游由于是针对特殊阶层的旅游形式,以观光游览为主,参与形式较为单一,而低碳旅游以保证旅游质量和减少二氧化碳为发展宗旨,只要是能够降低二氧化碳排放量的旅游活动都可以纳入低碳旅游的范畴,因而参与形式较为灵活。第三,参与流程的便捷性。如自行车出游,住宿环保低碳旅馆,购物时少用一次性购物袋等等,这些都是十分简便易行的低碳行为。

(四) 技术科技性

低碳旅游的发展依赖于低碳技术的进步。低碳技术是指各种可以使人类生产和生活过程中排放的二氧化碳等温室气体减少的技术总称。低碳旅游的技术科技性特征主要体现在两点:一是能源利用的科技性,即通过技术进步,在提高能源利用效率的同时,尽可能地降低二氧化碳等温室气体的排放强度,这就要求在进行低碳旅游开发过程中尽可能地使用诸如生物质能、太阳能等清洁能源和可再生能源;二是旅游服务设施的科技性,要保证在排放同等温室气体情况下,不降低旅游者的旅游体验和满意度,就要求配备相应的低碳旅游设施设备,方便旅游者各项旅游活动的展开。而这二者均需要通过将各种科技手段和节能技术(如可再生能源和新能源开发技术、二氧化碳捕集和封存等)有效地应用到旅游行业中才能得以实现。

第二节 低碳旅游的发展模式

低碳旅游作为旅游业响应低碳经济的方式,其发展模式对低碳旅游发展具有指导意义。在对国内外低碳旅游发展模式研究的基础上,我们总结出了八种低碳旅游发展模式的基本特征,并提出了我国低碳旅游应着重从低碳城镇建设、低碳技术发展、低碳意识普及和政府角色准确定位四个方面入手。

一、低碳旅游发展模式的影响因素

低碳旅游发展模式受多种因素影响,这些因素既有主观的也有客观的。主观的因素包括政府、旅游者、社区居民和投资者的意愿,客观的因素则与社会发展水平和科学技术水平相关。除此之外,旅游资源的特色与旅游产业集聚也在一定程度上影响了低碳旅游发展模式的形成,如图9-2。

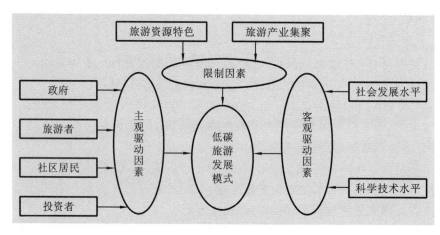

图 9-2　低碳旅游发展模式影响因素

（一）社会发展的驱动因素

从工业革命开始到现在的几百年间,人类社会发展取得了巨大的成就。但是在不断发展的背后也产生了一些不容忽视的问题。从农业社会到工业社会阶段,人类在追求发展的过程中不计代价,资源浪费、环境污染;从工业社会到后工业社会阶段,人类逐渐认识到自身在发展过程中产生的问题,开始调整发展方式,践行可持续发展之路。因此低碳旅游的产生不是凭空的,而是在社会发展到一定程度后出现的,与人类社会发展的阶段息息相关。社会发展对低碳旅游发展模式的影响主要表现在低碳教育、低碳技术、低碳服务等方面。低碳教育关系到全民低碳理念的普及以及低碳旅游人才的培养;低碳技术是低碳旅游发展的外在要求,直接关系到低碳旅游各项技术指标的完成;低碳服务是低碳旅游发展的核心,低碳旅游发展最终是向广大旅游者提供低碳服务。

（二）科学技术的驱动因素

现代旅游发展与科学技术水平密不可分,汽车、火车、飞机等交通工具的出现缩短了旅游地与客源地的心理距离;信息技术的广泛应用方便了旅游者随时获取旅游目的地相关信息;GIS(地理信息系统)技术的应用为旅游工作者进行旅游规划提供了重要指导。低碳旅游发展同样也离不开科学技术的支撑。低碳旅游发展最基本的要求是实现碳排放减量,减碳的实现就需要依靠先进的科学技术,如低碳能源技术、低碳交通技术和低碳建筑技术等。科学技术的发展水平直接影响到低碳旅游发展模式的路径选择。科学技术发展水平高,低碳旅游发展可能更多依赖技术;科学技术发展水平落后,低碳旅游发展更多依赖旅游者和社区居民的低碳意识。

(三) 各国政府的驱动因素

全球气候变暖让各国政府认识到应积极参与减碳减排。从哥本哈根气候大会到坎昆气候大会，减碳减排一直是各国政府关注的焦点。减碳减排已经不只是关乎国家发展问题，而是全球都应积极关注的问题。从我国的国情来看，低碳旅游发展表现的政府驱动因素体现在各级政府对低碳旅游的重视。湖北省为推进旅游向可持续发展、低碳环保方向上转变，起草并公布了《湖北省低碳旅游十二项行动计划》，从各个方面号召发展低碳旅游。旅游者践行低碳，从国际上来看，英国成立了**碳基金**(Carbon Trust)，从技术、经济和管理等方面帮助企业向低碳转变。日本政府则通过了《低碳社会行动计划》，力争将日本建成一个低碳型社会。

知识关联

碳基金是一种政策性的支持基金，由于《京都议定书》规定在2008年至2012年内要减少50亿吨CO_2的排放，其中25亿吨排放目标来自减排权的交易。在此背景下，许多发达国家通过建立各种"碳基金"来支持减排项目的开展。

(四) 旅游者与居民共同驱动因素

旅游者和旅游活动的重要利益相关者——社区居民对低碳旅游的发展有重要的影响。旅游者的低碳意识与环保意识的增强促使旅游者改变以往的消费方式，转向更具低碳性、环保性的旅游方式。在有些技术落后地区，旅游者的驱动因素直接推动了该区域的低碳旅游发展。社区居民也是低碳旅游发展中不可忽视的重要利益相关者。当地居民营造的良好低碳氛围将会对旅游者的行为产生重要的影响，促使旅游者自觉地选择低碳的旅游方式。旅游者与居民的低碳意识构成了低碳环境建设的重要内容，对低碳旅游发展模式形成有重要作用。

(五) 投资者驱动因素

投资者的决策对低碳旅游发展模式影响主要表现在投资者投入资本规模和经营理念。资本规模与投资者实力有很大关系。与传统旅游方式相比，低碳旅游要求开发者投入较多的资金，引进先进的低碳设施对景区内的碳排放进行监测，进行景区技术升级改造和对管理人员进行相关知识培训。经营理念直接关系到低碳旅游发展的目的。低碳旅游发展的最终目的是在减少碳排放、保护生态环境的前提下获取经济效益。如果投资者的经营理念与此相违背，加之目前我国旅游立法的不完善，投资者很可能借低碳旅游之名行非低碳旅游之事。此外，投资者还影响着景区投入运营后人力资源管理的问题。合理的管理团队不仅能保证景区的盈利，还能促进员工、周边居民和旅游者低碳意识的普及。

(六) 旅游资源特色的限制因素

旅游资源特色和知名度对旅游者的旅游决策有着较大的影响。资源特色显著、知名度高能激发游客的好奇心。从目前国内低碳旅游发展比较好的九寨沟、峨眉山、燕子沟等景区来看，它们的资源都有很强的吸引力，资源知名度高、特色鲜明。此外，旅游资源对于依靠科学技术发展起来的低碳社区也有间接的影响，如位于伦敦的贝丁顿零碳社区之所以如此有名，很大程度上依靠伦敦国际旅游目的地的城市形象。

（七）旅游产业集聚的限制因素

旅游产业聚集是指在一定空间范围内，旅游景区、旅游饭店、旅游游乐设施以及其他配套设施的聚合程度，即一定地域内旅游要素的多寡。如果区域内旅游景区多、配套齐全，那么就会有更多的游客到访，如果区域内景区单一，对于吸引非低碳旅游者可能就比较困难。良好的旅游产业集聚对区域新发展的低碳旅游景区客源市场有很好的带动作用和辐射作用。

二、国内外低碳旅游发展模式

从低碳旅游正式提出到现在才短短几年时间，低碳旅游发展模式的选取基于以下两个标准：第一，该发展模式符合低碳旅游碳排放减少、减量的原则；第二，该发展模式与旅游发展有很大的联系。在此基础上，笔者总结了国内外三大类八种不同的低碳旅游发展模式。

（一）市场主导型低碳旅游发展模式

该类模式主要依靠市场的驱动来促进低碳旅游发展，因而与市场关联度很高，故而将这一类模式命名为市场主导型的低碳旅游发展模式。市场主导型发展模式又可以分为如下三种。

1. 技术依托的低碳社区建设模式

贝丁顿零碳社区位于英国伦敦南部的萨顿区，它占地约1公顷，由5栋40米高的褐色建筑物构成。社区内有房屋、办公区、展览中心、幼儿园、社区俱乐部和足球场等。英国著名生态设计师比尔·邓斯特亲自为该社区设计建筑方案。社区所在地原本为一片污染之地，依托先进的技术，这片土地变废为宝成为今天的"贝丁顿零化石能源发展"生态社区。贝丁顿零碳社区内的所有建筑设计都围绕对阳光、空气、木材和废水的循环利用，综合使用太阳能、风能、生物能等可再生能源。与周围普通住宅区相比，这个小区可节约81%的热能和45%的电能。现在贝丁顿零碳社区已经成为伦敦的一张名片，吸引着无数对低碳旅游感兴趣的游客前去一探究竟。2010年上海世博会的"零碳馆"的原型就取自于贝丁顿零碳社区。

2. 产业转型的低碳旅游发展模式

昔日鲁尔是德国重要的重工业基地，以高炉满地、烟囱林立著称，然而如今这里却一改其以往肮脏的形象，发展成为一个生机盎然、低碳生态、充满创意的经济和文化大都会。这里的旅游方式独具一格，既有种类丰富的博物馆、艺术节，也有北杜伊斯堡景观公园和上个世纪的工业遗迹，与购物相结合的旅游发展模式更是为鲁尔吸引了大量的游客来访。如今这里已经是"低碳德国"、"创新德国"的最好代言地。旅游者在鲁尔能充分感受到低碳旅游不再是纸上谈兵。鲁尔矿产资源相当丰富，因此这里一度成为德国的工业中心。当资源耗尽，鲁尔也面临着产业转型的问题。大批的工业遗迹该如何处理成为政府关注的焦点。工业遗产旅游的发展为鲁尔的产业转型指明了方向，与先进科学技术的融合让鲁尔的工业遗产旅游走上了低碳旅游之路。

3. 旅游者驱动的低碳旅游发展模式

我国最典型的旅游者驱动模式的目的地是虎跳峡的中虎跳和下虎跳。虎跳峡徒步路线沿途只有少量的农家旅店，旅游者在徒步时多半依靠自身所携带的物品。由于旅游者强烈的生态意识,徒步路线形成十多年来,不仅没有对生态环境造成不良的影响,反而带动了当地居民保护旅游资源。原来居民经常砍伐树木,现在却在带领和陪同旅游者同游的过程中成为一定意义上的"循环经济"的实施者。他们不再砍伐树木,开始拾捡落叶放进猪圈并等其合成有机肥,然后将肥撒到田里。在自发地为旅游者整理山间小道时,他们会兼顾行者方便和设施与景观的和谐原则,在瀑布跌水旁只搭建木质悬索桥供徒步者穿越[①]。该模式依靠一部分旅游者强烈的低碳生态意识的驱使,使得这一地区的低碳旅游顺利发展。但是不同于以上两种模式,这种低碳旅游发展以环境效益为主,对经济效益的影响并不明显。

(二) 政府主导型低碳旅游发展模式

低碳旅游发展涉及面广,因此政府的参与能广泛发挥其协调能力,促进低碳旅游更快、更好发展。在这种发展模式中,政府的意愿起到了主要作用。该发展模式可以分为如下三种。

1. 政府主导的低碳旅游景区建设模式

滕头村位于浙东沿海开放城市宁波奉化城北,在当地政府的带领下,滕头村构建了完备的低碳生态乡村系统。滕头村的路灯采用"风光能"环保灯,靠风力发电和太阳能蓄电池供能。滕头村的污水处理采用"生态绿地处理系统",生活污水经系统处理,营养物质通过降解由植物吸收,剩下的水达到"生活杂用水水质标准",基本实现了污水的零排放。不止是技术上的领先,在当地政府的推动下,滕头村村民从点滴做起,尽量减少碳排放,形成了强烈的低碳环保意识。2010 年 7 月在北京召开的首届中国低碳旅游建设峰会上,滕头村被评为国内首批低碳旅游地。

2. 政府主导的低碳旅游示范区建设模式

高明区位于广东省佛山市,是佛山空气质量最好的区,空气质量实现全年优良。在高明区政府的主导下,全区上下从各个方面创新区域低碳环境。高明区供电局以"低碳绿色"为理念,追求服务升级,打造绿色节能的科普教育基地;高明区地税局以"协税护税我先行·和谐高明齐构建"为主题,通过低碳绿道游的方式倡导诚信纳税、绿色出行;高明区城市综合管理局则通过举办"舒适家园,你我共管"女职工手工创作大赛,变废为宝,充分展现了低碳环保意识。高明区通过营造低碳环境,深挖自身资源,设计了多种多样低碳旅游线路供游客选择。2010 年 7 月在北京召开的首届中国低碳旅游建设峰会上,高明区荣获"中国低碳旅游示范区"的称号。

3. 政府主导的低碳旅游实验区建设模式

九寨沟位于四川省阿坝藏族羌族自治州,1992 年 12 月入选世界自然遗产。长期以来,九寨沟在景区管委会的主导下,以科学发展观为指导,以建设国际旅游目的地为目标,不断探索低碳旅游发展之路,对景区资源进行积极保护,对景区游客数量实行严格控制,创新旅游可持续发展措施,全面推进低碳旅游发展进程。周庄位于浙江省苏州市,是我国著名的旅游目的地。多年来,周庄的旅游发展一直坚持发展与保护并举,每年都要投入大量的资金进行古镇的保护与修复。在古镇保护委员会的主导下,周庄成功实现了"三线入地",有效地减

---

① 朱璇. PPT 战略与背包旅游——以滇西北为例[J]. 人文地理,2006(3):62-66.

少了生活垃圾的排放,积极地推行步行游览古镇,维持了古镇的原生性。在由中华环保联合会、国家旅游局中国旅游景区协会联合举办的"全国低碳旅游实验区工作会议暨授牌仪式"上,九寨沟景区与周庄均获得"中国低碳旅游实验区"称号。

(三)社区主导型低碳旅游发展模式

旅游活动的重要利益相关者离不开社区居民,因此在讨论旅游发展模式中,社区主导型占有重要地位,在该发展模式中,社区居民成为低碳旅游发展的主力军。社区居民通过身体力行共同参与到低碳旅游发展中来。

1. "坪林模式"①

坪林乡是台湾著名的产茶区,生态环境良好。台北县低碳中心于1997年策划了坪林低碳旅游景区,它是台湾第一个低碳旅游示范区,由社区居民共同参与完成。坪林低碳旅游主要从以下几个方面展开(见表9-2)。

表9-2 坪林低碳旅游发展模式主要特征

主要方面	特征
低碳饮食	坪林的食物基本上都取自本地,很少从外地运来,这样既保证了本地的经济效益,又减少了食物由于运输所产生的碳排放
低碳游览	坪林提供了众多低碳的游乐活动,包括骑车、漫步、品茶、观鱼等,动静结合,相得益彰。此外,景区还提供"低碳树"供游客栽植
低碳咨询	坪林低碳旅游景区通过网站向游客号召自带环保用具包括环保袋和环保筷。鼓励旅游者以公共交通或共乘的方式进入坪林低碳旅游区
低碳记录	在低碳旅游活动结束时,导游人员就会引导游客来到坪林的"碳减量计数器"前,它是用来测算游客每次低碳活动所减少的碳排放量。游客在此按下活动减碳计数按钮,就会知道自己所从事的旅游活动与传统的旅游模式相比较减少的碳排放量,事后由工作人员颁发坪林减碳证书

该发展模式主要依靠社区居民参与低碳景区创建,政府提供支持服务。相比于前几种模式,此发展模式对低碳技术的依赖性较弱,主要依靠游客的低碳环保意识来实现低碳旅游发展。

2. 低碳城市构建模式

英国是最早提出低碳经济的国家,也是低碳城市建设的先行者。英国政府成立了一个私营机构——碳信托基金会,负责联合企业和公共部门,发展低碳技术,协助各种组织降低碳排放量②。在该基金会与节约能源基金(Energy Saving Trust)的共同推动下,英国三个城市(布里斯托、利兹、曼彻斯特)制定了低碳城市规划,全面实行低碳城市建设,得到了民众极

---

① 黄文胜. 论低碳旅游与低碳旅游景区的创建[J]. 生态经济,2009(11).
② 刘志林,戴亦欣,董长贵,等. 低碳城市理念与国际经验[J]. 城市发展研究,2009(6).

大的支持。丹麦欧登塞是一个自行车王国,目前全市共有自行车专用道路 500 余公里,市中心有 26% 的人选择自行车出行。欧登塞市从 1999 年起开始推行"自行车复活"战略,走上了一条"反机动化"的道路,这极大促进了市民低碳意识的普及。低碳城市的建设带给欧登塞的不止是优美的城市环境,还将大批的游客带到了这里。市政府还有专门针对游客的自行车教育普及,鼓励游客利用自行车了解这个城市。

旅游发展离不开城市,城市是旅游的集散地,低碳城市建设为低碳旅游发展创建了良好的氛围。低碳旅游发展的要求就是低碳理念的普及与低碳技术的应用,而低碳城市建设在这两个方面都有优势。因此,低碳城市发展模式或许可视为低碳旅游发展模式的一种。

三、国内外低碳旅游发展模式总结与启示

准确定位,并找出适合自身特点的低碳旅游发展模式,是确保低碳旅游得以有效发展的关键环节。因而现阶段,对国内外低碳旅游发展模式进行科学概括总结,并分析得出各类发展模式的特点,对促进我国低碳旅游的发展具有重要借鉴意义。

(一)国内外低碳旅游发展模式总结

本书总结得出的国内外三大类八种低碳旅游发展模式,也可以大致概括为:低碳技术外核与低碳理念内核的"双核"驱动发展模式。其中技术领先的低碳社区模式对技术最为依赖,市场导向的旅游者驱动模式对技术依赖最弱;在低碳理念层面上,市场导向的旅游者驱动模式对低碳理念依赖程度最强。科学技术应用在促进旅游产业向低碳旅游发展升级转型上有重要作用,低碳理念与科学技术的联动则让低碳旅游发展事半功倍。表 9-3 所示为三类低碳旅游发展模式的特点。

表 9-3 三类低碳旅游发展模式的特点

发展模式	具体类型	特 点	典型代表
市场导向型低碳旅游发展模式	技术领先的低碳社区模式	本身不是旅游资源,依靠科学技术让非旅游资源转化为旅游资源,技术的应用是其最显著的特征,同时政府导向与居民参与也具有一定的作用	英国贝丁顿零碳社区、阿联酋 Masdar 零碳城
	产业转型的低碳旅游发展模式	市场的需求使得原本的产业发展模式已不能适应社会的要求,市场的驱使是其发展的主要动力,同时先进技术的应用是产业转型成功的保障	德国鲁尔区
	市场导向的旅游者驱动模式	旅游者是此发展模式的核心,旅游者的个性需求导致了此发展模式的诞生,社区居民在该发展模式中属于无意识的参与	虎跳峡、燕子沟

续表

发展模式	具体类型	特 点	典型代表
政府主导型低碳旅游发展模式	政府主导的低碳景区模式	政府在低碳旅游发展中居于主要地位，政府通过自身意愿充分拥有资源，广泛协调各部门完成低碳旅游发展	宁波滕头村
	政府主导的低碳旅游示范区模式		佛山市高明区、大兴安岭
	政府主导的低碳旅游实验区模式		九寨沟、周庄、黄山
社区主导型低碳旅游发展模式	社区参与的"坪林模式"	社区居民参与是此模式发展的关键，社区居民是主导者，政府提供支持服务	台湾坪林乡
	全民参与的低碳城市模式	政府、居民、技术这三个因素在此发展模式中都起到了重要作用；社区居民是低碳城市的主要创建者，政府为低碳城市发展指明方向，技术是低碳城市建设的载体	丹麦欧登塞，英国布里斯托、利兹、曼彻斯特

（二）国内外低碳旅游发展模式的启示

通过对国内外低碳旅游发展模式的总结，可以看出低碳旅游模式的构建涉及多个层面、多个主体。从目前我国实际情况出发，推进我国低碳旅游发展，促进旅游产业转型，应重点关注四个方面：大力推进低碳城镇建设，加快形成低碳技术集群，全面普及低碳旅游理念和准确定位政府角色。

1. 大力推进低碳城镇建设

低碳旅游发展要以城镇为依托，城镇既为低碳旅游发展提供了客源，又为低碳旅游发展提供了低碳公共设施。大力推进低碳城镇建设，借鉴国外先进低碳城市建设经验，构建完备的城镇低碳公共基础设施，将会为顺利推行低碳旅游创造良好条件。低碳旅游城镇建设可以从以下三个方面展开：第一，制定低碳城镇建设规划，为低碳城镇建设明确方向；第二，成立相关领导小组，协调低碳城镇建设；第三，发展低碳技术，为低碳城镇建设提供支持。

2. 加快形成低碳技术集群

低碳技术是低碳旅游发展的外在要求，低碳技术在改善旅游基础设施、旅游住宿、旅游住宿、旅游交通、旅游购物、游乐设施等方面有重要作用，它是旅游活动碳排放减量的技术保障。加快形成低碳技术集群，发展先进低碳技术对于构建我国低碳旅游体系有着重要作用。首先低碳技术集群的构建是我国旅游产业升级转型的重要保障；其次，低碳技术集群的构建是低碳旅游发展的新模式；最后，低碳技术集群的构建与低碳城镇的建设形成互动效应，相互促进。

3. 全面普及低碳旅游理念

低碳旅游理念是否普及是决定低碳旅游能否真正发展的关键因素,离开了低碳旅游理念的低碳旅游不是完整的低碳旅游。全面普及低碳旅游理念应从以下三个方面做起:首先,加强低碳旅游知识教育,让更多人了解低碳旅游、参与到低碳旅游中来;其次,鼓励旅行社推出更多低碳旅游线路,满足市场上低碳旅游需求,形成低碳旅游风尚;最后,加强低碳旅游教育,培养更多更好的低碳旅游人才为低碳旅游发展服务。

4. 准确定位政府角色

政府在低碳旅游发展中有着重要作用,扮演的角色不同对低碳旅游发展的影响也不同。政府在低碳旅游发展中应扮演以下三个角色:主导者、参与者和服务者。主导者要求政府从宏观的角度对低碳旅游发展的走向做出安排;参与者要求政府积极参与到低碳城市、低碳社区、低碳景区的建设中来;服务者要求政府随时摆正位置,为开发低碳技术发展服务、为普及低碳理念服务、为发展低碳旅游服务。

第三节　低碳旅游的发展路径与价值提升策略

一、低碳旅游的开发原则与发展路径

低碳旅游是在低碳经济背景下产生的一种新的特殊的旅游形式。其概念一经提出,就出现了多种开发模式。事实上,无论是哪种开发模式,都需要遵循一定的原则,找到适合自身特点的发展路径。

（一）低碳旅游的开发原则

发展低碳旅游,是一个长期的过程,需要政府、企业以及旅游者的共同努力。同时,低碳旅游的开发与推广,低碳旅游产品的规划与设计,只有在遵循一定原则的基础之上,才能少走弯路。

1. 节能环保原则

节能减排、低碳环保是低碳旅游开发应当遵循的首要原则,也是发展低碳旅游的重要目的之一。国务院出台的《关于加快发展旅游业的意见》中就明确提出了大力推进旅游业节能减排,五年内将星级饭店、A级景区的用水用电量降低20%的要求。由此可见,发展低碳旅游应当遵循节能减排原则,盘活旅游资源存量,将旅游活动所带来的影响控制在环境自身的净化能力的范围内,以减少不必要的浪费与损失,同时,在保障旅游者旅游质量的前提下,尽可能地降低二氧化碳的排放,以减少对外界环境的影响。

2. 技术创新原则

技术创新是旅游业真正实现节能减排,促进低碳旅游发展的重要基石。国务院《关于加快发展旅游业的意见》中明确指出,旅游业要"积极利用新能源新材料,广泛运用节能节水减排技术"。技术创新是实现旅游业节能减排的重要基础,是低碳旅游得以广泛展开的基本前

提。如果没有技术创新,低碳旅游将缺少技术依托,节能减排也将成为一句空话。因此,低碳旅游开发必须遵循技术创新这一原则。

3. 教育推广原则

在低碳旅游开发的过程中,要充分考虑到低碳旅游的教育意义与教育功能,积极推广低碳理念,有效传播低碳生活方式,使旅游者能通过各种低碳旅游活动,切身体会到低碳生活给人类带来的好处,切实了解到低碳生活的必要性、重要性和紧迫性,并促使其积极响应低碳生活方式,增强低碳意识,主动参与低碳活动。

4. 多方参与原则

低碳旅游开发涉及旅游资源开发、规划,以及旅游产品生产、消费的多个环节,需要全社会各方力量的共同参与。只有各旅游景区及饭店企业经营者、基础设施建设者、旅游者、旅游代理商等各利益相关者都普遍接受低碳旅游理念,坚持多方参与、统筹兼顾、动态协调的原则,合理利用资源,将减少温室气体排放落实到行动之中,才能真正将低碳旅游落到实处,实现旅游业节能减排。

5. 管理规范原则

发展低碳旅游是一项涉及面广、专业性强、技术层次高、过程复杂的系统工程,单单依靠旅游企业自身恐怕难以奏效,需要求助于专业的技术团队。一是采用公开招标形式寻求旅游企业低碳技术与管理方案,邀请有关专家、技术设备厂商以及电子商务咨询公司等,根据旅游企业的现实情况,开发发展前景好、低碳技术一流并适合企业自身特点的低碳旅游产品,并聘请专家对企业相关人员进行低碳技术应用与管理的培训。二是采用低碳技术外包的形式,将低碳技术研发与管理交给社会力量,由已有成功案例的专业技术公司对旅游企业低碳技术研发与应用实施专业化的运作。

6. 文化保障原则

对于发展低碳旅游的企业来讲,文化具有十分重要的作用。实施低碳旅游的初始阶段,一些员工乃至管理者往往会因为利益和工作习惯受到冲击而拒绝接受。因此,搞好企业文化建设,改变以往的管理理念、行为准则、传统习惯,推行低碳理念是发展低碳旅游的重要保障。具体地说,要做好两方面的工作:一是培训,重点讲解低碳经营理念、低碳旅游运作方式以及日常低碳小技巧等等;二是采取由上而下的传导方式,逐级推行节能减排、低碳环保理念,将节能减排指标落实到各管理层。

(二)低碳旅游的发展路径

发展低碳旅游是一项投入较大、涉及面广、技术要求高的系统工程,应该紧紧围绕着"旅游资源低碳化开发、旅游消费低碳化引导、旅游方式低碳化运作、低碳技术科学化应用"等四个方面来进行。如图9-3所示。

1. 旅游资源的低碳化开发

对旅游资源实行低碳化、精细化开发,可以从本质上改变旅游产品的能源和资源供给,是实现低碳发展的重要基础。目前,旅游行业的整体能源消耗仍然以煤炭、石油和天然气为主,这就要求我们加快研发煤炭制取氢气技术、氢气存储与运输技术、碳中和技术、碳捕获和埋存技术等,实现煤的清洁、高效、安全使用。同时,还要下大力气研究和开发利用绿色能

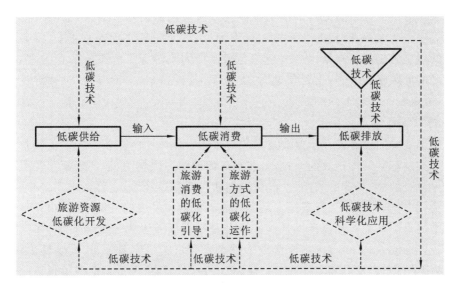

图 9-3　低碳旅游的发展路径

源,所谓绿色能源是指太阳能、生物质能源、风能、水能等可再生能源。当前,世界各国都在集中力量进行绿色能源的开发,绿色能源在全球能源结构中的比重已经上升到20%左右。旅游业作为"朝阳产业"和"无烟工业",十分有必要使用绿色能源,对旅游资源进行低碳化开发,从根本上改变旅游产业的能源与资源供给结构。

2. 旅游消费的低碳化引导

发展低碳旅游,必须转变旅游消费方式,优化旅游产业结构,促进旅游业由"高碳"产业向低碳产业转变,特别是"食、住、行、游、购、娱"这六要素中的"行"方面。旅游交通是整个旅游产业体系中碳排放量比重最高的部门,还有较大的节能减排空间,迫切需要通过转变旅游者消费方式来改善"高碳"状况。引导旅游者的低碳消费可以从三个方面入手:一是从政府的角度,可以通过生动活泼、图文并茂的宣传形式,引导旅游者选择低碳化旅行方式,提高节能减排意识;二是从旅游企业的角度,一方面可以采用节能技术,开发低碳创意,优化设计产品,使低碳产品成为旅游者出游的首选,另一方面可以对积极践行低碳的旅游者给予一定的优惠,如折扣、积分等奖励办法;三是从旅游者自身的角度,从自身做起,提高节能减排意识,培养低碳消费理念,在出游时尽可能地选择低碳产品。

3. 旅游方式的低碳化运作

随着生活水平的提高,旅游者的需求也在发生着日新月异的变迁,旅游的方式可谓多种多样,选择的余地很大。旅游方式指的是旅游者的旅游产品选择,其涵盖面较广,既包括旅游者交通方式的选择,也包括旅游者旅行方式(如自助、随团、拼团等)的选择。事实上,就发展低碳旅游而言,无论是哪一种方式,都要对其进行低碳化的技术处理与运作,以引导旅游者调整自身出行方式。旅游方式的低碳化运作离不开政府、企业、媒体的大力支持。政府作为旅游消费的行政决策者,在促进旅游方式低碳化的过程中具有引导、规划和调节作用,旅游行政部门需要综合利用经济、法律以及行政等多种手段,发挥在旅游方式低碳化运作中的带头作用。企业作为各种旅游方式以及旅游产品的提供者,在设计旅游产品、出行方式时,要充分考虑如何保证在节能减排的前提下满足旅游者的旅游体验需求,如果所设计的低碳出游方式无法方便旅游者,且配套设施建设不到位,不能满足旅游者的需求,将会大大降低旅游者的低碳旅游热情。网络、报纸、杂志等媒体作为旅游者了解旅游信息的重要媒介,可以通过典型的低碳旅游案例,发现典型、捕捉典型、分析典型、宣传典型,对旅游者进行低碳出游教育,可以起到意想不到的效果。

4. 低碳技术的科学化应用

低碳旅游发展的核心就在于低碳技术的应用和管理体制的创新。所谓低碳技术是指那些能够有效控制温室气体排放的新技术,包括煤的清洁高效利用、油气资源和煤层气的勘探开发、可再生能源及新能源的利用、二氧化碳捕获与埋存等领域,它涉及电力、交通、建筑、冶金、化工、石化、汽车等部门。低碳技术是实现旅游业低碳发展的关键环节,也是促进旅游产业低碳转型的重要基础。当今世界各国都十分重视低碳技术的研发与应用,并已在各自领域取得了较好的成效。如:英国主要侧重于重点研究供暖与能源分布、大规模更洁净发电、可再生电力、化石燃料发电和碳捕获与存储、核电、低碳交通、可再生能源等低碳技术。日本则投入巨资重点研究如何有效利用太阳能、风能、光能、氢能、燃料电池等替代不可再生能源,并积极开展潮汐能、水能、地热能等研究。欧盟推出了战略能源技术计划。低碳旅游的发展,下一步就是要着眼于科学系统地将这些低碳节能技术有效地运用到旅游发展过程中来。

二、低碳旅游的价值诉求

价值主体的不同决定了价值诉求及主体的价值取向。从低碳旅游价值诉求的内涵来看,本书将对低碳旅游价值主题从三个维度进行划分:结构优化、功能释放及素质提升,并构建了低碳旅游的三维价值模式(见图9-4)。

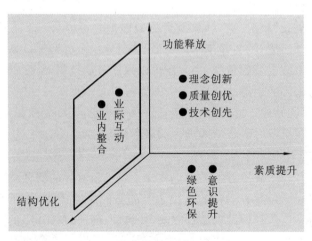

图 9-4 低碳旅游三维价值模型

(一)结构优化价值诉求

1. 业内整合价值

低碳旅游是对发展低碳经济的一种响应模式,将生态环保的理念融入到旅游过程的各个环节当中,运用低碳技术,融入碳汇机理,倡导低碳消费,实现对旅游各要素的低碳整合。主要体现在旅游吸引物的构建、旅游设施的建设、旅游体验环境的培育和旅游消费方式的引导四个方面。构建旅游吸引物,既可以运用低碳技术创新旅游吸引物的类型,也可以直接将低碳技术含量高的高科技产品包装成为直接的旅游吸引物;旅游各项基础设施、服务设施既可以通过运用各种节能、减排低碳技术,提高其设施水平,更应该直接使用低碳技术旅游装备,以节约旅游运营成本、实现更大的旅游经济效益;在旅游体验环境的培育中,既要大力提高环境的生态化含量,增加绿色环境对碳的高吸收、高贮备能力,更应该通过高碳汇机制的创新,提高旅游体验环境质量,实现更大的旅游环境效益;在引导旅游者的消费过程中,既要降低个人的旅游碳足迹,更要倡导生态文明的新生活方式,实现旅游发展的社会效益[①]。低碳旅游将会对旅游产业结构起到一定的调节作用,以实现整个旅游产业价值诉求。

2. 业际互动价值

旅游业作为国民经济的战略性支柱产业,本身就具备能源消耗低、综合带动性强、综合效益高等优势。在这样的背景下发展低碳旅游,更加有助于形成业际互动效益,对相关产业部门可以产生强大辐射和波及作用。特别是政府机构推出相应的低碳环保的鼓励措施,有力促进优势地区优先发展生态旅游、森林旅游、商务旅游、体育旅游、邮轮游艇旅游等,强化了旅游与文化、体育、农业、林业、环保等相关产业和行业的进一步融合。同时低碳旅游的发展将旅游产业由粗放式向集约式发展的转变、由数量扩张型向质量效益型增长的转变,通过技术创新、产业转型,逐步淘汰高投入、高能耗、高污染、低效益产业,加快低能耗、低污染、高效益的旅游业、会展等现代服务业发展,实现产业结构的调整与优化。

(二)功能释放价值诉求

1. 理念创新价值

旅游企业要不断关注市场需求,并适时调整发展观念。随着人民生活水平的改善,人们对旅游的需求从单纯的观光游览转向对高品质生态环境、高质量精神享受的追求,低碳旅游便应运而生,并逐渐成为旅游发展的新趋势。旅游企业应以主动姿态迎接低碳时代的到来,引入碳汇机制的旅游环境培育理念,注重提供企业生态文明建设,改进生态方式,创新旅游产品和旅游体验,不断调整旅游产业结构,走绿色发展之路。

2. 质量创优价值

在旅游业发展过程中,游客满意度被认为是旅游企业的核心竞争力,是树立旅游企业品牌、提升旅游企业社会影响力、保持旅游业可持续发展的关键。因此为了推进低碳旅游的发展,从业人员服务质量和服务水平的进一步提升是必不可少的。特别是低碳旅游发展过程中,更多的采用旅游在线服务、绿色营销手段以及虚拟旅游等方式,采用互联网技术,将更多的旅游咨询等信息快速、准确、及时地传递给庞大的旅游者群体,帮助旅游产业开展灵活多样且具有针对性的业务,提高服务效率,间接降低损耗,降低整体碳排放量。

3. 技术创先价值

低碳旅游的核心是减少二氧化碳的排放,通过控制碳排放量来获得旅游经济、社会和环

---

① 蔡萌,汪宇明.低碳旅游:一种新的旅游发展方式[J].旅游学刊,2010(1).

境的多重效益。旅游企业在发展低碳旅游的过程中,应优先采用节能减排技术,把低碳技术的研发和推广作为工作重点,特别是景区、饭店等旅游企业"节能减排"和"减污降耗"技术,旅游业生态材料和节能材料应用,旅游业中太阳能、生物能、有机能等清洁能源应用,旅游生态补偿和生态保育建设,加快旅游企业生产及经营方式的转变,提升产品的能源利用效率,以实现增长碳汇、旅游资源环境保护与企业循环经济良性互动的发展。

(三)素质提升价值诉求

1. 绿色环保价值

低碳旅游的本质就是绿色旅游,必然会促进旅游业的可持续发展。旅游业被称为"无烟工业",但实际上旅游业对生态环境的负面影响日益突出。旅游资源不合理利用导致旅游区的自然生态失衡,造成水土流失、游览水体水位下降、奇山丽景惨遭破坏等;旅游规模不科学扩张,致使旅游活动中产生大量垃圾,碳排放量随之增加;公众环保意识缺乏更使得旅游目的地环境污染加剧。而低碳旅游恰好解决了旅游发展过程中的环境问题,将旅游产业、旅游企业和社会公众都置于绿色环保的行动之下,树立低碳环保意识,为减少碳排放量承担责任,维护和创造清洁健康的环境,推动旅游业的可持续发展。

2. 意识提升价值

低碳旅游与以往奢侈的旅游消费不同,更加注重绿色环保的旅游方式。越来越多的人们意识到环境保护的重要性,而二氧化碳是造成温室效应、环境问题的罪魁祸首,因此采取各种方式减少二氧化碳的排放成为环境保护的当务之急。低碳旅游的发展不仅要求从生产、制造的源头淘汰高能耗、高污染的落后生产力,推进节能减排的科技创新,而且要求社会公众树立低碳环保意识,要求人们在经济发展和生活水平提高的同时,消费绿色、低能耗的旅游产品,选择低碳旅游交通方式,主动改变旅游过度消费的现象,建立起绿色旅游模式。将低碳消费的理念渗透到人们的日常生活当中,逐步形成节约能源、提高能效的健康科学的生活习惯,更多地利用清洁和可再生能源,提升人们生活、消费的环保意识。

三、低碳旅游价值的提升策略

作为一种实实在在的旅游发展方式,低碳旅游实现方式必须基于政府、旅游企业、旅游者等旅游各相关利益者的视角,从旅游规划出发,通过对提升服务质量、优化旅游管理和转变消费方式等环节进行低碳控制,最终实现旅游低碳化发展的目的。

(一)低碳旅游生态价值的提升策略

1. 以科学规划为导向,凸显低碳效应

旅游业被人们称作为"无烟工业",但并不表示对周边环境完全不产生影响,只是影响较小。随着世界范围内生态环境的不断恶化,人们对可持续发展认识越来越深入,旅游规划作为指导当地进行旅游开发和发展的纲领性文件更要体现生态化的设计理念。因此,在旅游规划开发过程中要遵循生态学的规律,根据旅游地的生态环境和资源特点,因地制宜,合理规划,根据社会经济和文化发展趋势,对旅游资源进行优化配置,构筑旅游地资源循环利用系统,减少包括土地在内的资源使用,采用节能降耗技术,减少能源使用[①]。应尽量减少污染物的产生。生态化的旅游规划与开发就是要在保证旅游地开展旅游活动获得经济利益的同时,用生态平和的方式,努力使旅游者的活动及当地居民的生产和生活活动与旅游环境融为一体,以实现保护→利用→增值→保护的良性循环。

2. 以环保节能为特色,提升服务质量

旅游生态的节能化主要包括旅游"食住行游购娱"六大环节中的提供各种相关服务和产品的旅游企业和整个旅游产品供应链。低碳旅游要求对旅游资源实现高品位、高效率开发,推进旅游产品和服务的节能效应。首先推动旅游产品的多元化发展,转变过去铺张浪费、粗放发展的思路,依托当地实际资源、特色、文化等丰富旅游产品类型。以旅游景区为例,应充分发挥当地特色农业资源优势,发展农业观光游、休闲度假游等,特别是开发绿色低碳型酒店、低碳农事体验园、绿色农耕节等产品,建设低碳旅游示范村,将产品主题与低碳旅游的宗旨紧密结合,使旅游者被绿色环保的氛围所感染,自觉践行低碳旅游。其次在旅游业中积极推广节能减排技术,将低碳技术广泛地应用于旅游企业中,倡导公共交通和混合动力汽车、电动车、自行车等低碳或无碳旅游通行方式。旅游酒店取消免费提供洗漱"六小件";酒店的庭院灯、景观灯、霓虹灯、车库灯等均采用太阳能及风能产品和技术,甚至酒店内部的部分照明系统也可采用屋顶发电替代部分市电供应;酒店新建、改建和改造,应使用新型节能设计和新型建筑材料和设备装备等。

3. 以旅游资源为依托,创新低碳旅游产品

首先,积极开发和创新低碳旅游产品,倡导多种新兴旅游形式,减少二氧化碳的排放;其次,设计低碳旅游路线,以资源节约、环境友好型景区景点为重点,可适当设计徒步旅行路线、自行车旅行路线等,引导旅游者走向自然、热爱自然、保护自然,减少碳排放,从而维护旅游的可持续发展。

(二) 低碳旅游经济价值的提升策略

1. 以低碳理念为支撑,转变消费方式

旅游者作为旅游活动的主体,是促进低碳旅游发展的主要力量。只有实现旅游者消费低碳化,才能从根本上实现低碳旅游。首先要大力开展低碳宣传,加快低碳理念的普及推广,加强对社会公众的宣传教育,使广大公众了解低碳旅游的益处,增强公众节能减排、低碳消费的理念,自觉采取低碳旅游方式,营造全民参与的浓厚氛围[②]。其次,应积极引导低碳旅游消费,倡导旅游者尽量选择低碳旅游方式,避免过多的碳排放。比如尽量减少乘坐飞机、自驾车等大排量交通工具,乘坐火车等公共交通工具,增加步行和自行车在旅游活动中的使用;酒店住宿时,尽可能自备牙刷、牙膏、拖鞋等旅游物品;景区旅游过程中,不购买过度包装的旅游商品,减少一次性用品的使用率,同时自觉处理垃圾,维护景区清洁卫生。旅游企业对旅游者低碳环保予以物质表彰等,加强旅游者自愿、自觉维护环境的意识。强化旅游者低碳环保的意识,使旅游者在享受健康的旅游环境的同时,也创造了健康的环境,有利于促进

---

① 王勇强.低碳经济条件下的旅游业 4E 发展模式刍议[J].经济师,2010(6).
② 莫文蔚.我国发展低碳经济的意义及策略[J].广西社会科学,2010(7).

低碳旅游的良性发展。

2. 以制度认证为保障,改变经济发展模式

应制定和实施低碳认证制度,对旅游业相关的交通运输、住宿餐饮、休闲娱乐、旅游商品旅游景区等制定科学、完善、操作性强的评定标准,进行严格评定分级,加强旅游相关企业低碳的考核制度。可引入"碳足迹"的计算,向国外学习,对于高能耗、高排放、高污染的旅游企业按照其开发利用资源的程度和污染破坏资源环境的程度征收排污税、碳税、污染产品税等环境资源税,这样一方面有利于旅游者选择低碳旅游产品,促进低碳旅游产品的开发和销售,另一方面也有利于提高旅游企业的低碳意识。应积极推动低碳认证制度的制定和实施,建立健全低碳标志标准,向旅游企业宣传低碳标志的意义,鼓励旅游企业进行认证。

(三)低碳旅游社会价值的提升策略

1. 以高效运作为基础,优化旅游管理

实现旅游管理的低碳化,一方面要求相关政府部门制定节能低碳的管理制度,在宏观上进行监管。应制定行业规范,明确工作标准,加强行业督导,特别要细化对降能降耗指标的分解和分配;制定企业节能减排管理措施,对节能减排成效好的项目和企业给予政策和资金倾斜,对污染环境的企业责令整改,严重者予以关闭。另一方面针对旅行社、旅游酒店等旅游企业的微观管理,按照节约能源、环境友好的方式经营,努力实现企业由粗放型向集约化的经营方式转变。旅行社作为旅游企业的重要部分,通过设计低碳旅游产品、低碳旅游线路,倡导文化旅游形式及徒步旅游线路等,引导旅游者低碳环保的意识,从而维护旅游的可持续发展;旅游景区需要合理确定景区容量,保证景区的环境承载力,同时景点和服务设施也应遵循环保原则,尽量采用环保型材料,以太阳能、风能、水能等清洁能源代替化石能源,景区门票采用可重复使用的电子票等;对于旅游酒店必须坚持"绿色饭店"的管理模式,通过深入了解酒店内部的能源消耗情况,制定全方位的酒店能源管理计划,针对能源的性质进行相应的诸如时间、温度、压力、洗涤量等方面的控制,同时尽量减少办公用电、办公用纸等。通过精细化的旅游管理,把节能降耗渗透到旅游业发展的方方面面,使包括旅行社、景区、酒店在内的旅游业及相关行业真正实现由高能耗、高排放和高污染向低能耗、低排放、低污染的增长方式转变的目标。

2. 以高效宣传为手段,扩大低碳旅游知晓度

推行低碳旅游,前提是实现生态环境观念上的创新,重估自然资源的价值。我们必须从观念上转变过来,认识到发挥自然资源的作用,既要重视其经济价值,又要重视其生态价值、精神价值和社会价值等。因此,要加强宣传教育,倡导公民低碳消费理念,建立相应的制度和加大宣传力度,引导旅游者进行低碳旅游消费。首先,明确政府和旅游行业主管部门在低碳旅游宣传中的主体责任,政府要加强各部门间的合作,共同宣传绿色旅游、低碳旅游;多做公益广告,强化公众的社会责任感,使其了解低碳旅游,促进公众主动进行绿色消费,践行低碳旅游,追求低碳生活。其次,充分利用低碳旅游项目向旅游者进行宣传教育。旅游者是旅游全过程的参与主体,他们对低碳生活方式和旅游方式的理解和实践显得更为重要。

本章小结

（1）低碳旅游的提倡和发展有着至关重要的意义，低碳旅游是指旅游要素供给者通过采用各种低碳技术和低碳管理理念，在保证旅游者高质量的旅游体验基出上，引导和鼓励旅游者在其旅游活动中尽可能地减少二氧化碳排放量，以实现旅游经济、社会、环境效益相互统一的一种可持续的旅游方式。低碳旅游具有技术科技性、教育示范性、参与普及性、低碳环保性等主要特征。

（2）低碳旅游的发展模式受到社会、科技、政府、旅游者和当地居民、投资者、旅游资源特色、旅游产业等多种因素的影响。国内外低碳旅游的发展模式主要有市场主导型、政府主导型、社区主导型等三大类别。我国低碳旅游的发展尤其应关注低碳城镇建设、低碳技术发展、低碳理念普及和政府角色准确定位等几个方面。

（3）发展低碳旅游是一项投入较大、涉及面广、技术要求高的系统工程，应该紧紧围绕着"旅游资源低碳化开发、旅游消费低碳化引导、旅游方式低碳化运作、低碳技术科学化应用"等四个方面来展开。低碳旅游实现方式必须基于政府、旅游企业、旅游者等旅游各相关利益者的视角，从旅游规划出发，通过对提升服务质量、优化旅游管理和转变消费方式等环节进行低碳控制，最终实现旅游低碳化发展的目的。

核心关键词

低碳旅游	low-carbon tourism
概念体系	concept system
发展模式	development model
发展路径	development path
价值提升	value promotion

思考与练习

1. 简述低碳旅游发展的缘起和重要意义。
2. 低碳旅游发展的影响因素有哪些？
3. 国内外低碳旅游发展的主要模式有哪些？
4. 简述低碳旅游价值的提升策略。

案例分析

生活污水处理，让景区低碳又生态

旅游景区都是人间美景，但大量涌入的游客由此带来的公厕废水、餐饮废水一旦处理不好，就会破坏景区美景。"我们通过采取分散式小面积作业，能够保护景区原有生态环境，对整体环境没有破坏，净化后的水还可以进行二次利用。"海南文笔峰景区副总经理牟淑凤觉得，尽管前期需要投入资金，但净化水的二次利用其实为景区大大节省了成本，同时也保护了生态，非常值得在全省旅游景区中去推广。

保护一流的生态环境是海南省旅游发展的底线。从去年开始，海南省科技厅加大对旅游景区生活污水处理的扶持，推动旅游做到保护与开发并重，其中，文笔峰景区生活污水处理工程的建设就为海南省旅游景区生活污水处理提供了很好的示范作用。据介绍，旅游景区的污水处理有一定的特殊性，在景区内建设污水处理设施不得影响景区的景观，最好能与环境进行融合，选择合适的处理方式，尤其是生态处理方式，在处理污水的同时融入到环境中，不破坏景区的景观效果。

而按照标准，旅游景区生活污水生态处理示范工程项目的建设是要合理化处理公厕废水、餐饮废水、景观湖水、工作人员废水等。要严格贯彻执行国家环境保护的有关规定，确保出水各项指标达到设计要求，达到或优于排放标准，保障人体健康，维护生态安全，促进经济社会可持续发展。要尽量采用功能可靠、运行稳定、操作简单、运行管理方便的处理工艺和技术，以达到降低建设费用和处理成本的目的。

据了解，现在海南省正在探索将人工湿地技术使用到景区污水处理中来，这是发达国家近10年来才兴起的生态处理法，是为处理污水而人为地在有一定长宽比和底面坡度的洼地上用土壤和填料混合成填料床，使污水在床体的填料缝隙中流动，在床体表面种植具有性能好、成活率高、抗水性强、生长周期长、美观及具有经济价值的水生植物，形成一个独特的动植物生态体系。这一方式由于其低投资、出水水质好、抗冲击力强、操作简单、建造和运行费用低和维护方便、氨氮去除率高，同时可使污水处理与环境生态建设有机结合，越来越受到景区的欢迎。

(资料来源：低碳旅游网. www.ciecte.com, 2014-03-20.)

问题：

1. 请从低碳经济的角度出发，分析目前我国的旅游景区开发与管理存在哪些问题。

2. 根据案例，讨论低碳景区该如何创建。

第十章

旅游产业生态圈

学习引导

随着大旅游时代的到来,旅游业呈现出产业化、市场化、大数据的发展特点,旅游产业与其他产业融合发展,旅游产业链和旅游产业集群逐渐形成旅游产业生态圈。那么什么是旅游产业生态圈?它对旅游产业的发展有何价值?同时,它是通过何种路径促进旅游产业的发展的?通过本章的学习,让我们去寻找答案。

学习目标

- 旅游产业生态圈的发展源起;
- 旅游产业生态圈的体系构建;
- 旅游产业生态圈的动力机制。

第一节 旅游产业生态圈的发展源起

随着中国由旅游资源大国向世界旅游强国转变,旅游业在国民经济中的地位由新增长点转变为战略性支柱产业,旅游产业的发展逐渐走上快车道。国务院2014年31号文件《关于促进旅游业改革发展的若干意见》中明确提出要以转型升级、提质增效为主线,转变旅游发展方式,坚持旅游产业融合发展,从政策高度肯定了旅游产业聚合发展的必要性。在现代市场经济体系中,旅游产业链不断延伸,旅游产业交叉融合,旅游新业态多样呈现,旅游产业生态圈初现雏形。

一、旅游产业生态圈的发展背景

加快旅游业改革发展,是适应人民群众消费升级和产业结构调整的必然要求。在产业化、市场化和大数据时代,旅游产业生态圈初现雏形。通过旅游产业聚集形成、发展和完善旅游产业生态圈是旅游业实现跨越式发展的有效路径。

(一)产业化时代,旅游产业聚合发展

在产业化时代,伴随着中国知识经济的发展,人们休闲意识的提高,居民消费能力的增长,越来越多的人参与旅游活动,旅游产业呈现出多样化、专业化、层级化、集聚化的发展趋势。旅游产业以整合互补共赢为导向,以传统旅游产业为核心,旅游文化业、旅游服务业、旅游金融业、旅游信息业等相关旅游产业迅速实现产业集聚,由传统的单维度的旅游链转变为三维度的旅游产业集群,再进化为多维度的旅游产业生态圈。旅游产业生态圈的形成是旅游产业高速发展的产物,是旅游产业发展的必然趋势和历史选择。旅游产业生态圈与旅游产业链、旅游产业集群的不同之处在于旅游产业生态圈更具有生命力,如同生物体一样具有活力,在"太阳光"的照射下,旅游产业不断吸收"养分",进行"新陈代谢",源源不断地创造出更多的旅游产品,满足大众旅游发展的需求。同时,旅游产业生态圈在创造财富的过程中,自身也在不断地发展壮大,不同的产业生态圈之间存在着竞合关系,在现代市场经济发展的过程中,旅游产业不断聚合发展。

(二)市场化时代,旅游企业竞争加剧

在市场化时代,旅游产业的发展更依赖于运用市场的"无形的手"来实现旅游资源与旅游要素的优化配置,提高旅游效率。近年来旅游产业的迅猛发展,更多的行业巨头转变投资方向,开始涉足旅游产业。传统旅游企业积极整合优质资源,努力做大做强。伴随着现代化市场经济体制的建立,旅游业开始建立科学完善的现代化市场旅游经济体制,力图在旅游行业内形成优胜劣汰、优势互补和合作共赢的竞争态势。大型旅游企业转变发展模式,摆脱单一的经营性增长模式,形成以投融资为主的盈利性增长模式,大型旅游企业在努力发展壮大的过程中,积极开展着兼并与合作,不断完善其产业链,以形成旅游产业集群为发展目标。同时由于旅游产业进入与退出壁垒较低,萌发出大量的中小微企业。因此,旅游产业生态圈内企业数量迅速增长,旅游行业内的企业适时转变发展思路,变以低价为主的恶性竞争为以

品质为主的良性竞争,旅游企业竞争逐渐升温。

（三）大数据时代,旅游技术手段变革

在大数据时代,旅游产业呈现出全球化、网络化、信息化、智能化、开放化的新态势。旅游产业适时把握时代发展趋势,及时革新技术手段,运用海量的数据、创新的理念、智能的手段、发达的技术和开阔的平台创新发展旅游产业。大数据时代意味着变革,大量的数据库的建立,海量的数据的累计,云空间的科学利用,为旅游业的发展带来了无限的可能。伴随着旅游技术的革新,旅游业发展的规模逐渐扩大,旅游产业链不断延伸,旅游发展的视角越来越开阔。在大数据的浪潮中,不少的旅游企业和旅游相关企业顺应时代发展的潮流,积极利用高新科技,改变发展方式。同时,中国互联网三巨头BAT(百度、阿里、腾讯)利用其强大的数据库和先进的技术,整合数据资源,大力开拓线上旅游市场,也开始加入分割旅游产业市场蛋糕队伍,积极主动地占据旅游产业市场。因此,旅游产业生态圈内形成了新型的信息链、技术链、网络链。

二、旅游产业生态圈的概念解读

随着旅游产业生态圈概念的出现,迫切需要进一步深入探讨旅游产业生态圈的概念体系与核心价值理念,理清旅游产业生态圈的逻辑关系是现阶段研究旅游产业生态圈概念的基本步骤。

（一）旅游产业生态圈的概念体系

"旅游产业"、"旅游产业链"、"旅游产业集群"以及"旅游产业生态圈"的概念一经提出,受到了学术界与行业界的热烈追捧。精准地把握旅游产业生态圈的概念首先需要建立由旅游产业、旅游产业链、旅游产业集群构成的概念体系,以及与此相关的一些其他概念,才能有针对性地构建旅游产业生态圈。

1. 旅游产业

旅游产业的形成,是与社会化大生产的发展相适应的。伴随着社会生产力的发展和社会分工的进一步明确,人们生活水平逐渐改善,生活质量逐步提升,越来越多的人需要满足精神文明需求。同时,"双康"时代的来临,也使得人们对旅游的需求逐渐旺盛。在现代市场体系建立的今天,旅游业为满足日益增长的物质文明和精神文明的需求,开始逐渐发展壮大。在发展壮大的过程中,游客不仅仅满足于单纯的观赏景观,更多地要求能够参与旅游和体验旅游,强调自身感知和独特体验,因此,旅游要素开始逐渐集聚,旅游相关的企业逐渐向旅游业拓展,旅游业因此成为在第三产业中具有综合带动效应的优势企业,在国民经济中占据着重要的战略性支柱产业的地位。

旅游产业是指旅游行业和与旅游行业密切相关,并能为其提供文化、信息、人力、物力、财力和智力等物质或非物质服务和支持的行业和部门。而这些为旅游业提供服务和支持的行业和部门,不仅仅局限在第三产业和现代服务业中,更多地存在于第一产业和第二产业[①],比如第一产业中的农业、林业、渔业、牧业等部门,第二产业中的机械制造业、土木工程业等

---

① 马勇,周霄.WTO与中国旅游产业发展新论[M].科学出版社,2003.

部门。

2. 旅游产业链

产业链是一个包含价值链、供需链、企业链和空间链四个维度的概念,这四个维度在相互对接的均衡过程中形成了产业链。王起静(2005)认为旅游产业链是为满足旅游者的旅游需求,以产业中具有竞争力或竞争潜力的企业为链核,与相关产业的企业以产品、技术、资本等为纽带结合起来,通过包价或零售方式将旅游产品间接或直接销售给旅游者,以助其完成客源地与目的地之间的旅行和游览,从而在旅行社、饭店、餐饮、旅游景区、旅游交通、旅游商店等行业之间形成链条关系[①]。刘人怀(2007)从旅游价值链的角度研究旅游产业链,他认为旅游价值链是以旅游经营商或旅游景区景点为核心企业的管理模式,其选择与优化以"顾客让渡价值"最大化为导向[②]。

本书认为的旅游产业链需要从全价值链、全产业链的视角界定,旅游产业链是一个复杂的系统,由上下游的各大要素、流程、环节组成,既包括旅游产业链上的直接相关要素,又包括与旅游产业相关的其他生产要素。通过完善旅游产业链实现旅游产业链上各相关要素的完美对接,进而实现旅游产业链中各要素与旅游市场的完美对接,最后实现旅游产业链与区域市场经济的完美对接。

3. 旅游产业集群

产业集群的概念最早由迈克尔·波特在《国家竞争优势》一书中首次提到,他认为旅游业是集群效应最明显、最适合发展集群化的行业之一,建议国家把旅游企业集群作为重点培植对象[③]。Tebogo Molefe(2006)在《南非旅游产业集群研究概述》中提出,旅游产业集群是指地方旅游活动的地理集中,形成基于国内水平的旅游活动的旅游价值链,集群集聚是为了通过合作提高竞争力,或者通过集群的努力加速经济发展[④]。王兆峰(2009)认为旅游产业集群生态位是旅游产业集群的资源支撑和经营管理状况等本体特征与旅游产业集群所处的生态环境条件、人文环境条件、资源开发条件、区位条件、客源条件等要素互动匹配后所处的状态[⑤]。

知识关联

迈克尔·波特(Michael E. Porter)是全球产业集群研究的权威,是商业管理界公认的"竞争战略之父"。

本书认为的旅游产业集群是为了提高区域旅游市场竞争力,强化区域旅游市场吸引力,盘活区域旅游资源存量,围绕着旅游核心吸引物组建的涵盖旅游食住行游购娱等环节,外部旅游相关要素集聚形成多条产业链提供补给与支撑的产业集群。产业集群内部运行协调,共同实现品牌建设、规则制定、环境维护等;外部交换有序,形成良好的旅游产业集群循环系

---

① 王起静. 转型时期我国旅游产业链的构建[J]. 山西财经大学学报,2005,27(5).
② 刘人怀,袁国宏. 我国旅游价值链管理探讨[J]. 生态经济,2007(12).
③ Michael E. Porter. Clusters and the new economics of competition[J]. Harvard business review,1998(11):77-90.
④ Tebogo Molefe. South African tourism cluster study summary[EB/OL]. http://www.nedlac.org.za,2006-12-19.
⑤ 王兆峰. 旅游产业集群的生态位策略研究[J]. 人文地理,2009(1).

统,实现旅游产业集群的可持续发展。

4. 旅游产业融合

产业融合的概念最早出现在20世纪60年代的技术研究领域。罗森伯格认为技术融合是不同产业在生产过程中逐渐依赖一种相同的生产技术而使原先分立的产业变得紧密联系。颜林柯(2007)认为旅游产业融合是旅游产业与国民经济其他产业之间或者旅游产业内部不同行业之间相互渗透、相互交叉而逐步形成新产业或改造原有产业的动态发展过程[①]。杨颖(2008)认为旅游产业融合表现在相互渗透与相互交叉,使得融合后的产业兼具旅游业的特征与功能,与之前的旅游业形成了一种既替代又互补的关系[②]。程锦(2011)认为旅游产业融合是旅游产业与其他产业或者旅游产业内部行业之间发生相互渗透、相互关联,最后形成新的产业,旅游产业融合有两种方式,一种是旅游业与其他服务业的融合,另一种是旅游业与第一、第二产业的融合[③]。

本书认为的产业融合不仅仅是产业间、行业界的相互渗透、相互补充,更包括区域的融合和时间上的融合,形成一种混业新业态。同时,产业融合主要包括两大部分,一是横向扩张融合,一是纵向延伸融合。在旅游横向扩张融合中,积极推动旅游业与农业、工业、商业、文化业、房地产业、金融业、信息业、物流业等产业开展深度融合,强调发展形成旅游新业态,形成旅游产业集群;在旅游纵向延伸融合中,通过向旅游产业上下游延伸产业链条,在传统旅游产业的基础上衍生出一批新的要素,纵深发展旅游产业,提升旅游产业的附加值[④]。

知识活页 文旅融合[⑤]

文旅融合即文化产业与旅游产业相融合。两大产业的融合发展首先要将产业链中的各要素进行对接,如文艺表演、影视作品等与旅行社实现对接,专门开辟以某文化产品为主题的游线;在旅游景区与文化产品实现对接的过程中,不仅可以采用影视拍摄、工艺美术纪念品制作、图书影像资料出版等传统方式,还可以引进集趣味性、参与性、体验性、挑战性、知识性于一体的现代文化产品开发模式,直接将文化产品转化为旅游产品。其次是文化产业链各要素与旅游市场对接,即开发出的文化产品要适应旅游市场的需求。具体来说,即通过各大流通渠道,将文化产品传达或送达游客的手中、眼中和脑中,满足人民精神需求的服务活动过程。最后旅游产业链各要素与当地特色文化要对接。旅游作为文化的重要载体之一,其充分发挥载体作用的前提是实现旅游产业链与当地特色文化的对接。两者的良好对接就需要对当地最具代表性的文化进行准确、深入的挖掘,再通过旅游产业链中的各

---

① 颜林柯.国内外旅行社产业融合的模式研究[D].北京:北京第二外国语学院,2007.
② 杨颖.产业融合:旅游业发展趋势的新视角[J].旅游科学,2008,22(4):6-10.
③ 程锦,陆林,朱付彪.旅游产业融合研究进展及启示[J].旅游学刊,2011,22(4).
④ 马勇,王宏坤.基于圈产业链的我国文化旅游发展模式研究[J].世界地理研究,2011,20(4):143-148.
⑤ 张辉,秦宇.中国旅游产业转型年度报告2005——走向开放与联合的中国旅游业[M].北京:旅游教育出版社,2006.

大要素进行演绎和包装。同时,从文化传承和保护的角度来看,在旅游产业链各要素与当地文化对接的过程中一定要避免旅游业对当地文化造成负面影响,即通过限制游客流量的方式减少对旅游区地方文化的冲击和运用一部分由旅游业带来的经济效益构成专项资金,用于对当地文化的保护,保护旅游业发展的灵魂。

资料来源:根据张辉、秦宇的《中国旅游产业转型年度报告 2005——走向开放与联合的中国旅游业》整理,旅游教育出版社,2006。

5. 旅游产业生态圈

目前,学术界对产业生态圈已有一定的研究。袁政(2004)认为产业生态圈是指某种(些)产业在某个(些)地域范围内业已形成(或按规划将要形成)的具有较强市场竞争力和产业可持续发展特征的地域产业多维网络体系,体现了一种新的产业发展模式和一种新的产业布局形式。它强调地域性、创新性、复合性、成长性与可持续性[①]。宋燕子(2007)认为金融生态圈是由金融子系统和与之相关联的其他系统所组成的生态链,即由一些有特定关系的不同企业组成,同样具有时间和空间的概念,系统内不同的成员承担着不同的功能,企业之间相互协作,形成一个统一的整体[②]。吉广林(2013)认为上市公司资本运作生态圈是上市公司资本运作系统要素与资本运作环境相互作用、相互影响、相互依赖、相互制约形成的动态平衡系统,系统内要素能量和信息循环传递和流动形成了系统功能和生命力[③]。

2014 年中国旅游科学年会上"旅游生态圈"的概念首次被提出,多位专家学者围绕"新旅游生态圈的培育与产业思想的形成"进行高端对话。自此旅游产业生态圈的概念正式进入国内旅游业。中国旅游研究院研究员吴丽云认为旅游生态圈是旅游活动中的各利益相关者之间相互作用而形成的一个经济联合体,其他专家学者从电子商务的视角出发,认为以电商企业为核心企业,形成了多个生物圈。

虽然产业生态圈的概念较早提出,而旅游生态圈的概念在 2014 年才有学者涉及,旅游产业生态圈作为一个全新的概念,整个旅游理论界对旅游产业生态圈的研究还处于萌芽状态。在相关学者研究的基础上,我们认为旅游产业生态圈是旅游产业系统内的企业、使用方、中介机构和外部环境形成的一个复杂的统一整体,通过内部能量和物质的转换与流动和外部的交换、更新、管理与协调赋予了旅游产业以生命力,使之成为有血、有肉、有活力的有机生命体。同时,在整个旅游产业生态圈中,必须时时兼顾生态平衡、公平、效率和可持续发展,才能实现旅游产业生态圈的良性循环。

(二)旅游产业生态圈的核心价值理念

旅游产业生态圈最早源于地质学的生物圈概念,其核心价值包括共生价值、集聚价值、创新价值和成长价值四部分,如图 10-1 所示。共生价值和集聚价值是旅游产业生态圈的内

---

① 袁政.产业生态圈理论论纲[J].学术探索,2004(3).
② 宋燕子.金融生态圈构建及内外部作用机理研究[D].南京:河海大学,2007.
③ 吉广林.上市公司资本运作生态圈构建及平衡机制研究[D].北京:中国地质大学(北京),2013.

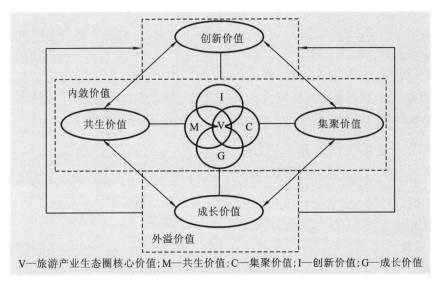

V—旅游产业生态圈核心价值;M—共生价值;C—集聚价值;I—创新价值;G—成长价值

图 10-1 旅游产业生态圈的核心价值理念

敛价值,创新价值和成长价值是旅游产业生态圈的外溢价值[1]。

1. 共生价值

共生价值是旅游产业生态圈内敛价值中的基本价值,是旅游产业生态圈存在的基础。共生价值意味着旅游产业生态圈如同自然界的生态系统一样,能够稳定、有序、合理地循环发展[2]。旅游产业生态圈内旅游企业围绕着旅游资源各司其职,旅游企业有序竞争,旅游产业融合发展,构建了健全的现代旅游市场体系,提供了多样化、多元化的旅游产品与服务,进而实现人与人、人与社会和人与自然的和谐共生发展,促进旅游产业的可持续发展。

2. 集聚价值

集聚价值是旅游产业生态圈内敛价值中的提升价值,是旅游产业生态圈形成的前提。旅游产业生态圈最初由旅游食住行游购娱等相关旅游企业集聚成为旅游产业链,通过延伸和扩张旅游产业链,形成旅游产业集群。同时,旅游产业与其他产业,如农业、工业、金融业、信息业等产业交叉融合形成旅游新业态,围绕旅游新业态形成了乡村旅游产业集群、工业旅游产业集群、旅游投融资产业集群、智慧旅游产业集群等不同类型的旅游产业集群。

3. 创新价值

创新价值是旅游产业生态圈外溢价值中的提升价值,是旅游产业生态圈发展的动力。旅游产业生态圈在产生与发展的过程中,需要以创新发展为动力,依托产业融合实现业态创新,依托个性服务实现服务创新,依托智慧旅游实现技术创新,依托文化内涵实现产品创新,依托社交媒体实现营销创新,依托特色项目实现品牌创新,依托金融机构实现投资创新,依托政策法规实现环境创新,进而提高旅游产业生态圈的竞争力。

---

[1] 马勇,陈慧英.旅游文化产业竞争力综合评价指标体系构建研究[J].中南林业科技大学学报(社会科学版),2012,6(1):4-7.

[2] 马勇,何莲.鄂西生态文化旅游圈区域共生——产业协调发展模式构建[J].湖北社会科学,2010(1):69-72.

4. 成长价值

成长价值是旅游产业生态圈外溢价值中的增值价值,是旅游产业生态圈扩张的根本。旅游产业生态圈内存在微、小、中、大四种规模的企业。在竞争激烈的旅游市场体系中,旅游各类企业通过兼并、收购、重组,淘汰落后企业,壮大优质企业。通过整合旅游资源,利用市场的资源配置作用,使资源流向最有价值、最有效益、最有成长性的企业。同时部分新兴旅游企业在政府的扶持下也由小型企业成长为大中型企业,迅速发展壮大。

三、旅游产业生态圈的基本特征

整体上看,笔者试图用旅游产业生态圈体系模型来全面解释旅游产业生态圈的生产、消费、运作和循环的过程,更为直观地再现旅游产业生态圈的运行模式。旅游产业生态圈的基本特征包括稳定性、调节性、流动性、开放性。

(一)稳定性

旅游产业生态圈是一个相对稳定的旅游产业生态结构,内部企业能够实现有效的自给自足,上下游企业配合运作良好,既有优胜劣汰的竞争机制,又有合作共赢的合作模式。围绕着以食住行游购娱为中心的产业链,产业链条完整,各节点企业分工明确,实现了合理精准的市场细分,进而形成了环环紧扣的旅游产业链;旅游相关企业延伸出多类与旅游间接相关的企业,它们为旅游直接相关企业提供了强有力的支撑与服务,通过产业集聚形成类型多样的旅游产业集群。

(二)调节性

旅游产业生态圈的调节性主要由监督方来体现。旅游行业机构作为监督方,同时也扮演着监管旅游产业生态圈的重要角色。一方面,通过旅游协会、旅游学会、旅游院校、旅游研究院、政府部门等中介机构,适时地制定相应的行业规则,协调旅游产业生物圈的内部关系,净化旅游产业生态圈的发展氛围;另一方面,依赖于企业之间的相互竞争,发展效益好、成长性强的旅游企业,淘汰效益差、成长性弱的旅游企业,进而保障了旅游产业生态圈的顺利运行。

(三)流动性

虽然稳定性是旅游产业生态圈最为根本的特征,然而旅游产业生态圈的流动性也是一种不容忽视的基本特征。旅游产业生态圈内部不断流动和不断循环的物质和能量流为旅游产业生态圈的存在与发展提供了必然条件,它们如同旅游产业生态圈内的血液一般,将各个企业所需要的物质和能量按照需要输送到位,为旅游企业的健康发展提供了源源不断的动力。而且旅游产业生态圈内的物质和能量的流动不能停止,只有它们有效的运作,才能促进旅游产业生态圈运作起来,保证其生生不息的生命力。

(四)开放性

旅游产业生态圈是一个相对开放的系统,它在稳定运行的过程中为中小微型企业留有进入、成长和退出的空间。随着旅游产业成为国民经济战略性支柱产业,旅游产业的地位逐步上升,旅游市场逐渐扩张,因此大量的中小微企业将注意力集中在旅游产业,旅游产业生态圈的开放性为中小微型企业的进入、成长和退出提供了可行性[①]。同时,旅游产业的灵活性使之受经济环境、政治环境、社会环境和生态环境的影响较大。

四、旅游产业生态圈的意义

旅游产业生态圈作为一个时尚的名词,是当今社会业界与学术界关注的焦点。旅游产业的转型升级必须走旅游产业生态圈发展之路。因此,研究旅游产业生态圈,促进旅游产业生态圈的和谐发展具有重大的意义。

(一)顺应时代潮流,探索旅游产业发展之路

国务院 2014 年 31 号文《关于促进旅游业改革发展的若干意见》中明确提出,要拓展旅游发展空间,不仅包括丰富旅游产品类型,还包括优化旅游发展环境、完善旅游服务功能和合理规划空间布局等。同时,2014 年旅游科学年会上众多业内精英人士和专家学者纷纷提出"培育旅游产业生态圈、树立旅游产业发展观"是旅游企业日后长远发展的必经之路。因此,从宏观上来讲,构建旅游产业生态圈是顺应时代发展的潮流、拓宽旅游产业发展空间、优化旅游产业发展环境、合理旅游产业空间布局的必由之路,也是探索旅游产业发展、形成国家战略性支柱产业的一次有效的尝试。

(二)化解企业矛盾,实现企业之间互利共赢

在全球化和知识经济背景下,企业集群现象引起了越来越多的经济学家、管理学家、地理学家、社会学家的关注。然而,伴随着企业集群强生命力、强吸引力,出现了一系列制约着区域经济可持续发展的新问题。对于旅游业来说,同样存在着类似的问题,旅游产业要素天然高度集中,旅游企业易于相对聚集,由于缺乏合理的规划,旅游产品同质化现象严重,旅游企业间往往容易出现以低价为表现形式的恶性竞争。因此,从中观上来讲,构建旅游产业生态圈是化解旅游企业矛盾、帮助企业找准目标定位、变竞争关系为竞合关系、实现旅游企业之间互利共赢的有效途径。

(三)整合产业资源,助推旅游业可持续发展

随着产业集群和产业生态圈的概念在旅游业发展中的不断推进,旅游业也开始尝试在纵向上完善食住行游购娱旅游产业链,在横向上拓展旅游产业相关要素,加快旅游产业与其他相关产业的融合实现跨界发展。单一企业的发展容易造成优势产业资源的浪费,只有依托强大的产业集群平台才能适时、适当、适宜地对各个企业内的多余资源进行调配形成互补资源。同时旅游市场竞争日益激烈,百度、阿里巴巴、腾讯、万达等都纷纷涉足旅游业,企图通过自己的业务优势打造自己的产业生态圈。因此,从微观上来讲,构建旅游产业生态圈是有效整合区域旅游产业资源、推进旅游产业要素集聚、保护旅游产业生态环境、形成旅游业规模效应、助推旅游业可持续发展的必然之路。

---

① 2014 中国旅游科学年会[EB/OL]. http://travel.sohu.com/s2014/2014-ctas/2014-7-2.

第二节 旅游产业生态圈的体系构建

一、旅游产业生态圈的体系构建目的

在未来的现代市场经济体制中，单一企业发展模式将不是主流，更多的企业会以集群的方式发展。由于集群的市场敏感性、生存活力性、发展延伸性都大大优于单体企业，所以当企业集群达到一定规模时，旅游产业生态圈的产生与发展便呼之欲出了。然而，目前学术界和业界对旅游产业生态圈的概念知之甚少，往往只有一个模糊的框架。因此，不管是在学术界和企业界，研究产业生态圈的产生发展、建设运营都迫在眉睫。旅游企业也亟须在旅游产业生态圈内找准自身目标定位，便于创造更多的价值。

构建旅游产业生态圈体系的目的在于挖掘旅游产业生态圈发展的内在规律，理清旅游产业生态圈运行的路径，界定旅游产业生态圈的基本范围，划分旅游产业生态圈各个圈层的结构，找出旅游产业生态圈内企业之间的竞合关系，研究出旅游产业生态圈内集群的类型，为今后旅游产业生态圈的培育、发展、运作提供可靠的理论保障，进一步促进旅游产业的改革发展，实现旅游产业的健康有序发展。

二、旅游产业生态圈的体系构建原则

旅游产业生态圈作为结构复杂、链条完善、业态多样的有机生命体，在多种要素的影响下，圈内物质与能量迅速流动。为进一步发挥旅游产业生态圈的共生价值、集聚价值、创新价值和成长价值，旅游产业生态圈动力机制模型构建需要遵循全面性、科学性和层次性三大原则。

（一）全面性

在旅游产业生态圈动力机制模型的构建上，全面性是最基本的原则。旅游产业生态圈动力机制模型中所选取的要素能够充分反映旅游产业生态圈产生、形成与发展的目的、作用、模式与功能。笔者选取了推动性、支撑性、稳定性与限制性四大要素，其中推动性要素促进了旅游产业生态圈的形成，支撑性要素完善旅游产业生态圈的产生，稳定性要素保障旅游产业生态圈的可持续发展，限制性要素是旅游产业生态圈发展过程中所需要考虑和避免的不利要素。

（二）科学性

在旅游产业生态圈动力机制模型的构建中，科学性是最关键的原则。旅游产业生态圈动力机制模型在构建时在理论上必须有科学合理的依据、明确的研究目的和可度量的要素指标。本书构建的旅游产业生态圈动力机制模型是基于系统动力学理论，在前人研究的基础上丰富形成的，具有完善补充价值。旅游产业生态圈动力机制模型不同于之前的模型，通过加入稳定性要素确保旅游产业生态圈在发展过程中能够更好地协调利益相关者之间的关系，更好地适应当代社会经济的发展。

（三）层次性

在旅游产业生态圈动力机制模型的构建中，层次性是最重要的原则。由于旅游产业生态圈的圈层结构使得旅游产业生态圈系统具有层次性，层次间相互联系、相互协调和相互影响，同时旅游产业生态圈模型受四大要素的影响，四大要素同样具有层次性，推动性要素是最为重要的要素，支撑性要素是最为关键的要素，稳定性要素是最能保障协调发展的要素，限制性要素是最需要解决的要素。

三、旅游产业生态圈的体系层次架构

生态圈由生物环境与生态环境构成，其中生物环境包括提供方、使用方与监督方；生态环境包括基础设施、经济环境、政治环境和社会环境等。在构建旅游产业生态圈模型前，首先从整体框架上考虑旅游产业生态圈的层次架构图。如图10-2所示，在旅游产业生态圈中，存在着各种要素且要素间联系复杂。本书所建立的层次架构图分别从旅游产业生态环境、旅游产业生态结构和旅游产业生态链三者的相互关系来考虑。

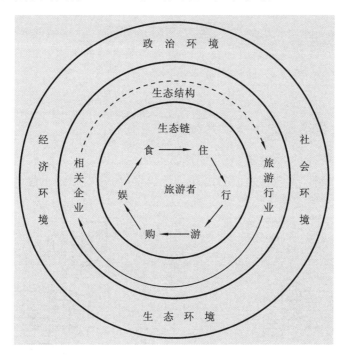

图 10-2　旅游产业生态圈层次架构模型

旅游产业生态环境、旅游产业生态结构和旅游产业生态链三者密切联系，层层递进，存在着"共生、共享、共融、共赢"的关系。从三个圈层来看，内圈的旅游产业生态链是旅游产业生态圈的核心，决定了旅游产业的竞争力的大小，也是旅游产业生态圈不同于其他产业生态圈的独特之处；中间圈层的旅游产业生态结构是旅游产业生态圈的重要组成部分，由各类企业组成，且在其内部形成上下游的关系，决定了旅游产业生态圈的内部关系，旅游产业生态结构包含旅游相关企业、旅游行业，反映了旅游企业间的合作与竞争关系；外圈的旅游产业

生态环境是旅游产业生态结构和旅游产业生态链生存与发展的基础条件,它在一定程度上决定了区域旅游产业的结构与发展水平。从时间结构上看,外圈层基础性条件的影响是长期的,内圈层核心性影响是短期直接影响的要素。

从旅游产业生态链层次来看,旅游产业生态圈的使用方即为旅游者。围绕着旅游者形成了传统旅游产业链,即食住行游购娱六个方面,以满足旅游者不同的需要。这一层旅游产业链内的旅游企业主要是与旅游产业直接相关的企业,它们是提供方的第一层企业。旅游产业生态链上的企业分工明确,各司其职,通过培育、完善和延伸旅游产业生态链上现有各大节点,进而形成上下游环环相扣的产业链条状态。

从旅游产业生态结构层次来看,这部分包括旅游相关企业和旅游行业。旅游相关企业是旅游产业生态圈内提供方的第二层,生产出与旅游相关的产品与服务,企业间存在着合作与竞争的关系,内部实行优胜劣汰的竞争机制;旅游行业是旅游产业生态圈的监督方,它们用于监管、控制、协调、调节旅游产业生态圈,使得旅游产业生态圈能够协调稳定的发展。

从旅游产业生态环境层次来看,这部分包括经济环境、政治环境、社会环境和生态环境。在开放的旅游市场中,经济环境决定旅游产业发展的程度,政治环境决定旅游产业发展的趋势,社会环境决定旅游产业发展的潜力,生态环境决定旅游产业发展的基础。旅游产业生态环境是关系到旅游产业持续健康有序发展的最基本最直接的因素。因此,必须创建一个良好有序的旅游产业生态环境,为旅游产业生态圈内部的平衡发展提供一个科学合理良性有效发展的基础环境。

四、旅游产业生态圈的体系要素分析

在旅游产业生态圈科学、合理、有效的旅游产业生态圈层次架构模型构建的基础上,本书从旅游产业的独特性、专业性、创新性、融合性出发,构建出旅游产业生态圈模型,以期更精准地反映旅游产业生态圈。如图10-3所示。

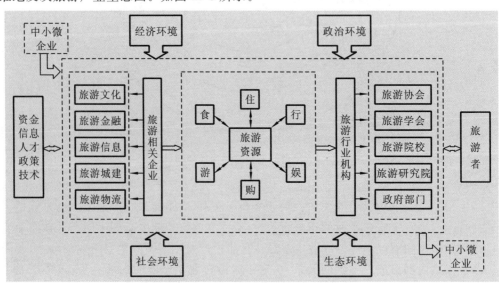

图 10-3　旅游产业生态圈体系构建模型

具体而言,旅游产业生态圈分为五大部分,第一部分是旅游产业生态圈产生的物质和能量源,第二部分是旅游产业生态圈的提供方,第三部分是旅游产业生态圈的使用方,第四部分是旅游产业生态圈的监督方,第五部分是旅游产业生态圈赖以生存的生态环境。

(一) 物质和能量源

旅游产业生态圈产生的物质和能量源是资金、信息、人才、政策和技术,它们相当于自然界的阳光和水,是旅游产业生态系统存在的基础和发展的根源所在,是旅游产业生态圈的重要基础组成部分。它们为旅游产业生态圈提供了源源不断的不竭动力,使旅游产业生态圈得以存在和发展。在市场经济的前提下,资金、信息、人才和技术都是通过旅游市场来实现资源的优化配置,政策为之辅助。

(二) 提供方

旅游产业生态圈的提供方是旅游企业,它们相当于自然界的提供方。它们作为旅游产业生态圈旅游产品和服务的制造者和提供者,为提高旅游产业的经济效益作出了重大贡献。在旅游产业生态圈模型中,食住行游购娱六大旅游直接企业围绕旅游资源构成了旅游产业生态圈的第一层提供方。它们提供了最为直接的旅游产品和服务,满足了旅游者最基本的旅游需求。旅游文化、旅游金融、旅游信息、旅游城建、旅游物流、旅游教育、旅游地产等旅游相关企业构成了旅游产业生态圈的第二层提供方,它们提供了更为复杂、更为专业、更为人性化的旅游产品,为旅游者提供更好更全面的产品。同时,作为提供方的第二层的旅游相关企业,同时也服务于第一层的提供方,为第一层的提供方提供了相关的服务,使第一层的提供方茁壮成长,做大做强。

(三) 使用方

旅游产业生态圈的使用方即旅游者。旅游产业生态圈的特殊之处在于人作为一切活动的主体,贯穿着整个旅游产业生态圈。使用方既消费了旅游产品和服务,又反作用于旅游产业。它既可能成为旅游产业的人力资源,也有可能参与到旅游产业内部企业中,又可能加入旅游行业机构发挥好监管作用,还可能单纯地作为使用方。因此,使用方是整个旅游产业生态圈最为关键和最为活跃的因素。

(四) 监督方

旅游产业生态圈的监督方即旅游行业机构。旅游行业机构存在的目的即监督和完善旅游产业生态圈,强化旅游产业生态圈内部的沟通与协作,实现行业自律,保护旅游者的权益,同时促进旅游产业的健康有序持续发展。同时,旅游产业生态圈可能帮助淘汰落后的企业,帮助中、小型企业成长,大型企业的重组等。

(五) 生态环境

旅游产业生态圈的发展环境即围绕旅游产业发展的经济环境、政治环境、社会环境和生态环境。任何生态系统都与生态环境息息相关,因此旅游产业生态圈的生态环境是至关重要的部分。经济环境指区域经济的发展情况,它决定了旅游产业生态圈的宏观基础;政治环境是旅游产业生态圈运行和发展所依托的政策和制度,包括旅游法律法规等;社会环境是旅游产业生态圈运行的精神文明环境和社会文化环境;生态环境即狭义的环境,指旅游产业生

态圈的最根本的生态环境,包括山河湖泊、花草树木、虫鱼鸟兽等。

旅游产业生态圈内物质和能量源、提供方、使用方、监督方和生态环境相互联系,相辅相成,缺一不可。旅游产业圈的物质和能量源是旅游产业生态圈发展的基础,提供方是旅游产业生态圈发展的核心,使用方是旅游产业生态圈发展的目的,监督方是旅游产业生态圈发展的关键,生态环境是旅游产业生态圈存在的条件。旅游产业生态圈内既有内部循环又有外部流动,内部循环即以旅游资源为核心,发展食住行游购娱产业链,延伸多种旅游相关企业,形成旅游产业集群;外部流动即生产要素以资金、技术、信息、政策和人才的方式进入旅游产业生态圈,进而转化为生产力,同时受到经济环境、社会环境、政治环境和生态环境的影响。

知识活页　阿里巴巴——新商业生态圈故事的完美诠释①

2014年9月19日,马云带领阿里巴巴在美国纽交所成功上市。作为中国最大的电子商务平台,阿里在发展过程中,也推动了围绕着这个平台的各类服务商以及上下游企业的成长。这被马云称为"生态系统"——阿里负责提供"水""电""煤"等基础设施,由这个生态系统自然衍生出各类"物种"并且能从中获得机会和发展。

如果说两年前的阿里巴巴还是一个电商公司,如今,经过各种投资和收购后,阿里的业务边界似乎有些模糊。在马云发表的一封公开信中,马云强调"生态系统"一词,实际上是从另一个侧面解读"阿里巴巴是什么"的问题。马云说,"与其他高科技公司有所不同,我们不是一家拓展技术边界的科技公司,而是一家通过持续推动技术进步,不断拓展商业边界的企业。我们不是靠某几项技术创新,或者几个神奇创始人造就的公司,而是一个由成千上万参与者们共同投入了大量的时间、精力和热情建立起来的一个生态系统。"

阿里在最近一年时间里的资本运作令人眼花缭乱,全资收购UC浏览器,全资收购高德地图,入股新浪微博是要占据移动端入口,投资海尔日日顺完善电商物流。如果说这些资本运作与电商或者移动互联网还有些许关联,那么,控股文化中国、投资银泰商业、华数传媒、中信21世纪、恒大足球俱乐部等则显然与阿里扩营业务关联度不高。

事实上,阿里的生态系统早已经跳出了电商生态的概念,扩展到商业生态。在向传统商业领域渗透,不过,这个商业生态中,马云并非全无逻辑,其中的核心是用户。如果阿里的生意仅是电商,其增长一定会有临界点。甚至这个临界点已经显现。尽管阿里在中国电商行业仍然占据绝对的市场份额,但与2013年相比,阿里在B2B和B2C市场份额都有小幅下滑。除了网上零售整体增长趋缓,京东、亚马逊、当当、苏宁等企业的竞争也是其份额下降的原因。将电商生态扩展到整个商业生态,阿里将面临完全不同的局面及想象空间。未来,阿里的生态体系不仅服务于

---

① 中国经营报:阿里巴巴纽交所上市 马云新商业生态故事开篇[EB/OL]. http://finance.sina.com.cn/360desktop/roll/20140920/004720366007.shtml. 2014-9-20/2014-10-30.

网上零售商,甚至服务于线下零售商、制造商、娱乐产业等,这将给阿里未来的业务拓展以及资本市场以巨大的想象空间。

不可否认,阿里在不断扩张的过程中,也难以避免的触及到了旅游业。去啊旅行立志成为度假市场领导者,并且"酒店后付"、旅游宝、机票套餐等均成为重点介绍的产品。但劲旅咨询CEO魏长仁指出,去啊旅行此次使用全新的VI体系和独立域名,无疑会比淘宝旅行时期的自由度更高。此外,在资金运作及未来发展上,较以往更具想象空间。不过,目前摆在去啊旅行面前的问题是,去哪儿网及携程均已明确"OTA+平台"战略,但去啊旅行仍是平台化,对产品资源的把控力不足,因此竞争中很容易在资源端陷入被动。虽然去啊旅行丧失了先发优势,但是依靠强大的生态圈去啊旅行仍然不能小觑。相信未来去啊旅行能够有更好更为惊人的发展。

案例来源:中国经营报:阿里巴巴纽交所上市 马云新商业生态故事开篇[EB/OL].
http://finance.sina.com.cn/360desktop/roll/20140920/004720366007.shtml.2014-9-20/2014-10-30.

第三节　旅游产业生态圈的动力机制

从系统动力学理论的视角可知,旅游产业生态圈动力机制模型是一个复杂、稳定和开放的有机生态系统,在多种要素影响下协调发展。为充分彰显旅游产业生态圈的共生价值、集聚价值、创新价值和成长价值等四大核心价值,在旅游产业生态圈动力要素分析的前提下,构建了旅游产业生态圈动力机制SD(system dynamics)模型。

一、旅游产业生态圈动力机制构建目的

机制是指若干相互联系、相互作用的要素所构成的具有特定功能的有机整体,其中要素之间相互作用的内在方式形成系统的结构,各要素为了某个特定的目的而有机组织起来的过程形成系统的功能,因此机制也是结构和功能的统一体[1]。旅游产业生态圈的动力机制模型是研究旅游产业生态圈内部运作方式和外部反馈机理的理论模型,是揭示旅游产业生态圈运行规律、总结旅游产业生态圈发展模式、驱动旅游产业生态圈持续健康有序发展的重要路径。旅游产业生态动力机制模型的科学合理程度,决定了旅游产业生态圈的健康与可持续发展程度,因此,科学构建旅游产业生态圈动力机制模型具有重要研究意义。

本书所构建的旅游产业生态圈动力机制模型是为了明确旅游产业生态圈内各种影响要素,以及要素之间的相互关系与交互作用,探索旅游产业生态圈的形成路径与存在方式,理清旅游产业生态圈发展模式与运行规律,进而寻求促进旅游产业生态圈可持续发展的正向动力机制,以增强旅游产业活力,提高旅游产业效率,优化旅游产业融合,提升旅游产业品质,实现区域旅游产业生态圈跨越式大发展。

---

[1] 梁圣蓉.城市会展旅游发展的动力机制与评估——以武汉市为例[J].旅游学刊.2008(10):76-81.

二、旅游产业生态圈动力机制要素分析

系统动力学最早是用于为分析生产管理及库存管理等企业问题而提出的系统仿真方法,后来应用范围日益扩增,成为研究社会系统动态行为的仿真方法[①]。旅游产业生态圈作为一个复杂、抽象的系统,一方面具有完善、规范、多层次的组织结构,旅游产业生态圈内部通过物质和能量的高速流动实现各种力量的此消彼长;另一方面,旅游产业生态圈是一个开放的系统,其产生、形成与发展受到多种要素的影响,如图10-4所示。

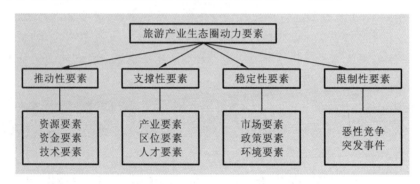

图10-4 旅游产业生态圈动力要素分析图

(一)推动性要素

推动性要素是旅游产业生态圈产生的基础要素,包括资源要素、资金要素与技术要素。资源要素即旅游资源,是旅游产业生态圈存在的核心组成要素,包括自然旅游资源和人文旅游资源,旅游产业生态圈以旅游资源为中心向内挖掘和向外扩张;资金要素是旅游产业生态圈的关键要素,资金作为唯一具有时间价值的要素具有流动性强、回收率高的特性,资金的投放数量、投放时机和投放方向决定了旅游产业生态圈的形成规模与圈层设计;技术要素在大数据时代具备更为丰富的内涵,传统技术的革新和新兴技术的萌生为旅游产业生态圈带来了新的生机,智慧旅游体系的建立,云计算和云空间的运用,物联网和4G网络的普及大大推动了旅游产业生态圈的发展。

(二)支撑性要素

支撑性要素是旅游产业生态圈发展的重要要素,包括产业要素、区位要素和人才要素。产业要素是旅游产业生态圈最重要的要素,是立圈之本,旅游产业内部食住行游购娱所形成的产业链的完善程度与延伸长度和旅游产业与其他产业的融合程度,决定了旅游产业生态圈的发展范围和健康程度;区位要素体现了旅游产业生态圈的布局状况,主要反映在交通运输、信息流通和物流规划上,便捷的立体交通网、通畅的信息流通渠道和科学的物流规划能大大加速旅游产业生态圈内物质与能量的流动;人才要素即为旅游产业生态圈圈内企业与相关机构提供服务的人力资源,人才要素作为旅游产业生态圈内最为关键和最为活跃的要素,贯穿了旅游产业生态圈的全过程。

---

① 系统动力学[EB/OL]. http://baike.baidu.com/view/113906.htm?fr=aladdin/[2014-10-6].

(三) 稳定性要素

稳定性要素是旅游产业生态圈发展的保障要素,包括市场要素、政策要素和环境要素。现代市场经济体系为旅游产业生态圈提供了开放、平等、公平的空间,圈内各层次旅游企业在旅游行业的监管下,充分发挥自身所长和行使企业职能,全方位满足旅游者和旅游市场的需求;政策要素为旅游产业生态圈提供了政治保障,通过政府宏观调控出台一系列有利于旅游业发展的措施,明确旅游产业支柱性地位,扶持旅游产业发展;环境要素包括经济环境、政治环境、社会环境、生态环境等与旅游产业生态圈相关的环境,只有实现经济、政治、社会和生态四者的高度统一,才能保障旅游产业生态圈持续有序稳定发展。

(四) 限制性要素

限制性要素是旅游产业生态圈发展中的不利要素,包括恶性竞争与突发事件。恶性竞争即旅游企业与旅游相关企业为争夺市场份额所进行的一种恶性斗争[①]。由于区域旅游资源具有高集中性,使得旅游企业高度相似,旅游产品较为雷同,旅游服务层次较低,在缺乏合理科学的旅游规划时,往往会出现旅游企业规模小、实力弱、管理差、低价恶性竞争的局面,不利于旅游产业生态圈的可持续发展。突发事件即在旅游产业生态圈发展的过程中突发的一系列难以预料和难以抗衡的事件,包括与旅游业直接相关的天灾和人祸,还有与旅游业间接相关的突发事件,如金融危机,政治动荡等事件,都有可能影响旅游产业生态圈的健康发展。

三、旅游产业生态圈动力机制模型分析

旅游产业生态圈动力机制在遵循全面性、科学性与层次性三大原则的基础上,构建了旅游产业生态圈动力机制模型,如图 10-5 所示。

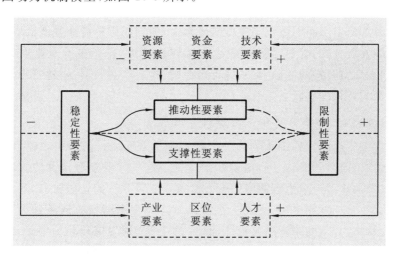

图 10-5 旅游产业生态圈动力机制 SD 模型

我们从旅游产业生态圈整体出发,分析旅游产业生态圈各要素内部与要素之间的相互

---

① 吴娟子,马勇,梁文惠.澳门文化遗产旅游与城市互动发展的机制研究[J].高校论坛,2008(13):138-139.

联系与相互作用。影响旅游产业生态圈动力机制形成与发展的要素为推动性要素、支撑性要素、稳定性要素和限制性要素,这四大要素作用于旅游产业生态系统,分别给予了旅游产业生态圈推动力、支撑力、稳定力和限制力。从旅游产业生态圈模型来看,推动力是旅游产业生态圈形成的基础,包括资源要素、资金要素和技术要素;支撑力是旅游产业生态圈发展的补充,包括产业要素、区位要素和人才要素;稳定力是旅游产业生态圈发展的保障,包括市场要素、政策要素和环境要素;限制力是旅游产业生态圈发展的难题,包括恶性竞争和突发事件。

从图10-5可知,旅游产业生态圈动力机制模型是一个统一的有机整体,一方面,旅游产业生态圈由推动性子系统、支撑性子系统、稳定性子系统和限制性子系统四大子系统构成,四大子系统相互联系、相互影响,缺一不可;另一方面,四大子系统由四大要素构成,每个要素相互独立、相互协调和相互关联,各个层级的要素同样不可分割,共同作用于旅游产业生态圈。整体而言,推动性子系统、支撑性子系统与稳定性子系统正向影响旅游产业生态圈动力机制,限制性子系统负向影响旅游产业生态圈动力机制。同时需要注意的是推动性子系统、支撑性子系统与稳定性子系统在相互作用的基础上,能够形成一股健康的合力正向驱动旅游产业生态圈的延伸与壮大。

旅游产业生态圈动力机制模型具有内部机制和外部机制两种机制,内外机制相互作用,相互影响[1]。旅游产业生态圈动力机制内部机制主要包括推动性子系统和支撑性子系统,两大子系统从内部驱动旅游产业生态圈的产生、形成、发展与演变;旅游产业生态圈动力机制外部机制主要包括稳定性子系统和限制性子系统,稳定性子系统从外部保障旅游产业生态圈的有序运行,限制性子系统向旅游产业生态圈提出了需要解决的难题。

四、旅游产业生态圈管理创新

在构建旅游产业生态圈动力机制模型的基础上,为创新旅游产业生态圈管理策略,转变旅游产业生态圈发展方式,促进旅游产业生态圈转型升级,发挥旅游产业生态圈的集聚效应,将在考虑四大动力要素的基础上,从完善产业链、打造产业集群、构建管理体系和优化发展环境四大方面进行管理创新。

(一)整合资源,完善旅游产业生态圈核心链条

完善旅游产业生态圈核心链条是旅游产业生态圈管理创新的必由之路,通过整合旅游资源,形成直接面向旅游者的食住行游购娱产业链。这六大要素所涉及的旅游企业相辅相成,不可分割。然而旅游产业生态圈内的核心链条仍处于开发的初级阶段,还需要整合资源以获取更大的旅游市场发展空间。首先,平衡旅游产业生态圈核心链条各大节点。目前旅游产业生态圈核心链条上的企业以旅行社、酒店、餐饮、交通发展得较为完善,旅游娱乐和旅游购物较为薄弱,因此,在旅游娱乐和旅游购物上还需要加大力气。通过丰富旅游娱乐的方式,向旅游娱乐注入新的内涵,使得游客在享受旅游过程中,能从娱乐产品中获得愉悦感和满足感。而在旅游购物方面,以形成旅游综合体为主要方式,功能完善、配套齐全的旅游综

---

[1] 马勇,陈慧英.基于产业融合的旅游全价值链体系构建研究[J].旅游研究,2012,4(2):1-6.

合体能够满足游客一站式购物的需求。其次,深入挖掘旅游产业生态圈核心企业内涵,实现节点旅游企业的主题化、品牌化、个性化和专业化,增强企业的竞争优势。基于旅游资源与旅游市场,创新旅游主题,开发出更具新意的旅游项目,如旅游业与文化业相结合,以文化创意、文艺表演、文化展示等形式不断衍生出新的项目,开发周边产品,如旅游产业向第一、第二产业延伸,可以发展旅游休闲器材装备制造、旅游生态食品种植养殖等衍生品。最后,通过挖掘旅游业内涵延伸产业链,纵深发展旅游产业,提升旅游产业的附加值,对传统旅游业内的酒店业、餐饮业、交通业、旅行社业、娱乐业、购物业优化升级,如将传统的酒店向精品酒店、度假酒店、主题酒店转变;传统的餐饮业向主题餐厅、文化餐厅转变;传统的旅游观光向旅游体验、游客参与转变。

(二)创新业态,打造旅游产业生态圈产业集群

打造旅游产业生态圈产业集群是旅游产业生态圈管理创新的重中之重,通过发展旅游产业新业态,旅游业可与多种产业开展深度的融合,形成旅游相关企业。随着旅游产业融合成为旅游业的主流,产业集群发展成为旅游发展的必然趋势。在国务院31号文中也强调要坚持融合发展,推动旅游业发展与新型工业化、信息化、城镇化和农业现代化相结合,实现经济效益、社会效益和生态效益相统一,所以旅游产业生态区的发展也可以实现与农业、工业、商业、文化业、房地产业、金融业、信息业、物流业等产业开展深度的融合。旅游业与农业融合即发展乡村休闲旅游产业集群;旅游业与工业融合即发展工业体验旅游产业集群;旅游业与商业融合即发展城市旅游综合体;旅游业与文化融合即发展文化旅游产业集群;旅游业与房地产业融合即发展旅游地产、养老地产等产业集群;旅游业与金融业融合即合理实现旅游资本运作,创新旅游投融资方式;旅游业与信息业融合即发展智慧旅游产业集群;旅游业与物流业融合即建立旅游物流产业园区等。

(三)强化监管,构建旅游产业生态圈管理体系

构建旅游产业生态圈管理体系是旅游产业生态圈管理创新的必要前提,通过发挥中介机构的监督方作用,强化监管功能。围绕着旅游资源,旅游产业生态圈直接企业和间接企业建立内部企业管理系统,旅游产业生态圈行业机构建立行业监管系统。在旅游产业生态圈内部企业管理系统中,由企业自发地对旅游企业进行管理,管理层合理合法经营,制定科学的企业发展战略,努力促使旅游企业做大做强,适应旅游产业生态圈的发展。在旅游产业生态圈行业监管系统中,旅游协会、旅游学会、旅游院校、旅游研究院、政府部门各司其职,旅游协会和旅游学会制定行业管理标准、旅游行业守则和旅游行业道德体系,旅游研究院和旅游院校为旅游产业生态系统提供相应的智力支持和人才支持,而政府部门则保障旅游中介机构的监管得以顺利实行。内部企业管理系统是根本,是维持旅游产业生态圈发展的动力源泉,外部行业监管系统是辅助,是保证旅游产业生态圈良性发展的保障机制,二者相辅相成,不可分割。

(四)统筹兼顾,优化旅游产业生态圈发展环境

优化旅游产业生态圈发展环境是旅游产业生态圈管理创新的重要保障,通过统筹兼顾,合理处理好经济、社会、政治与生态四者之间的关系。首先,在优化经济环境方面,确立市场的主导作用,利用市场无形的手实现旅游产业生态圈内资源的优化配置,在政府引导下让市

场发挥决定性作用,建立开放型现代旅游市场体系,形成科学、有序、健康、良性发展的旅游市场,建立起经济危机应急机制以减少限制性要素的影响;其次,在优化政治环境方面,肯定旅游产业的带动作用,鼓励旅游产业的迅速发展,加大对旅游产业生态圈的扶持力度,确立旅游产业的战略性支柱产业地位;再次,在优化社会环境方面,强化精神文明建设,合理利用微信、微博、APP等高新技术媒介实现物质文明与精神文明的高度统一,营造全民旅游的大旅游氛围;最后,在优化生态环境方面,注重生态保护与生态文明建设,坚持在开发中保护,在保护中开发,把生态环境保护放在首要地位,实现旅游产业生态圈的可持续发展。

本章小结

(1) 综合旅游产业、旅游产业链、旅游产业集群、旅游产业融合等概念,将旅游产业生态圈定义为旅游产业生态圈是将旅游产业系统内的企业、使用方、中介机构和外部环境看成一个复杂的统一整体,通过内部能量和物质的转换与流动和外部的交换、更新、管理与协调赋予旅游产业以生命力,使之成为有血有肉有活力的有机生命体。

(2) 旅游产业生态圈的核心价值包括共生价值、集聚价值、创新价值和成长价值四部分,其中共生价值和集聚价值是旅游产业生态圈的内敛价值,创新价值和成长价值是旅游产业生态圈的外溢价值。

(3) 旅游产业生态圈体系分为五大部分:旅游产业生态圈产生的物质和能量源、提供方、使用方、监督方,以及旅游产业生态圈赖以生存的生态环境。

(4) 旅游产业生态圈动力机制模型是一个统一的有机整体,一方面,旅游产业生态圈由推动性子系统、支撑性子系统、稳定性子系统和限制性子系统四大子系统构成,四大子系统相互联系、相互影响,缺一不可;另一方面,四大子系统由四大要素构成,每个要素相互独立、相互协调和相互关联,各个层级的要素同样不可分割,共同作用于旅游产业生态圈。

核心关键词

旅游产业生态圈	tourism industry ecosphere
旅游产业	tourism industry
旅游产业链	tourism industry chain
旅游产业集群	tourism industry cluster
旅游产业融合	tourism industry integration

思考与练习

1. 简述旅游产业生态圈的概念体系。
2. 简述旅游产业生态圈的核心价值理念。
3. 简述旅游产业生态圈的层次架构模型。
4. 简述旅游产业生态圈的体系模型。
5. 简述旅游产业生态圈动力机制要素与模型。
6. 简述如何实现旅游产业生态圈的管理创新。

案例分析

海航积极转型 打造旅游产业生态圈

海航集团是一家以航空旅游、现代物流和现代金融服务为三大支柱产业的现代服务业综合运营商,业务版块覆盖航空、物流、金融、旅游、实业、基础设施、装备制造和其他相关产业。总收入逾1000亿元,为社会提供近12万个就业机会。对于一家进入旅游行业还不到7年的集团,海航集团无疑还是一名新兵。近年来,海航旅游集团逐渐在旅游舞台上崭露头角,正在成为一家覆盖全产业链的旅游集团,并于近期提出了构建全新旅游生态圈的发展理念。

在传统旅游业态基础上,海航旅游打造了首都航空、金鹿公务机、邮轮游艇管理有限公司、海航酒店集团、香港康泰旅行社、凯撒旅游等众多优秀子品牌。从创新业态来看,海航旅游旗下大鹏航服、渤海易生、易建科技、51You、易周游等新品牌同样发展很快。具体来讲,在航空这方面,海航航空是海航集团旗下核心支柱产业集团,以航空运输企业群为主体拓展全球布局,以航空维修技术(MRO)、通用航空(航校)、商旅服务(销售)、地面支援、航空物流等配套产业为支持打通全产业链,截至2012年6月底,公司总资产超1200亿元,旗下航空公司机队规模逾270架,其中的首都航空,有44架空客飞机,64架私人飞机,10架直升机。在旅行社方面,海航旗下有6~7个企业旅行社,欧洲游最大的旅行社凯撒是海航旅游旗下的企业,香港最大的旅行社康泰旅行社也属于海航旗下等。在酒店方面,海航在国内目前拥有70家酒店,唐拉是五星级酒店的品牌。海航在2012年参股了欧洲NH酒店集团,因此,目前海航旅游旗下有400多家酒店。在邮轮方面,海航一直以来在游轮方面具有较高的知名度,海航拥有中国唯一一艘本土邮轮,只有海航创历史之先,有了中国人第一个邮轮。在金融方面,海航积极在金融行业进行战略布局,不仅拥有一家银行,还与北京市政府成立北京旅游发展基金,拥有多达10亿元的基金,同时,海航还拥有中国目前在旅游行业里唯一一张全国的预付费卡。在IT方面,海航旗下的易建科技,目前拥有1.5万

的员工,拥有一定的规模。

　　海航旅游正努力立足全产业链立体布局的资源优势,以"智慧"和"创新"为引领,将旗下航空、酒店、旅行社等实体资源与在线网站、技术服务、金融服务等线上资源有机整合,组成适应移动互联时代旅游市场极致细分化、多元化特征的新生态。在未来的发展中,海航坚持走重型企业向轻型旅游企业发展之路,努力开拓旅游、金融、移动互联网市场,以旅游、金融、移动互联网为核心,构建更为完善的旅游产业生态圈,力争在未来中国旅游行业发展格局中,海航旅游能占据一席之地。

　　(资料来源:中国旅游报:海航旅游集团迈向世界级旅游综合服务运营商[EB/OL]. http://www.tourzj.gov.cn/ShowNew1.aspx? type=56&id=40249.)

问题:

1. 海航集团是如何打造旅游产业生态圈的?
2. 查阅资料,试分析海航旅游产业生态圈的打造对其他企业有何借鉴意义。

本课程阅读推荐

Reading Recommendation

1. 推荐书目:《生态经济学引论》

作者:[英]康芒(Michael Common)著;金志农等译

生态经济学虽然从环境经济学借用了许多思想和概念,但是它们之间也存在差异。生态经济学或许侧重于理解生态科学,侧重于分析生态和经济系统的不连续性和非线性特征,而对经济效率的观念以及由人类的短期欲望所决定的结果则关注较少。想要清楚地解释和探讨这些差异的话,Common 和 Stagl 撰写的《生态经济学引论》将是一本很好的参考书。

2. 推荐书目:《生态经济学》

作者:沈满洪

半个多世纪以来,众多生态经济学者作出了诸多重要的学术贡献,目前更是呈现出方兴未艾的趋势。虽然国内已经有不少《生态经济学》教材,但用现代经济学理论综合概括生态经济理论的教材近乎空白。由沈满洪教授主编的《生态经济学》是对生态经济理论的一次全新综合,非常值得推荐。

3.《生态经济学(原理和应用第 2 版)》

作者:尔曼·E.戴利,乔舒亚·法利

此书开创了生态经济学的研究先河,形成了生态经济学研究的基本框架,呼吁人们要从道德哲学的角度来研究生态经济学的相关问题。作为一本教科书,书中融合了最新的研究成果,较为清晰地描述了该领域的总体研究状况,总结了作者在相关领域的经验,对生态经济学的学科理论与实践的发展提供了一个有力的解释,对旅游生态经济学的理论学习也有着很好的启发意义。

4.《低碳旅游发展模式与实践创新》

作者:马勇,陈小连

本书为国内第一本全面阐述低碳旅游发展模式、发展路径与发展经验的专著,为我国低碳旅游的发展提出了专业性的指导性建议。

5.《效率与生产率分析引论》(第2版)

作者:蒂莫西·J.科埃利(Timothy J. Coelli),D. S.普拉萨德·拉奥(D. S. Prasada Rao),克里斯托德·J.奥唐奈(Christopher J. O Donnell)

该书所述内容对于生态效率的测算方法掌握非常关键,它首先对生产经济学加以概述,然后阐述测算生产率和效率方面的四个专题内容。包括:①平均响应模型的经济计量估计,②指数,③数据包络分析,④随机前沿分析,还有相应的计算机编程介绍。

6.《国家竞争优势》

作者:迈克尔·波特

该书首次提到了波特的"国家竞争优势钻石"模型和"产业集群"理论,为政府与企业提供了一种全新的视角,现已经成为政府与企业思考经济、评估区域竞争优势和实现管理创新的理论依据。

References

[1] Peter E. Murphy. Tourism as a community industry—an ecological model of tourism development[J]. Tourism Management,1983,4(3).

[2] Costanza R. Ecological Economics[J]. Reference Module in Earth Systems and Environmental Sciences:Encyclopedia of Ecology,2008.

[3] Joseph E Mbaiwa. The socio-economic and environmental impacts of tourism development on the Okavango Delta, north-western Botswana[J]. Journal of Arid Environments,2003,54(2).

[4] John E. Cantlon,Herman E. Koenig. Sustainable ecological economies[J]. Ecological Economics,1999,31(1).

[5] Hughes G. The cultural construction of sustainable tourism[J]. Tourism Management, 1995,16(1).

[6] Cevat Tosun. Challenges of sustainable tourism development in the developing world: the case of Turkey[J]. Tourism Management,2001,22(3).

[7] Katerina Angelevska-Najdeskaj,Gabriela Rakicevik. Planning of Sustainable Tourism Development[J]. Procedia-Social and Behavioral Sciences,2012(44).

[8] Vitousek P, Ehrlich P, Enrich, A, et al. Human appropriation of the products of photosynthesis [J]. Bioscience, 1986,36:368-373.

[9] William Rees. Our ecological footprint:reducing human impact on earth[M]. Gabriola Island:new society publisher,1996.

[10] Stefan Gössling, Carina Borgström Hansson, Oliver Hörstmeier, Stefan Saggel. Ecological footprint analysis as a tool to assess tourism sustainability[J]. Ecological Economics,2002(43).

[11] Colin Hunter,Jon Shaw. The ecological footprint as a key indicator of sustainable tourism[J]. Tourism Management,2007,28(1).

[12] Trista M. Patterson, Valentina Niccolucci, Simone Bastianoni. Beyond "more is better": Ecological footprint accounting for tourism and consumption in Val di Merse, Italy[J]. Ecological Economic,2007.

[13] Valentina Castellani,Serenella Sala. Ecological Footprint and Life Cycle Assessment

in the sustainability assessment of tourism activities[J]. Ecological Indicators,2012(16).

[14] Stigson B. Eco-efficiency:Creating more value with less impact. WBCSD,2000.

[15] Joost G. Vogtländer, Arianne Bijma, Han C. Brezet. Communicating the eco-efficiency of products and services by means of the eco-costs/value model[J]. Journal of Cleaner Production,2002(1).

[16] Nigel Jollands. Concepts of efficiency in ecological economics:Sisyphus and the decision maker[J]. Ecological Economics,2003(3).

[17] Stefan Gössling,Paul Peeters,Jean-Paul Ceron,Ghislain Dubois,Trista Patterson,Robert B. Richardson. The eco-efficiency of tourism[J]. Ecological Economics,2005(4).

[18] Castellani V., Sala S. Sustainable performance index for tourism policy development[J]. Tourism Management,2010(6).

[19] Esteban Ruiz-Ballesteros. Social-ecological resilience and community-based tourism:An approach from Agua Blanca, Ecuador[J]. Tourism Management,2011,32(3).

[20] Tsung Hung Lee. Influence analysis of community resident support for sustainable tourism development[J]. Tourism Management,2013(34).

[21] Ya-Yen Sun. A framework to account for the tourism carbon footprint at island destinations[J]. Tourism Management,2014(45).

[22] Willard B. The Sustainability Advantage:Seven Business Case Benefits of A Triple Bottom Line[J]. Gabriola Island:New Society Publishers, 2002.

[23] Schaltegger S. Sturm A. Okologische rationalitat-an-satzpunkte zur ausgestalung von okologieorientierten management instrumenten[J]. Die Unternehmung, 1990(4):273-290.

[24] World Business Council for Sustainable Development. Eco-efficiency:Leadership for improved economic and environmental performance[J]. Geneva:WBCSD,1996.

[25] World Business Council for Sustainable Development. Eco-efficiency:Creating more with less impact[J]. Geneva:WBCSD,2000.

[26] Raymond Côtéa, Aaron Booth and Bertha Louis. Eco-efficiency and SMEs in Nova Scotia,Canada[J]. Journal of Cleaner Production,2006(14):542-550.

[27] Michael E. Porter. Clusters and the new economics of competition[J]. Harvard business review,1998,(11):77-90.

[28] Mathis Wackernagel J. David Yount. Footprints for sustainability:the next steps. Environment[J]. Development and Sustainability,2000(2):21-42.

[29] Michael Common,Sigrid Stagl. 生态经济学引论[M]. 金志农,等,译. 北京:高等教育出版社,2012.

[30] 马传栋. 城市生态经济学[M]. 北京:经济日报出版社,1989.

[31] 马传栋. 资源生态经济学[M]. 济南:山东人民出版社,1995.

[32] 沈满洪.生态经济学[M].北京:中国环境科学出版社,2008.

[33] 赵玲.生态经济学[M].北京:中国经济出版社,2013.

[34] 陈德昌.生态经济学[M].上海:上海科学技术文献出版社,2008.

[35] (美)德内拉·梅多斯,(挪威)乔根·兰德斯,(美)丹尼斯·梅多斯.增长的极限[M].李涛,王智勇,译.北京:机械工业出版社,2006.

[36] (美)梅萨罗维克,(德)佩斯特尔.人类处于转折点:给罗马俱乐部的第二个报告[M].梅艳,译.北京:生活·读书·新知三联书店,1987.

[37] 张辉,秦宇.中国旅游产业转型年度报告2005:走向开发与联合的中国旅游业[M].北京:旅游教育出版社,2006.

[38] 马勇,周霄.WTO与中国旅游产业发展新论[M].北京:科学出版社,2003.

[39] 马勇,陈小连.低碳旅游发展模式与实践创新[M].北京:科学出版社,2011.

[40] 中国生态补偿机制与政策研究课题组.中国生态补偿机制与政策研究[M].北京:科学出版社,2007.

[41] 汪安佑,雷涯邻,沙景华.资源环境经济学[M].北京:地质出版社,2005.

[42] 杨云彦.人口、资源与环境经济学[M].北京:中国经济出版社,1999.

[43] 任青山.天然次生林群落生态位结构的研究[M].哈尔滨:东北林业大学出版社,2002.

[44] 林仁慧.空龄生态位开发与生产要素配置的优化耦合[M].北京:中国农业科技出版社,2001.

[45] 萨缪尔森,诺德豪斯.经济学[M].北京:华夏出版社,1999.

[46] 兰德尔.资源经济学[M].北京:商务印书馆,1989.

[47] 常子晨.增长极限论的当下解读[D].大连:大连理工大学,2013.

[48] 李琴.增长极限论中关于人类生存矛盾的启迪[D].大连:大连理工大学,2009.

[49] 李契,朱金兆,朱清科.生态位理论及其测度研究进展[J].北京林业大学学报,2003(25).

[50] 李怀政.生态经济学变迁及其理论演进述评[J].江汉论坛,2007(2).

[51] 陈泉生.论可持续发展法律价值取向[C].2001年环境资源法学国际研讨会论文集,2002.

[52] 王家骏.关于"生态旅游"概念的探讨[J].地理学与国土研究,2002(1).

[53] 陈肖静.我国旅游经济学研究的回顾和思考[J].生产力研究,2006(4).

[54] 施静如.旅游经济学研究综述[J].经营管理者,2009(16).

[55] 朱铁臻.加强旅游生态经济研究促进城市旅游与生态协调发展[J].生态经济,1995(3).

[56] 郑泽厚.论旅游生态经济学的理论体系[J].理论月刊,1998(11).

[57] 李鹏,杨桂华.生态经济学学科基本问题的新思考[J].生态经济,2010(10).

[58] 张振明,刘俊国.生态系统服务价值研究进展[J].环境科学学报,2011(9).

[59] 沈满洪,何灵巧.外部性的分类及外部性理论的演化[J].浙江大学学报,2002(1).

[60] 朱铁臻.加强旅游生态经济研究促进城市旅游与生态协调发展[J].生态经济,1995

(3).

[61] 卢云亭.生态旅游与可持续旅游发展[J].经济地理,1996(3).

[62] 周立华.生态经济与生态经济学[J].自然杂志,2004(4).

[63] 佟玉权,宿春丽.旅游生态系统及其要素配置结构[J].生态经济,2008(12).

[64] 唐婧.低碳旅游生态循环经济系统构架研究——以湖南为例[J].湖南社会科学,2010(5).

[65] 杨智勇,吕君.内蒙古旅游—生态—经济系统发展综合评价研究[J].内蒙古财经学院旅游学院,2010(3).

[66] 田道勇.浅谈旅游可持续发展[J].人文地理,1996(6).

[67] 曾珍香,傅惠敏,王云峰.旅游可持续发展的系统分析[J].河北工业大学学报,2000(3).

[68] 王良健.旅游可持续发展评价指标体系及评价方法研究[J].旅游学刊,2001(1).

[69] 田里.区域旅游可持续发展评价体系研究——以云南大理、丽江、西双版纳为例[J].旅游科学,2007(3).

[70] 甄翌,康文星.生态足迹模型在区域旅游可持续发展评价中的改进[J].生态学报,2008(11).

[71] 章锦河,张捷.旅游生态足迹模型及黄山市实证分析[J].地理学报,2004(9).

[72] 杨桂华,李鹏.旅游生态足迹:测度旅游可持续发展的新方法[J].生态学报,2005(6).

[73] 魏敏.基于生态经济模型的泰安旅游可持续发展评析与预测[D].泰安:山东农业大学,2012.

[74] 吴春平.基于旅游生态足迹模型的井冈山市生态经济发展研究[D].南昌:江西农业大学,2013.

[75] 黄玉竹.旅游交通碳足迹估算与低碳旅游开发——以云南大理为例[D].广州:华南理工大学,2013.

[76] 张青,傅政德.生态经济效益决策与评价[J].生态经济,1993(4).

[77] 庄大昌,欧维新,丁登山.洞庭湖湿地退田还湖的生态经济效益研究[J].自然资源学报,2003(5).

[78] 任丽燕,吴次芳,岳文泽.西溪国家湿地公园生态经济效益能值分析[J].生态学报,2009(3).

[79] 潘华丽.环境税背景下旅游经济与旅游生态环境效应研究[D]济南:山东师范大学,2013.

[80] 蒋洪强,徐玖平.旅游生态环境成本计量模型及实例分析[J].经济体制改革,2002(1).

[81] 关俊利,李肇荣.十万大山旅游生态系统的能值分析研究[J].桂林旅游高等专科学校学报,2006,17(5).

[82] 崔峰.上海市旅游经济与生态环境协调发展度研究[J].中国人口·资源与环境,2008(5).

[83] 刘定惠,杨永春.区域经济—旅游—生态环境耦合协调度研究——以安徽省为例[J].

长江流域资源与环境,2011(7).

[84] 庞闻,马耀峰,唐仲霞.旅游经济与生态环境耦合关系及协调发展研究——以西安市为例[J].西北大学学报(自然科学版),2011(12).

[85] 马传栋.论城市对外开放中的旅游生态经济管理[C].区域旅游开发与旅游业发展,1996.

[86] 王化新.关于丽江地区旅游生态经济建设的初步探析[J].生态经济,1997(2).

[87] 颜颖.丰宁生态旅游经济研究[D].北京:中央民族大学,2009.

[88] 梁佳,王金叶.桂林北部地区旅游生态经济可持续发展探析[J].中南林业科技大学学报(社会科学版),2013(2).

[89] 陆学,陈兴鹏.循环经济理论研究综述[J].中国人口·资源与环境,2014,24(5).

[90] 刘敏,刘春凤,胡中州.旅游生态补偿:内涵探讨与科学问题[J].旅游学刊,2013.

[91] 沈满洪,陆菁.论生态保护补偿机制[J].浙江学刊,2004(4).

[92] 丁小明.环境资源价值及其评估研究[D].哈尔滨:哈尔滨理工大学,2007.

[93] 彭睿娟.旅游产业发展的外部性问题研究——基于旅游产业可持续发展的视角[D].兰州:西北师范大学,2007.

[94] 王观远,宋书巧,张九菊.旅游对区域环境的影响及调控措施研究[J].铜仁学院学报,2012(1).

[95] 郑芳米,文宝,文琦.旅游经济发展中的环境经济政策应用及研究进展[J].生态经济,2013(4).

[96] 郭守前.产业生态化创新的理论与实践[J].生态经济,2002(4):34-37.

[97] 伊科,王如松,周传斌,等.国内外生态效率核算方法及其应用研究述评[J].生态学报,2012,32(11):3595-3605.

[98] 刘晶茹,吕彬,张娜,石垚.生态产业园的复合生态效率及评价指标体系[J].生态学报,2014(1):1-2.

[99] 唐啸.绿色经济理论最新发展述评[J].国外理论动态,2014(1).

[100] 李斌,董锁成,薛梅.川西少数民族边缘地区生态旅游模式与效益分析——以四川省若尔盖县为例[J].农村经济,2008(3).

[101] 胡孝平,马勇,史万震.鄂西生态文化旅游圈生态补偿机制构建[J].华中师范大学学报,2011(4).

[102] 胡孝平.鄂西生态文化旅游圈生态补偿研究——以神农架为例[D].武汉:湖北大学,2010.

[103] 马勇,胡孝平.鄂西生态文化旅游圈生态补偿模式创新对策研究[J].湖北社会科学,2010(10).

[104] 张一群,杨桂华.对旅游生态补偿内涵的思考[J].生态学杂志,2012(2).

[105] 马勇,王宏坤.基于产业链的我国文化旅游发展模式研究[J].世界地理研究,2011,20(4).

[106] 吉广林.上市公司资本运作生态圈构建及平衡机制研究[D].北京:中国地质大学(北京),2013.

[107] 马勇,陈慧英.旅游文化产业竞争力综合评价指标体系构建研究[J].中南林业科技大学学报(社会科学版),2012,6(1).

[108] 马勇,何莲.鄂西生态文化旅游圈区域共生——产业协调发展模式构建[J].湖北社会科学,2010(1).

[109] 吴娟子,马勇,梁文惠.澳门文化遗产旅游与城市互动发展的机制研究[J].高校论坛,2008(13).

[110] 马勇,陈慧英.基于产业融合的旅游全价值链体系构建研究[J].旅游研究,2012,4(2).

[111] 韩瑞玲,佟连军,宋亚楠.基于生态效率的辽宁省循环经济分析[J].生态学报,2011(16).

[112] 陈傲.中国区域生态效率评价及影响因素实证分析——以2000~2006年省际数据为例[J].中国管理科学,2008(1).

[113] 陈武新,吕秀娟.中国区域生态效率差异的实证分析[J].统计与决策,2009(7).

[114] 王恩旭,武春友.基于超效率DEA模型的中国省际生态效率时空差异研究[J].管理学报,2011(3).

[115] 程翠云,任景明,王如松.我国农业生态效率的时空差异[J].生态学报,2014(1).

[116] 岳媛媛,苏敬勤.生态效率:国外的实践与我国的对策[J].科学学研究,2004(2).

[117] 夏凯旋,何明升,张华.基于经济生态效率理论的汽车共享服务研究[J].管理世界,2007(11).

[118] 罗能生,李佳佳,罗富政.中国城镇化进程与区域生态效率关系的实证研究[J].中国人口·资源与环境,2013(11).

[119] 张根水.江西省旅游业经营效率评价:比较中的启示[J].统计与决策,2005(3).

[120] 朱顺林.区域旅游产业的技术效率比较分析[J].经济体制改革,2005(2):116-119.

[121] 张根水,熊伯坚,程理民.基于DEA理论的地区旅游业效率评价[J].商业研究,2006b,(1).

[122] 朱承亮,岳宏志.基于随机前沿生产函数的我国区域旅游产业效率研究[J].旅游学刊,2009(12).

[123] 陈芳.西部地区省际旅游产业效率研究[D].重庆:重庆工商大学,2013.

[124] 于秋阳,冯学钢,范堃.基于DEA模型的长三角旅游产业效率差异的评价与对策研究[J].经济论坛,2009(22).

[125] 岳宏志,朱承亮.我国旅游产业技术效率及其区域差异:2001~2007年[J].云南财经大学学报,2010(2).

[126] 胡丽丽.区域旅游产业效率影响因素研究[D].大连:大连理工大学,2013.

[127] 张广海,冯英梅.我国旅游产业效率测度及区域差异分析[J].商业研究,2013(5).

[128] 诸大建,朱远.生态效率与循环经济[J].复旦学报(社会科学版),2005(2).

[129] 诸大建,邱寿丰.生态效率是循环经济的合适测度[J].中国人口·资源与环境,2006(5).

[130] 程晓娟,韩庆兰,等.基于 PCA-DEA 组合模型的中国煤炭产业生态效率研究[J].资源科学,2013(6).

[131] 诸大建,邱寿丰.作为我国循环经济测度的生态效率指标及其实证研究[J].长江流域资源与环境,2008.

[132] 洪尚群,吴晓青,等.补偿途径和方式多样化是生态补偿基础和保障[J].环境科学与技术,2001(2).

[133] 郑敏,张伟.山地旅游资源生态补偿机制构建[J].安徽农业科学,2008.

[134] 林宗虎.低碳技术及其应用[J].Chinese Journal of Nature,2011(2).

[135] 刘啸.论低碳经济与低碳旅游[J].中国集体经济,2009(13):81-82.

[136] 吴莹.倡导推行低碳旅游——旅行社发展的新契机[J].管理与财富,2010(3).

[137] 朱璇.PPT 战略与背包旅游——以滇西北为例[J].人文地理,2006(3).

[138] 黄文胜.论低碳旅游与低碳旅游景区的创建[J].生态经济.2009(11).

[139] 刘志林,戴亦欣,董长贵等.低碳城市理念与国际经验[J].城市发展研究,2009(6).

[140] 蔡萌,汪宇明.低碳旅游:一种新的旅游发展方式[J].旅游学刊,2010(1).

[141] 王勇强.低碳经济条件下的旅游业 4E 发展模式刍议[J].经济师,2010(6).

[142] 莫文尉.我国发展低碳经济的意义及策略[J].广西社会科学,2010(7).

[143] 王起静.转型时期我国旅游产业链的构建[J].山西财经大学学报,2005(5).

[144] 刘人怀,袁国宏.我国旅游价值链管理探讨[J].生态经济,2007(12).

[145] 王兆峰.旅游产业集群的生态位策略研究[J].人文地理,2009(1).

[146] 颜林柯.国内外旅行社产业融合的模式研究[D].北京:北京第二外国语学院,2009.

[147] 杨颖.产业融合:旅游业发展趋势的新视角[J].旅游科学,2008(4):6-10.

[148] 程锦,陆林,朱付彪.旅游产业融合研究进展及启示[J].旅游学刊,2011(4).

[149] 袁政.产业生态圈理论论纲[J].学术探索,2004.

[150] 宋燕子.金融生态圈构建及内外部作用机理研究[D].南京:河海大学,2007.

[151] 梁圣蓉.城市会展旅游发展的动力机制与评估——以武汉市为例[J].旅游学刊,2008(10).

[152] 邹君等,生态旅游的经济学内涵浅析[J].生态经济,2003(10).

[153] 丁宇,李贵才.基于生态效率的深圳市交通环境与经济效益分析[J].中国人口·资源与环境,2010(3).

[154] 江秀娟.生态补偿类型与方式研究[D].青岛:中国海洋大学,2010.

[155] 杨效文,马继盛.生态位有关术语的定义及计算公式评述[J].生态学杂志,1992(2).

教学支持说明

全国高等院校旅游管理专业类"十三五"规划教材系华中科技大学出版社"十三五"规划重点教材。

为了改善教学效果,提高教材的使用效率,满足高校授课教师的教学需求,本套教材备有与纸质教材配套的教学课件(PPT电子教案)和拓展资源(案例库、习题库视频等)。

为保证本教学课件及相关教学资料仅为教材使用者所得,我们将向使用本套教材的高校授课教师和学生免费赠送教学课件或者相关教学资料,烦请授课教师和学生通过电话、邮件或加入旅游专家俱乐部QQ群等方式与我们联系,获取"教学课件资源申请表"文档并认真准确填写后发给我们,我们的联系方式如下:

地址:湖北省武汉市珞喻路1037号华中科技大学出版社有限责任公司营销中心

邮编:430074

电话:027-81321902

传真:027-81321917

E-mail:yingxiaoke2007@163.com

旅游专家俱乐部QQ群号:306110199

旅游专家俱乐部QQ群二维码:

群名称:旅游专家俱乐部
群　号:306110199

旅游生态经济学公众号二维码

教学课件资源申请表

填表时间：_____年___月___日

1. 以下内容请教师按实际情况写，★为必填项。
2. 学生根据个人情况如实填写，相关内容可以酌情调整提交。

★姓名		★性别	□男 □女	出生年月		★职务	
						★职称	□教授 □副教授 □讲师 □助教

★学校		★院/系	
★教研室		★专业	
★办公电话		家庭电话		★移动电话	
★E-mail（请填写清晰）		★QQ号/微信号	
★联系地址		★邮编	

★现在主授课程情况	学生人数	教材所属出版社	教材满意度
课程一			□满意 □一般 □不满意
课程二			□满意 □一般 □不满意
课程三			□满意 □一般 □不满意
其 他			□满意 □一般 □不满意

教 材 出 版 信 息						
方向一		□准备写	□写作中	□已成稿	□已出版待修订	□有讲义
方向二		□准备写	□写作中	□已成稿	□已出版待修订	□有讲义
方向三		□准备写	□写作中	□已成稿	□已出版待修订	□有讲义

请教师认真填写表格下列内容，提供索取课件配套教材的相关信息，我社根据每位教师/学生填表信息的完整性、授课情况与索取课件的相关性，以及教材使用的情况赠送教材的配套课件及相关教学资源。

ISBN（书号）	书名	作者	索取课件简要说明	学生人数（如选作教材）
			□教学 □参考	
			□教学 □参考	

★您对与课件配套的纸质教材的意见和建议，希望提供哪些配套教学资源：